U0671709

可再生能源政策与政治
——决策指南

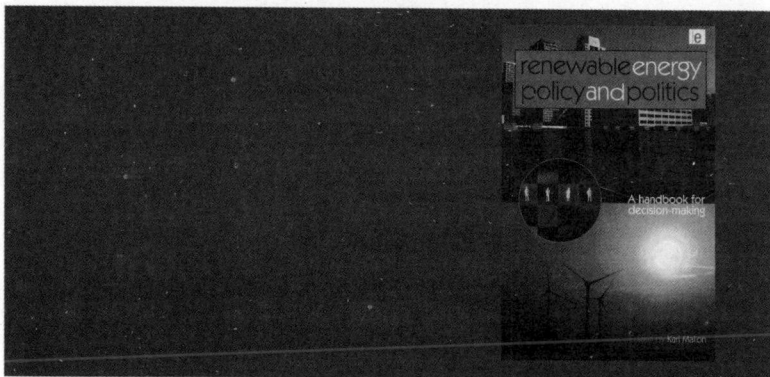

【澳】卡尔·马伦 主编

锁 箭 闵 宏 董红永 马玉含 译

经济管理出版社

ECONOMY & MANAGEMENT PUBLISHING HOUSE

北京市版权局著作权合同登记：图字：01-2013-4770

Renewable Energy Policy and Politics：A Handbook for Decision-making By Karl Mallon ⓒ Karl Mallon 2006

First Published 2006 by Earthscan

Chinese Translation Copyright ⓒ 2014 by Economy & Management Publishing House

This Translation of Renewable Energy Policy and Politics：A Handbook for Decision-making, The Edition is Published by Arrangement with Earthscan

图书在版编目（CIP）数据

可再生能源政策与政治：决策指南/（澳）马伦主编；锁箭等译. —北京：经济管理出版社，2014.8

ISBN 978-7-5096-3174-4

Ⅰ.①可… Ⅱ.①马… ②锁… Ⅲ.①再生资源—能源政策—研究 Ⅳ.①F407.2

中国版本图书馆 CIP 数据核字（2014）第 126897 号

组稿编辑：王格格

责任编辑：勇　生　王格格

责任印制：黄章平

责任校对：张　青

出版发行：经济管理出版社

　　　　　（北京市海淀区北蜂窝 8 号中雅大厦 A 座 11 层　100038）

网　　址：www. E-mp. com. cn

电　　话：(010) 51915602

印　　刷：三河市延风印装厂

经　　销：新华书店

开　　本：720mm×1000mm/16

印　　张：20.75

字　　数：360 千字

版　　次：2014 年 10 月第 1 版　2014 年 10 月第 1 次印刷

书　　号：ISBN 978-7-5096-3174-4

定　　价：78.00 元

能源已经成为现代文明社会的血液。随着人类社会进入工业文明，能源的开发利用成为经济活动的重要组成部分，与能源相关的生产、贸易、消费和税收等问题开始成为学者和政策制定者关注的重点。得益于经济学的系统发展和繁荣，对这些问题的认识和分析有了强大的工具。如果从英国经济学家威廉·杰文斯1865 年发表的《煤的问题》算起，人们从经济学视角分析能源问题的历史迄今已经有一个多世纪了。

从经济学视角分析能源问题并不等同于能源经济学的产生。实际上，直到20 世纪 70 年代，能源经济学才作为一个独立的分支发展起来。从当时的历史背景来看，70 年代的石油危机催生了能源经济学，因为石油危机凸显了能源对于国民经济发展的重要性，从而给研究者和政策制定者以启示——对能源经济问题进行系统研究是十分必要的，而且是紧迫的。一些关心能源问题的专家、学者先后对能源经济问题进行了深入、广泛的研究，并发表了众多有关能源的论文、专著，时至今日，能源经济学已经成为重要的经济学分支。

同其他经济学分支一样，能源经济学以经济学的经典理论为基础，但它的发展却呈现两大特征：一是研究内容和研究领域始终与现实问题紧密结合在一起。经济发展的客观需要促进能源经济学的发展，而能源经济学的逐步成熟又给经济发展以理论指导和概括。例如，20 世纪 70 年代的能源经济研究聚焦于如何解决石油供给短缺和能源安全问题；到 90 年代，经济自由化和能源市场改革的浪潮席卷全球，关于改进能源市场效率的研究极大地丰富了能源经济学的研究内容和方法，使能源经济学的研究逐步由实证性研究转向规范的理论范式研究；进入

21世纪，气候变化和生态环境退化促使能源经济学对能源利用效率以及能源环境问题开展深入的研究。

需要注意的是，尽管能源经济学将经济理论运用到能源问题研究中，但这不是决定能源经济学成为一门独立经济学分支的理由。能源经济学逐步被认可为一个独立的经济学分支，主要在于其研究对象具有特殊的技术特性，其特有的技术发展规律使其显著区别于其他经济学。例如，电力工业是能源经济学分析的基本对象之一。要分析电力工业的基本经济问题，就需要先了解这些技术经济特征，理解产业运行的流程和方式。比如，若不知道基本的电路定律，恐怕就很难理解电网在现代电力系统中的作用，从而也很难为电网的运行、调度、投资确定合理的模式。再如，热力学第一定律和第二定律决定了能源利用与能源替代的能量与效率损失，而一般商品之间的替代并不存在类似能量损失。能源开发利用特有的技术经济特性是使能源经济学成为独立分支的重要标志。

能源经济学作为一门新兴的学科，目前对其进行的研究还不成熟，但其发展已呈现另一个特征，即与其他学科融合发展，这种融合主要源于能源在经济领域以外的影响和作用。例如，能源与环境、能源与国际政治等。目前，许多能源经济学教科书已把能源环境、能源安全作为重要的研究内容。与其他经济学分支相比，能源经济学的研究内容在一定程度上已超出了传统经济学的研究范畴，它所涉及的问题具有典型的跨学科特征。正因为如此，能源经济学的方法论既有其独立的经济方法，也有其他相关学科的方法学。

能源经济学研究内容的丰富与复杂，难以用一本著作对其包括的所有议题进行深入的论述。从微观到宏观，从理论到政策，从经济到政治，从技术到环境，从国内到国外，从现在到未来，其所关注的视角可谓千差万别，但却有着密切的内在联系，从这套经济管理出版社出版的《能源经济经典译丛》就可见一斑。

这套丛书是从国外优秀能源经济著作中筛选的一小部分，但从这套译著的书名就可看出其涉猎的内容之广。丛书的作者们从不同的角度探索能源及其相关问题，反映出能源经济学的专业性、融合性。本套丛书主要包括：

《能源经济学：概念、观点、市场与治理》(Energy Economics: Concepts, Issues, Markets and Governance) 和《可再生能源：技术、经济和环境》(Renewable Energy: Technology, Economic and Environment) 既可以看做汇聚众多成熟研究成果的出色教材，也可以看做本身就是系统的研究成果，因为书中融合了作者的许多真知灼见。《能源效率：实时能源基础设施的投资与风险管理》(Energy Efficiency: Real Time Energy Infrastructure Investment and Risk Management)、《能源安全：全球和区域性问题、理论展望及关键能源基础设施》(Energy Security: International and Local Issues, Theoretical Perspectives, and Critical Energy Infrastructures）和《能源与环境》（Energy and Environment）均是深入探索经典能源问题的优秀著作。《可再生能源与消费型社会的冲突》（Renewable Energy Cannot Sustain a Consumer Society）与《可再生能源政策与政治：决策指南》（Renewable Energy Policy and Politics：A Handbook for Decision-making）则重点关注可再生能源的政策问题，恰恰顺应了世界范围内可再生能源发展的趋势。《可持续能源消费与社会：个人改变、技术进步还是社会变革？》（Sustainable Energy Consumption and Society：Personal，Technological，or Social Change？）、《能源载体时代的能源系统：后化石燃料时代如何定义、分析和设计能源系统》（Energy Systems in the Era of Energy Vectors：A Key to Define，Analyze and Design Energy Systems Beyond Fossil Fuels）、《能源和国家财富：了解生物物理经济》（Energy and the Wealth of Nations：Understanding the Biophysical Economy）则从更深层次关注了与人类社会深刻相关的能源发展与管理问题。《能源和美国社会：谬误背后的真相》（Energy and American Society：Thirteen Myths）、《欧盟能源政策：以德国生态税改革为例》（Energy Policies in the European Union：Germany's Ecological Tax Reform）、《东非能源资源：机遇与挑战》（Energy Resources in East Africa：Opportunities and Challenges）和《巴西能源：可再生能源主导的能源系统》（Energy in Brazil：Towards a Renewable Energy Dominated Systems）则关注了区域的能源问题。

对中国而言，伴随着经济的快速增长，与能源相关的各种问题开始集中地出现，迫切需要能源经济学对存在的问题进行理论上的解释和分析，提出合乎能源发展规律的政策措施。国内的一些学者对于能源经济学的研究同样也进行了有益的努力和探索。但正如前面所言，能源经济学是一门新兴的学科，中国在能源经济方面的研究起步更晚。他山之石，可以攻玉，我们希望借此套译丛，一方面为中国能源产业的改革和发展提供直接借鉴和比较；另一方面启迪国内研究者的智慧，从而为国内能源经济研究的繁荣做出贡献。相信国内的各类人员，包括能源产业的从业人员、大专院校的师生、科研机构的研究人员和政府部门的决策人员都能在这套译丛中得到启发。

翻译并非易事，且是苦差，从某种意义上讲，翻译人员翻译一本国外著作产生的社会收益要远远大于其个人收益。从事翻译的人，往往需要一些社会责任感。在此，我要对本套丛书的译者致以敬意。当然，更要感谢和钦佩经济管理出版社解淑青博士的精心创意和对国内能源图书出版状况的准确把握。正是所有人的不懈努力，才让这套丛书较快地与读者见面。若读者能从中有所收获，中国的能源和经济发展能从中获益，我想本套丛书译者和出版社都会备受鼓舞。我作为一名多年从事能源经济研究的科研人员，为我们能有更多的学术著作出版而感到欣慰。能源经济的前沿问题层出不穷，研究领域不断拓展，国内外有关能源经济学的专著会不断增加，我们会持续跟踪国内外能源研究领域的最新动态，将国外最前沿、最优秀的成果不断地引入国内，促进国内能源经济学的发展和繁荣。

丛书总编　**史丹**

2014 年 1 月 7 日

献给艾米莉·克莱道克

作者简介

卡尔·马伦在取得可再生能源工程学博士学位之前，是一位专门研究高能物理学的实验物理学家。在 1997 年到 2001 年间，他担任"绿色和平能源解决方案"（Greenpeace Energy Solution）的总监，并致力于欧洲、北美、东南亚以及中东的能源政策的分析与改革工作。2002 年，他在澳大利亚悉尼成立了"转型研究所"（Transition Institute），这是一个能源智囊团和创业公司。他也是"气候风险控股有限公司"（Climate Risk Pty Ltd.）的总监，该公司为商业和房地产行业提供气候变化影响的风险分析。他也向世界银行、能源领域的行业团体和公司以及某些非政府组织提供能源改革方面的专业建议。同时，他还带领工程团队把可再生能源带到印度古吉拉特邦受地震袭击的地区以及被热带气旋赫塔（Cyclone Heta）袭击的太平洋岛屿纽埃。这是他的第一部书。

拉克什·巴克什在可再生能源的商业发展领域取得了诸多成就，多次得到国际认可，其中包括"帕德马什"（Padma Shri）——印度最高的公民荣誉之一；"亨德里克王子勋章"（the Prince Hendrik Medal）——归功于他建立了印度与丹麦之间的贸易关系；英国风能协会"风能先锋奖"；世界可再生能源网授予的"2000 千禧年奖"。巴克什先生现任"RRB 顾问与工程师有限公司"（RRB Consultants & Engineers Pvt Ltd.）董事长。

戈登·艾吉多年前就已经是欧洲可再生能源发展领域的顶级分析师，同时也曾是"金融时报可再生能源报道专栏"的新闻和分析方面的资深编缉，之后成为"普氏能源资讯"（Platts）可再生能源报道部门的主管，现在担任"英国风能协会离岸风能开发"主管，负责提高风能的经济效益和扩展其与欧洲的联系。在结束了英国东安格利亚大学能源与环境东部电力研究员的学术生涯后，艾吉博士下海从商。

杰西·路易斯·加西亚·奥特卡毕业于物理学专业（天体物理学方向）。他曾在"阿尔梅里亚太阳能平台"从事太阳能工程的研究工作。1991年，他加入"西班牙绿色和平组织"，成为一名保护臭氧、气候和推动能源工程的倡导者。他领导了"西班牙绿色和平组织太阳能工程"以及成立了世界上首个"太阳能校园网络"。他是一位资深的政策分析师，也曾作为多方会谈的代表团成员参加在京都（1997）举办的"联合国气候变化框架公约大会"以及此后的各届联合国气候变化框架公约大会。

沃克·U.霍夫曼生于1940年。从1969年开始，他作为一名研究员在"莱比锡能量研究所"工作，此前他在莱比锡的大学和商学院学习经济学。20世纪80年代初以来，他的研究开始关注可再生能源问题，1990年，他成立了专门研究可再生能源的IfE工程集团。从1991年开始，他主管莱比锡ISE工程集团，并且在1996年成为电力能源系统部门的项目负责人，负责对"德国千屋顶"（German Thousand Roofs）的光伏程序标准进行评估。他于2003年退休。

埃米利奥·梅内德斯·佩雷斯是采矿方面的工程学博士，也是马德里自治大学生态系的名誉教授，专门研究采矿工程、工厂和发电站。在2001年之前，他是"恩普雷萨国家电网"（Empresa Nacional de Electricidad）和"西班牙国家电力公司"研发单位的主要管理者。同时，他是洁净煤技术和可再生能源开发方面的专家。

凯文·波特是"埃克塞特联营公司"（Exeter Associates）——一家位于马里兰州哥伦比亚市的顾问公司——的副总裁。波特先生从1984年就开始活跃在可再生能源的分析与研究领域，他也被认为是美国可再生能源方面最为卓越的专家之一。他的研究和专业范围包括可再生能源技术的技术与经济地位；州和联邦政府可再生能源政策的制定与实施；可再生能源技术的传输许可及定价；电力体制改革。他拥有位于俄勒冈州波特兰市的路易斯克拉克大学的环境研究学学士学位，以及位于华盛顿州的美国大学的经济学硕士学位。

兰道·S.斯威舍尔从 1989 年开始担任"美国风能协会"的执行官。在这之前，他是美国公用电力协会的立法代表，同时担任"全国县级协会"的能源项目主管。他也是"白宫内部能源委员会和水资源委员会"的专家，以及"华盛顿公共利益研究集团"——1975 年，在该组织他首次参与并提倡可再生能源——的执行董事。在 1976~1981 年间，斯威舍尔担任乔治城大学和乔治城大学法律中心副教授，教授能源政策方面的课程。斯威舍尔拥有乔治·华盛顿大学"美国文明"博士学位以及爱荷华大学政治学硕士学位。

斯文·泰斯克是一位工程师。1994~2004 年间，他曾是"德国太阳能与可再生能源运动"的领导者。从 2004 年起，他成为"国际绿色和平组织与可再生能源运动"的主管。泰斯克是许多可再生能源著作的作者，同时也是"德国绿色和平能源公司"的组建者之一，这个公司在德国、卢森堡和奥地利出售具有可再生能力的"绿色电力"房屋。

安德鲁·威廉姆森是柬埔寨和老挝农村可持续能源项目的系统工程师和经济学家。他现在是"柬埔寨发展研究中心"可持续能源领域的客座研究员。在移居东南亚之前，威廉姆森是新南威尔士"可持续能源开发局商业风能开发部"的负责人，这个机构在澳大利亚风力资源数据监测、测绘和商业化方面领先于其他组织。

引言

本书可以作为参考书或使用指南供读者使用。它不是一本需要从头到尾读完才有用的书，进一步讲，本书的每一章以及每个专栏的研究都可以作为独立的对策来解决相对应的问题，它们中的每一个都会为读者提供有用的见解和工具。

值得注意的是，我们并不期望本书能够成为最新的可再生能源市场或国家政策的指南——因为对本书而言，市场演变得太快，而且市场上也已有许多类似这样的对策。相反，在此，我们试图探寻在市场演化的关键时期这些重要的市场中发生了什么。这些撰稿人在本书形成的各个时期做出的研究并不反映当前的统计数据或法律，它们是关于正在走向成功和失败，以及被许多行动者实践过的各种途径的信息。因此，请把这本书提供的信息当作近期历史的"快照"，这将有助于解释现在和预知未来。

在编撰这部指南时，我也一直在向亚太地区的客户提供可再生能源和低排放技术开发方面的建议。整个世界如今似乎都在担心，当拥有大量人口的国家，像印度和中国，停止它们的工业化进程时，我们到底能够在多大程度上降低全球污染物的排放。而表面上的统计数据看起来也并不乐观。

简言之，如果我们想要避免灾难性的气候变化并把全球变暖维持在2摄氏度以下，就必须在2050年之前把全世界二氧化碳的排放量限制在每人每年2吨的水平上。但是，现代工业经济如今的排放水平远远超过了每人每年10吨，甚至到了每人每年排放25吨二氧化碳的水平，与此同时，印度和中国也正以很快的速度接近这个水平。

换个角度来讲，我们所面临的挑战不是部分污染物的排放问题，而是能否拥有高品质的生活。但避开污染谈品质，可能吗？

幸运的是，我们仍有一个好消息。原则上来讲，目前我们还不能保证任何一项单一的技术会在2050年得以安置和使用，无论是电脑、电灯泡、发电站，还是风力农场、工厂、农机、汽车、锅炉、电冰箱和炼铝厂。未来要用什么技术我们无法保证，但这同样意味着我们拥有选择的自主权，如怎样使用能源和排放污染物。

另一则好消息是我们可以以一种非常低廉的成本利用现有的技术，这样我们就有可能把工业经济运行中的污染物排放降到这一水平之下。所以，探寻气候变化规律的窗口仍然是打开的，况且我们还可以拿出一系列具有商业可行性的技术。一想到要解决这么重大的难题就好像全球变暖在我们掌控之下似的，这太令我兴奋了。我也相信在我们齐力合作下研究出的成果会为整个人类发展提供重要的指导。

但仅仅拥有技术就认为我们可以把问题解决的想法是可笑的。相反，技术只是个开始，而这正是本书力图阐述的内容。作为一个物种，人类有机会做出理性的选择，但这并不意味着我们会做出理性的选择，尤其是在当前低排放产业的投资成本与未来的气候变化成本之间形成一场拉锯战的情况下。文字上，我们很容易通过贬低未来来证明一切努力都是徒劳无功的，但是大自然不会理这一套。反对对未来进行投资的最著名的观点是由格鲁乔·马克思提出的，他曾调侃道："后人为我们做了什么？"

这本书所做的工作是客观地探讨产业和政治系统（虽然它们现在并不是我们期望的那样），通过协调所需要的政策与政治之间的关系，最终把可再生能源推入市场。少数国家利用可再生能源实现了经济的快速发展，所以我们可以把可再生能源当作全世界的一个机遇，这个机遇可以给我们提供一个正确的改善世界的工具。我希望这本书能够成为那些来自政府、行业组织或者公民组织中致力于打开他们国家自然能源的读者的一个"工具箱"。

最后，人们常说聪明的人笑到最后，而笑的背后是辛苦地工作。任何成功都需要一个过程，为了帮助读者尽快完成这个过程，我提出两点告诫：不管发生什么事，人类注定要实现一个低排放的未来，要么是通过一场新的可再生能源工业革命，要么以经济的消耗和崩溃为代价，就像气候变化带来的巨大代价一样。全球气候变化的结局或许会是相同的，但问题是，如果这是一场比赛，我们能否以一种聪明便捷的方式到达这个结局。

衷心感谢对本书做过贡献的作者们，同时也希望他们愿意分享的这些知识能够给本书的读者们带来帮助。

卡尔·马伦

悉尼

2006 年 1 月

致谢
Acknowledgments

　　在这本书中，我们编纂的很多知识都是在与许多人共同努力许多年的基础上确立起来的。作为本书的编写人，我感谢在各自国家与这些撰稿人在可再生能源开发方面一起共事过的所有人。就我个人而言，要感谢诸多和我一起研究本书中要讨论的许多项目和活动的同行。我特别要感谢伊恩·劳埃德·比森、里克·马多克斯、安德鲁·理查兹、利比·安东尼、罗伯·马林、布瑞恩·豪和唐纳·博尔顿、里克·佩兰、飞利浦·克拉克和亚历克斯·贝克特、约翰·迪恩、梅根·惠特利、约翰·艾琼斯、西蒙·奥莎利文、斯蒂夫·比尔、沃尔特·杰拉蒂、斯蒂芬·吉尔伯特、格里格·伯尼、梅兰妮·赫顿、迈克尔·瓦瑟尔、格莱姆·怀特、多娜·格林、多娜·劳伦兹、大卫·梅尔、劳克、科林·雷伯曼、克里斯·纽伯德、安德鲁·琼斯、安德鲁·伍德洛夫、安德鲁·普斯特、詹姆斯·佩妮、西蒙·莫尔斯沃兹、罗比·凯尔曼、雷·尼亚斯、阿拉斯代尔·劳伦斯、朱丽叶·安妮·理查兹、尼克·克莱德、玛丽·伍德、雅典娜·罗奎罗、欧菲利亚·科威尔、米姆·罗、爱德华·布鲁姆、尤蒂希玛·拉简、凯恩·爱图艾蒂、简·马德森、简·艾恩·普特、加里斯·沃尔顿、欧文·杰克逊、杰·路特维兹、达伦·格莱德曼、阿伦·格莱姆、约兰德·斯唐格斯、西蒙·罗塞尔、郎西欧·艾恩齐儿、皮特·劳斯伯格、皮特·卡尔灵、保罗·霍斯曼、马丁·威尔德、大卫·赖安、马克·戴尔森多夫、麦德兰·考利、里兹·麦克伯尼、肯·布朗、梅甘·琼斯、杰瑞米·舒尔茨、杰尼·美、杰米·里尔顿、诺阿·卢泰姆、亚瑟·

沃特斯、特里斯坦·艾迪斯、里克·布雷欧和杰尼·格雷戈里、安娜·雷诺兹、保罗·托尼、亚历山大·科尔斯·艾恩·萨福克、卡洛琳·迈克唐纳德、沃维克·摩斯、托尼·特鲁吉诺、莱恩·迈克吉尔、罗波·帕西、穆里尔·沃特、休米·阿尔斯里德、史蒂文·普里查德、斯图尔特·艾吉斯、吉莉安、皮特和安妮·泰德、史蒂夫·沙尔也、科林·米莱斯、比尔·海尔、克里斯蒂·汉密尔顿、伊恩·里德希、玛蒂娜·克鲁格、利恩·戈兹沃西、珍妮·达尔齐尔、本·皮尔森、安东尼·弗洛盖特、凯瑟琳·菲茨帕特里克、泰杰·哈兰德、伯纳德·哈波兰特、约翰·沃尔特、丹尼·肯尼迪、简·麦德森和尼克·克莱德、简·艾恩·德·普特、威廉姆·霍布森、乔恩·沃尔勒、阿图罗斯·雷沃斯、索伦·克罗恩以及加里斯·克肖。

感谢珍妮丝·沃姆沃兹对本书所有章节进行的细致编辑。

同时感谢给我不断支持的前辈布蓝达、斯迪克斯和丹尼，以及晚辈中的凯迪拉克、迪亚哥和奎恩。感谢我最亲爱的伙伴卢斯·泰德。

ACNT   Australian Council of National Trusts 澳大利亚国家信托理事会

ADB   Asian Development Bank 亚洲开发银行

ARG   Australian Research Group 澳大利亚研究小组

ASEAN   Association of Southeast Asian Nation 东南亚国家联盟

AusWEA   Australian Wind Energy Association 澳大利亚风能源协会

AWEA   American Wind Energy Association 美国风能源协会

BIS   Bureau of Indian Standards 印度标准局

CASE   Commission for Additional Sources of Energy (India) 印度额外能源资源委员会

CDM   Clean Development Mechanism 清洁发展机制

CPUC   California Public Utilities Commission 加利福尼亚公共事业委员会

CRCD   Cambodian Research Centre for Development 柬埔寨发展研究中心

C-WET   Centre for Wind Energy Technology (India) 风能技术中心 (印度)

DNC   declared net capacity 标明的净容量

DNES   Department of Non-conventional Energy Sources 非常规能源资源开发部

DNO   distribution network operator 配电网络运营商

DTI   Department of Trade and Industry 贸易与工业部

EAC	Electricity Authority of Cambodia (Cambodia) 柬埔寨电力局	
EDC	Electricité du Cambodge (Cambodia) 柬埔寨国营电力公司	
EFL	Electricity Feed Law 电力费返退法	
EIA	environmental impact assessment 环境影响评价	
EPIA	European Photovoltaic Industries Association 欧洲光伏工业协会	
ERCOT	Electric Reliability Council of Texas 得克萨斯电力可靠性理事会	
EU	European Union 欧盟	
EWEA	European Wind Energy Association 欧洲风能源协会	
FDI	Foreign Direct Investment 外商直接投资	
FFL	Fossil Fuel Levy 化石燃料税	
FIPB	Foreign Investment Promotion Board (India) 外资投资促进局 (印度)	
GDP	gross domestic product 国内生产总值	
GHG	greenhouse gas 温室气体	
GM	genetically modified 转基因	
GMO	genetically modified organism 转基因生物	
IDAE	Instituto de Diversificación y Ahorro Energético 西班牙能源多样化与节能研究所	
IEA	International Energy Agency 国际能源机构	
IIP	International Industrial Partnerships 国际产业合作伙伴关系	
IP	intellectual property 知识产权	
IPPs	independent power producers 独立电力生产商	
IREDA	Indian Renewable Energy Development Agency Ltd 印度可再生能源开发有限公司	
ISO4	Interim Standard Offer #4 第 4 号发售暂行标准	
ISCC	Integrated Solar Combined Cycle 一体化太阳能联合循环	
IT	information technology 信息技术	
JICA	Japanese International Cooperation Agency 日本国际协力机构	
LEDs	light-emitting diodes 发光二极管	
LETAG	Lower Emissions Technical Advisory Group 低排放技术咨询小组	
MIME	Ministry of Industry,Mines and Energy (Cambodia) 工业、矿业和能源部	

（柬埔寨）

MNES	Ministry of Non-conventional Energy Sources（India）非常规能源资源部（印度）	
MOE	Ministry of Environment（Cambodia）环境部（柬埔寨）	
MRET	Mandatory Renewable Energy Target 强制性可再生能源目标	
NEDO	New Energy and Industrial Technology Development Organization 新能源与产业技术开发组织	
NETA	New Electricity Trading Arrangements 英国新电力交易系统	
NFFO	Non-Fossil Fuel Obligation 非化石燃料公约	
NFPA	Non-Fossil Purchasing Agency 非化石燃料采购机构	
NGO	Non-governmental organization 非政府组织	
NI-NFFO	Northern Ireland Non-Fossil Fuel Obligation 北爱尔兰非化石燃料公约	
NIS	National Institute of Statistics（Cambodia）国家统计局（柬埔寨）	
NPBD	National Project on Biogas Development（India）国家沼气开发项目（印度）	
NPIC	National Programme on Improved Chulhas（India）国家改良炉灶规划（印度）	
NREL	National Renewable Energy Laboratory 美国国家可再生能源实验室	
NRSE	New and Renewable Sources of Energy 新型、可再生能源资源	
PTC	Production Tax Credit 产量税收抵免	
PUC	Public Utilities Commission 公用事业委员会	
PURPA	Public Utility Regulatory Policies Act 公用事业管理政策法案	
PV	photo voltaic 光伏	
R&D	research and development 研究和开发	
RCEP	Royal Commission on Environmental Pollution 英国皇家环境污染委员会	
RD&D	research，development and deployment 研究、开发和部署	
RE	renewable energy 可再生能源	
REAP	Renewable Electricity Action Plan 可再生电力行动计划	
RECs	Renewable Energy Credits 可再生能源证书	
REEs	rural electricity enterprises 农村电力企业	
REF	Rural Electrification Fund 农村电气化基金	

REL	Renewable Energy Law	可再生能源法
RETs	Renewable Energy Technologies	可再生能源技术
RO	Renewable Obligation	可再生能源义务（英国）
ROCs	Renewable Obligation Certificates	英国可再生能源义务证书
RPS	Renewable Portfolio Standard	可再生能源投资组合标准
SME	Small and Medium Enterprise Cambodia	柬埔寨中小企业
SO	System Operator	系统操作员
SRO	Scottish Renewables Obligation	苏格兰可再生能源义务
UCS	Union of Concerned Scientists	忧思科学家联盟
UNFCCC	United Nations Framework Convention on Climate Change	联合国气候变化框架公约
WB	World Bank	世界银行
WCD	World Commission on Dams	世界水坝委员会
WWF	World Wide Fund for Nature	世界自然基金会

目录

Contents

图、表与专栏
List of Figures，Tables and Boxes

图目录

表目录

专栏目录

第❶章 导 言

卡尔·马伦

当高效洁净技术与高污染而又不易更新的技术产生冲突时，
我们需要的是政治和立法行动，而不是技术。
我们可以做到，我们也必须做到。

——大卫·铃木（加拿大科学家、环境学家和广播员）

蒙特利尔气候变化大会的召开，最终用科学证明了人类行为会导致气候的变化。争论不再是气候变化是否会发生，而是气候为什么会变化得这么快。科学家不断发出越来越多关于气候变化的紧急警告，政策制定者也在努力寻找减少污染排放的措施，有效的可再生能源政策变得日益重要。

科学家强调，在未来 50 年，我们必须削减 60%~80%的温室气体排放，而本书正是建立在可再生能源对于削减温室气体排放起着不可替代作用的假设的基础上。国际能源总署（IEA，1999）称："世界正处在可持续能源系统由小范围地依赖可再生能源到大范围地依赖可再生能源的必然过渡时期的早期阶段。"对那些经常关注核能和火电站温室气体排放地质隔离技术的读者来说，这或许并不是一个新玩意儿。我们不必在此争论，但是我真的希望读者们能够明白一个事实：如果核能以及成本高于风能和沼气的煤电地质隔离技术能够满足亚洲对能源的迫切需求，那么这个问题就不再是能源问题了，而变成了地区性钚储备的稳定问题。然而，我们或许都会赞同这样一个事实：大量建设高排放的工厂、不断将二氧化碳排放到空气中的时代已经结束了，如今我们拥有的最好东西是可再生能源——

它们以安全、灵活、高效的方式为人类提供能源。如果它们能够及时地满足未来人类所有的需要，那当然最好；但是如果不起什么作用，我们也可以在这段时间里发展更好的技术，那也不是坏事。无论哪种方式，人类对可再生能源开发的迫切需求是不变的。

既然有这么多好处，许多人就会问了，为什么可再生能源技术在没有政策支持的情况下，不能自发地在能源系统中找到属于自己的位置？其实，可再生能源不像移动电话或早期的台式电脑，它们可以为人类提供一种崭新的服务，而可再生能源进入的是一个既有市场，并且这个既有市场也已被其他产品占领，即化石燃料。与可再生能源相比，现有的能源更加便宜，而且在某些方面更有效率，同时，如今的价格已成为自由市场中的重要驱动因素，左右着市场的变化，这使得可再生能源在市场中处于更加不利的地位。

而且，高额的成本还使可再生能源在能源市场中的地位持续下滑。2005 年 2 月生效的《京都议定书》规定，随着先前温室气体污染的外部成本越来越多地被纳入考虑范围，将会针对可再生能源的市场下滑提供援助。可再生能源和传统能源的价格随着时间的推移将会趋同，就像一群豺狼猎杀代表化石燃料的角马一样，结果是不言而喻的。最终，化石燃料将很难与能够从洁净空气或阳光中获取能量的可再生能源技术竞争。

但是，除非以上事情发生，否则，期望可再生能源技术以一种相同的价格与已经确立、具有优势的传统技术竞争是一件很离谱的事情。相反，我们现在需要用政策来打开可再生能源市场，通过建立完善与可再生能源相关的专业知识和制造业体系来实现我们迫切需要解决的中长期削减排放的目标。

提到我们要调整的相关政策，人们会期望这些政策以公正、公开、透明的方式实施。确实，理性地来看，关于能源和环境问题的争论多是技术性的，而争论的目的就是搞清楚那些考虑到社会利益、健康利益、经济利益和环境利益而设立的目标是对还是错。理论上也可以说明，政策和法规的实施是一个专注于提高社会福利，并减少外部威胁给社会福利带来的风险的理性过程。

然而，事实上，政策往往不合理，能源政策也不例外。传统能源企业相互合作，组成一座不可撼动的"巨石像团"，它们不会允许新产业侵占哪怕质疑它们的统治地位。我知道有很多矿业和石油巨头都力求把那些哪怕是很微小的可再生能源产业扼杀在摇篮里。除非那些不知情的可再生能源产业参与者与他们的同伴意识到所面临的挑战，否则他们将会成为待宰的羔羊。

可再生能源政策在实施中会遇到很多问题，这本书力求为决策者提供这方面的建议。我们将打破科技突破（而非市场发展）可以解决一切问题的古老传说，也会找到驳斥"让自由市场来解决一切问题"的观点。我们将用经济学来解释"抠门"的财政部长曾经说过的话："如果可再生能源在某天能够成为具有成本优势的资源，那我们为什么要在价格上对其给予支持呢?"

为了实现我们的目标并从以前所做的尝试中吸取教训，我们会对过去失败的政策措施进行一个全面的"体检"以确定错在哪里。举个例子，什么样的失误会导致初衷良好的可再生能源政策最终演变成支持新的燃气发电厂甚至火电厂而非可再生能源的政策? 我们将逐步认识到实施可再生能源政策是一个明智的选择，比如可再生能源方面的各种体制可以为产业的发展创造健康、平稳的拉动力。我们也同样会学到怎样避免那些"激发淘金热却留下行业'鬼城'"的政策的出现。

一旦理解了可再生能源政策的好处，我们就会把目光转向另一项重要的政治任务：调整可再生能源政策。我们将学会识别谁是可再生能源团队中的成员，谁是可再生能源的反对者，以及谁将与我们合作（谁会被我们排除在外）。在实际活动中，我们将采取一些重要措施来促使政策的改变，例如，怎样为政策制定者争取更多的空间以做出积极的政策调整。

通过对现实世界的个案研究，本书可以帮助读者逐步了解英国、美国、印度、西班牙、德国以及柬埔寨能源政策的成功与失败经验。

对英国来说，个案研究专家戈登·艾吉强调，在政策框架体系还没有完备的情况下就应用可再生能源是很危险的。新技术的开发处在一个竞争十分激烈的投标环境中，以至于新的可再生能源项目被排斥到了根本就无法实施的程度。

凯文·波特和兰道·S.斯威舍尔将与我们一起剖析那些促使美国很早就成功地利用气象资源使加利福尼亚在风能装备方面成为世界领导者的政策，这些政策直到石油价格意外下降才被撤回。作者也将解开直到今天还在继续促使盛衰循环发生的政策之谜。同时，他们也会向我们展示得克萨斯州可再生能源配额标准（一个极大地促进了风能开发的标准）成功的秘密。

对于印度来说，案例研究专家拉克什·巴克什向我们呈现了一个发展迅速但能源供应不合理的国家所面临的挑战。虽然能够促使世界上最大能源市场形成的能源尚不确定，但能源的供应与需求之间的缺口越来越大，与此同时，污染物的排放也日益增长。面对这些挑战，我们将看到印度如何成为世界上第一个为促进可再生能源开发而设置专门部门的国家。

而在西班牙的个案研究中，杰西·路易斯·加西亚·奥特卡和埃米利奥·梅内德斯·佩雷斯两位专家向我们描述了"可再生能源民主社会团体"之前面临的压力在实际中是如何形成的，以及是如何推动国内产业发展的。我们也将看到那些关于环境、就业与能源安全的大部分目标是如何得以实现的，西班牙是如何迅速成为世界风能产业领导者，以及如何成为世界上太阳能光伏的主要出口国的。

在德国的可再生能源政策中，斯文·泰斯克和沃克·U.霍夫曼将向我们描述一个处在太阳能光伏开发最前列的国家是如何在崎岖的道路上取得成功的。他们会使我们大致了解德国联邦政府政策的变动：启动了一个充满生机的产业却让它在一个低水平的支持系统内艰难地生存。我们也将了解到，在未经筹划的这五年内，德国许多州在实施可再生能源政策过程中出现的混乱是如何产生的。

在最后的柬埔寨部分，安德鲁·威廉姆森向我们展示了作为全世界最不发达的 20 个国家之一的柬埔寨的可再生能源政策的强大力量。我们将看到，这类国家的政策是如何与政治活动和国际开发机构的目标相联系的；我们也将看到，像"技术瑕疵"这类力量是如何创造出微妙且有效的障碍来共同抵制柬埔寨使用洁净能源技术的。

无论你是来自工业阶层，还是政府，还是大众社会，真心希望这本书可以延伸你对可再生能源发展研究的工具和视角。如果你成功了，我们将拥有一个能源遍布我们生活的世界，就像水遍布我们的生活一样，使用它、享受它而不会受到环境对我们的致命惩罚。但是请快些行动，那样才可以避免由于温室气体急剧增加而导致的被锁在大气层内的温室气体超出大气环境承载能力悲剧的发生。

参考文献

International Energy Agency（1999）The Evolving Renewable Energy Market, IEA, Paris.

第②章　传说、陷阱和疏忽

卡尔·马伦

2.1　引　言

本章我们将对世界各国可再生能源政策进行分析，在此基础上认清这些政策的成功与失败。事实上，在本部分，我们更多的是收集政策失误方面的信息。尽管开始我认为应该从积极的角度米开始本书，但是最后我决定把目光聚焦在失败方面，因为这样才能更清楚地确定我们急需解决的问题。因此，本章将告诉我们，要想取得可再生能源方面的成功，我们应该避免什么样的问题发生。鉴于本书后半部分已经运用了大量的例子对这些问题进行了讨论，我在讨论时将不再重复这些例子。

我把这些讨论归为三个方面。首先，我们讨论由于政策干预较少而走向成功的传说；其次，找出那些出于好意却没有达到目标的政策的陷阱；最后，我们着重关注一下那些应该建立相关政策却没有建立的疏忽的情况。

2.2 传　说

2.2.1　技术传说：技术上的突破会促使可再生能源价格下降

能源方面的第一个传说是许多绝妙的创意会产生并将使它们的产品产生革命性的变化，使能源变得廉价和清洁，促使人们和平相处，让贫穷的人富有，让受疾病折磨的人康复。我们都知道核能、核聚变反应堆、太阳能和许多其他方面的技术。例如，不知道哪一年，要求用太阳能满足所有人需求的声音突然响起。但是，就像我们从毕马威会计师事务所获得的信息一样，负担得起太阳能的唯一条件是市场规模：

即便在面积相对较小且多阴雨天气的国家——荷兰，太阳能电池板也有很大的市场潜力，如果这些潜力被充分地利用，那么太阳能可以满足荷兰 3/4 的电力需求。

当今太阳能电池板市场的大小与太阳能潜力形成鲜明对比。当下的数据显示，只有一小部分潜力被利用，最重要的原因是太阳能价格要比传统能源高很多，而这种太阳能与传统能源价格方面的差异在荷兰达到四到五倍。主要原因是对太阳能和太阳能电池板的需求很小但与之相关的价格却很高。而这就归结到鸡和蛋的问题了：当需求少时，太阳能产量就会保持在一个较低的规模，而且价格很高；当太阳能产量保持在较低的规模且价格很高时，价格就会持续保持在较高的水平，这又会造成需求的降低：进退维谷（KPMG，1999）。

当然，持续的创新会接踵而来，但是这种创新是由市场的壮大来推动和实现的，而不是其他方式。

事实上，大部分可再生能源在技术方面都有很大的突破，而且这些突破也是其他各项技术突破的发展途径。一旦技术被证明是可以使用的，市场规模的大小会推动商品价格的变化。典型的表现是，当市场容量扩大到原来的 2 倍时，商品的价格就会降低 20%。

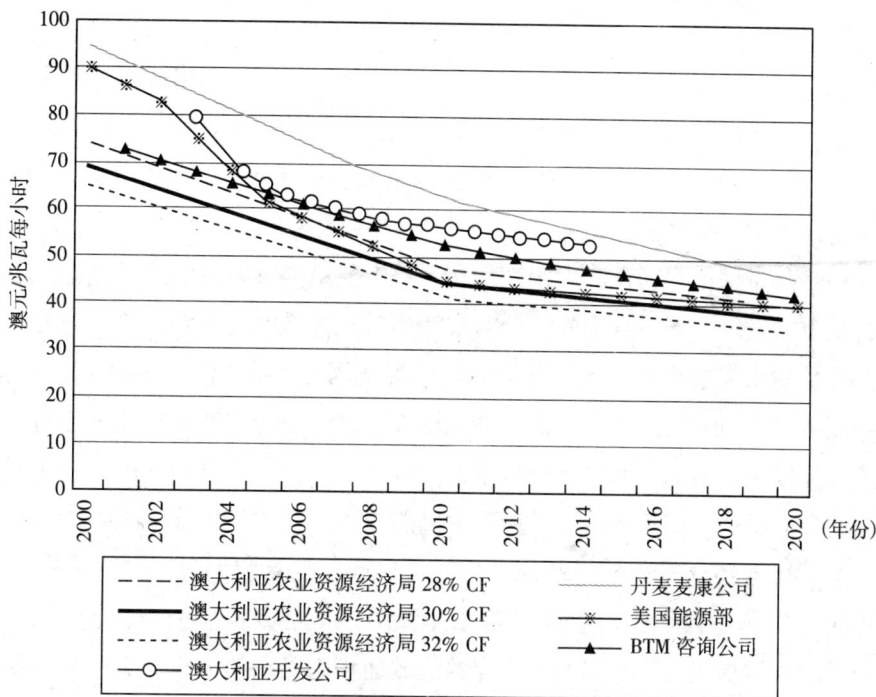

图 2-1 澳大利亚风能成本下降预测

注：CF = 容量因子（功率）。
资料来源：转型研究所（Transition Institute）（2004）。

坐等技术的新突破是一个本末倒置的行为，这样做会分散政策制定者解决市场发展问题的注意力，而这实际上反而会阻碍技术的进步和商品价格的稳定。

然而，这些传说都有一个优良的"血统"，它们并不是凭空出现的。工业革命是由技术上的突破推动的，而这种技术突破是通过使用蒸汽机来控制一种能源——密集型燃料资源——煤来实现的；类似地，内燃机是一项应用于新型高浓缩燃料来源——石油的新技术。核能是另外一种打开新型的燃料来源——铀的技术突破。

因此，工业革命以来，我们大都认为社会发展与技术突破有紧密的联系。然而，除了少数例外，大多数的发展都是许多寻求技术创新的步骤相结合的产物，只有把这些步骤当作一个有机整体来看待时，才会出现所谓的突破。一辆现代梅赛德斯奔驰汽车的速度能够达到每小时 300 公里，并不是内燃机技术突破的结果。它是一个世纪蒸汽机设计的进步，进而才是内燃机技术的突破，以及之后一个世纪由不断扩大的汽车市场规模导致的加大研发的结果。

我们认为，"光伏效应"最早由埃德蒙·贝克（Edmond Becquerel）在 1839 年发现。这让贝尔实验室的科学家们花了 120 年的时间才创造出能使太阳光成为电力供应中一小部分的材料。这可能是第一个不借助物理运动而发电的例子——一个真正举世瞩目的发明！然而由于价格极度昂贵，只有航天工业才能负担得起，利用它们为卫星提供能源。

但是凡事都有两面性，太阳光伏在为航天卫星提供能源的同时也促进了陆基远程供电的发展。当对太阳光伏的需求增加时，价格就会下降。陆基电力生产这个大产业对太阳能电池板的使用要归功于像美国的大卫·卡茨一样的人，他们把太阳能电池板与俄国潜艇蓄电池巧妙地衔接起来，并为加利福尼亚山区的另类离网型社区提供基本能源服务。通过早期这些对太阳光伏怪异的利用，现在日本和德国才拥有制造了成千上万个"屋顶太阳能光伏发电站"的重要产业。

尽管可能还会有其他类能源，但是可以确定的是我们已经知道了这些主要的可再生能源。我们也可以测量这些能源中许多可以控制的自然能源。例如，我们了解风的物理特性，以及在给定的流域面积内风能的大小。类似地，我们知道太阳光每光子的可用能量，以及每天太阳向地球发射太阳光的数量。同时，我们也知道一个波浪、一次潮汐、一条河的流量，或者一公斤有机物所含的能量有多大。

我们开发出的技术可以以不同的效率来控制这些能源资源的能量。其中，许多技术在成本方面与传统能源相比都具有商业可行性，因此，这才是我们认为的具有突破意义的技术。这些资源包括风能、太阳能热水、太阳能光伏、生物燃料及其衍生物、小水电及地热。在其他能源来源方面，我们如今尚没有相关技术来保证可以以一种具有商业规模和可大量展开的模式来开发利用，因此，我们可以称这类能源为正在努力实现技术上突破的能源，它们包括：海浪、潮汐、海洋热能和洋流以及大量热发电技术（不包括前面提到的）。虽然我们对这些能源还不能进行商业化利用，但是如果我们能够成功地驾驭它们，就可以算出它们能量的大小。因此，可再生能源带给我们的惊喜比我们想象的要多。

许多可再生能源技术的发展已经不再追求高效率和低成本了。例如，风力涡轮机制造商选用效率略低的三叶机来代替二叶机，因为它们有一个更好的视觉美感（有人说它们长得像花），而且与追求最大功率相比，它们在最低噪声方面表现良好。

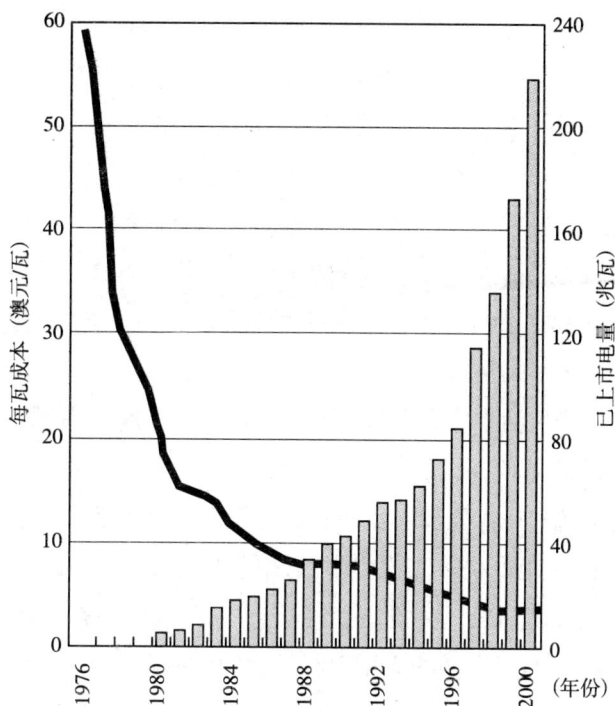

图 2-2 太阳能光伏市场的发展
资料来源：欧洲光伏产业协会（2003）。

　　总的来说，对商业型可再生能源和准商业型可再生能源的认可清晰地预示着我们需要两种不同的政策方式。同时，所有可再生能源想通过坐等技术创新来让资源变得廉价的传说不仅是有害的，而且往往适得其反。对于商业型可再生能源来说，持续地对研发进行资金投入而不是对市场进行开发就好比给一个少年垫纸尿布一样不合时宜。

2.2.2 "公正"传说：好创意往往会成功，干预是不必要的

　　那些能够给社会带来重大变化的重大创新往往会很快地被政府"识别和追踪"。在这些重大创新没有直接转化为商业价值前尤其如此。

　　不幸的是，许多绝妙的创意往往被我们遗忘。或许，作为一个社会人，我们以为它们会像我们想的那样，因为我们可以决定什么是最好的创意，我们以为最好的创意最终会获得成功。这种观点在实验室里可能会实现，但是在强大的商业

和政治面前很快被证明是不现实的。商业领域和政治领域对能够取得成功的创意或创新的支持也是很挑剔的——必须让他们觉得这些创新对他们有利。一般来说，一个"好"东西必须要么可以做以前不能做的事，要么可以比以前做得更好。此外，我们还经常用价格来判断一个新事物的好与坏。

当创新开创一个崭新的领域时，全世界都会认为它是一个好东西。台式电脑是一个好东西，因为之前没有和它一样的事物。廉价航空旅行是一个好东西，因为它为人类、工业和商业打开了一扇通往新世界的大门。万维网是一个好东西，因为它打开了一个全新的空间。

然而，我们现代生活中的大多数深刻变革在很大程度上都得到了政府（例如军方）的认可，以及某种方式的帮助。在 20 世纪，第二次世界大战的巨大军费支出促进了现代民航的重大发展，促使我们开发出了成本低、性能可靠且容量巨大的飞机。计算机工业也是第二次世界大战的产物，在大量的美国政府支出之后，现在美国本土计算机公司主导着全球信息技术经济。核工业是另一个例子，确切来讲，它在民用电力方面的应用引起了美国和欧盟自由化市场的震动。

如今我们看到各国政府都快速跟进基因技术、纳米技术和可再生能源技术。我们并未看到那些打算抓住新市场机遇的政府袖手旁观并说："如果这是个好创意，让它自生自灭。"人们都认为工业经济建立在创新的基础上，所以我们看到

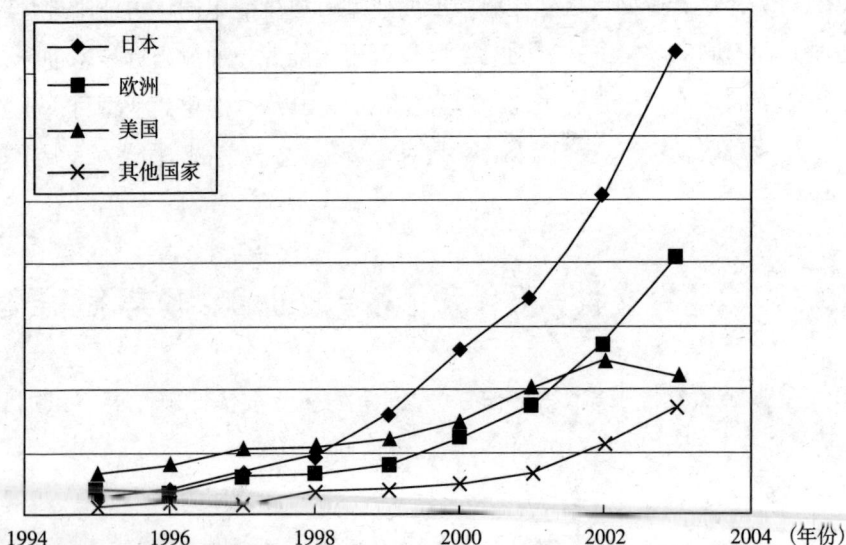

图 2-3　把经济建立在创新基础上的国家成为全球太阳能电力市场的领导者
资料来源：欧洲光伏产业协会（2005）。

许多国家紧紧抓住可再生能源技术，进而寻求在未来的大市场中占有一席之地。因此，"创新型"经济主导着一切毫不奇怪。

或许全世界的人都会认为开发可再生能源是一个好创意，但是这种认同并不能促进实体产业的形成。因此，为了成功地运用可再生能源技术，进行有针对性且细致周密的政府干预是必不可少的。而这种干预主要采用立法的形式。

2.2.3 "不干预"传说：政府干预只会破坏市场正常运行

市场善于做它们"被设计用来"做的事，不善于做它们"没被设计用来"做的事。人们常说市场是好的仆人，却不是好的主人。政府有一个最基本的角色，或许就是担负起规范市场环境的责任。

电子邮件是一项好的创新吗？不是，如果你卖传真机的话。传真机是一项好的发明吗？不是，如果你卖邮票的话。事实上传真机在各方面都要比纸质信件更好，电子邮件除了在某些方面外大部分还是优于传真机的。然而，"更好"这个词太过主观。

当可再生能源居于"更好"的位置时，它的位置其实并不明确。可再生能源优于传统能源因为它的燃料是免费、取之不尽、低污染且自行生成的，也因为它

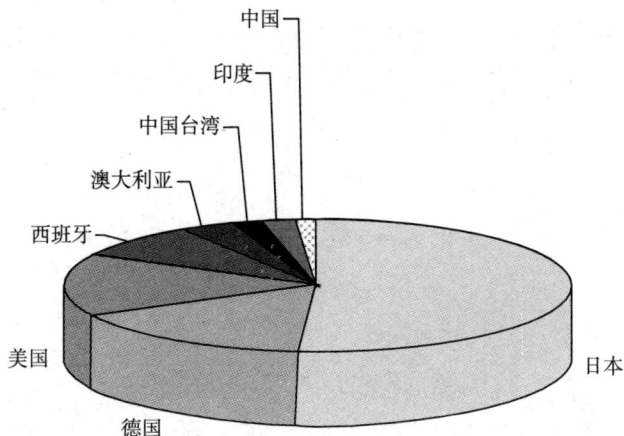

**图 2-4 从印度和中国相继走在全球太阳能光伏产业前列的状况来看，
发展中国家从一开始就在利用机会成为太阳能技术性制造业的领导者**

注：截至 2003 年底，太阳光伏的销售量饼状图显示日本和德国占据全球光伏市场主要份额，美国由于缺乏政府对市场发展的干预丧失了之前的领导地位。

资料来源：欧洲光伏产业协会（2005）。

可以创造更多的工作岗位以及其他方面的原因。然而，与传统能源的供应及其系统相比，人们或许会认为可再生能源的利用效率是低下的，因为许多可再生能源的存在形式是低密集型的，能量的来源依赖大自然且较难控制，而且小规模能量的获取也会增大资源利用的复杂程度。

可再生能源"更好"的概念取决于各种优势和劣势的相对重要性。对于可再生能源来说，许多优势都存在于社会和环境领域，而劣势却完全在经济和产业方面。

在标准能源市场上，能源对技术的选择一定会考虑污染对社会和环境的影响吗？不，是纳税人和保险公司在为这些污染埋单。那么二氧化碳的排放呢？不，这种污染的分布在地理上并不明确，而且它的代价取决于未来各代人和政府。至于对环境、就业和产业发展的利益影响，这些以一个国家或地区水平产生的利益与能源部门无关。对瑞士或者图瓦卢政府来说，设定一个全世界的能源价格和环境承载量或者起诉要求赔偿污染损失是不可能的，因此，我们必须找到另外一种解决问题的方法。

如果不能带来商业方面的好处，那么一个部门为什么要采用某项技术呢？如果没有好处还坚持使用一种技术那就是财政方面的失职。因此，从商业层面来讲，必须有奖励或处罚机制来创造一个变革的动机。

政府在集中精力控制可再生能源的利润时必须对其进行干预，因为能源部门和能源市场缺少将利益融合到决策中的机制。我们需要的政策干预必须创造一个价格信号，这个信号允许公司在它们的资产负债表中反映外部利润，然后由市场来促使交易效率的最大化。

2.2.4 "金钱"传说：可再生能源比热能更昂贵

只因未将污染对环境和社会的不良影响，即所谓的"外部因素"考虑到价格里面去，如今的可再生能源才会比热能源（核能和燃料）贵。在某些方面忽视这个问题会导致政策框架体系的扭曲。更进一步，可再生能源的价格一直在下降，而且是在大部分的敌对市场中，在没有外部定价的情况下，可再生能源的价格不断向传统能源价格靠拢。

成本效率的传说存在于一个"双重思想"的国度："奥威尔"之地，一个人们持有两种互相对立的信仰的地方。大气污染会对环境造成严重破坏，这一点人们早就知道，例如酸雨、臭氧消耗和持续的有机物污染对地球造成的破坏。现在让社会、行业和政府来了解这些还是有可能的，而不是在进行成本评估时忽视对社会和环境造成的破坏。不仅是有可能，全球能源部门都在实践。

除非污染者被要求消除或补偿他们的商业行为对环境造成的二次影响，否则这些商务策划人不会把这些成本纳入资产负债表中。但是，一旦立法控制得恰当，先前外部因素对财务的影响得以确认，商务策划人就会把这些因素考虑进去。如此一来，三个底线压缩成了一个，大多投资者无论如何也要注意这些因素了。

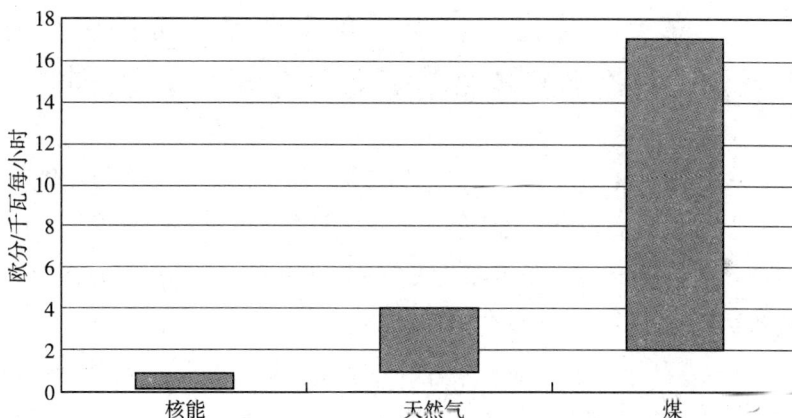

图 2-5　欧洲热力发电的外部成本

资料来源：《欧洲外部 E 项目》，欧洲风能协会出版（2004）。

只有将外部因素全部内化完毕，忽视污染才是合理的做法。社会和经济为污染埋单，但它们对产业补助并不清楚。然而，对于可再生能源来说，最大的难题是由成本内化造成的市场扭曲将会阻止更多具有成本效率的技术进入市场。

在这本书中，我们也会玩"双重思想"的游戏，而且会参考在不考虑外部成本的情况下不同形式能源的成本，当然可再生能源对新兴温室气体交易市场的影响除外。这是为了避免混淆，也为了避免不得不参考或选定对外部因素的不同预估。然而，为了正式记录在案，我们在图 2-5 中展示了对外部成本的最佳估计，建议读者在做比较时，要注意把它们考虑进去。

专栏 2.1　内化放射性鸽子的外部成本

我见过的关于外部成本最奇特的例子是发生在 1998 年的鸽子与英国塞拉菲尔德的核反应设施事件，这个设施因为排放放射性物质而声名狼藉。这种放射性物质的排放会逐步为鸽子"充电"，而鸽子的粪便经常被人们认为是具有低放射性的。更要命的是，鸽子飞遍整个小镇并排放粪便。因此，一个放射性鸽子抓捕队开始行动起来，另外，一种放射性鸽子的粪车被分派到各个街道来清理窗台和汽车发动机罩。在这个例子中，如果议会付"清理车"的花费，成本就被外部化了，如果是企业来付，那么成本就被内部化了。

2.2.5　"金钱"传说：因为可再生能源非常昂贵且属资本密集型资源，所以政府能做的最好选择就是往上砸钱

由于各种可再生能源技术在商业上都变得相对成熟，政府作为直接资金支持的提供者在弥补可再生能源与传统能源成本差异方面的作用越来越小。相反，政府能做的是集中精力于政策制定和立法，并以此来吸引更多的私营部门的投资。

如今购买和安装一个风力涡轮机需要花费 200 万欧元。发达市场上的风电厂拥有生产 50 兆瓦甚至更多电量的能力（一个风力涡轮机生产大约 2 兆瓦的电）。最近，相关方面的数据显示，生产商每年需要销售 100 台风力涡轮机来匹配一台叶片制造设备。用全部能力仅支持一个制造商的市场不是一个有效率的市场。强大的市场经常有三个甚至更多的竞争者，而不是仅有一个超过市场份额 30% 的单独企业。这意味着对于健康的国家风力发电产业来说，强大的安装和制造产业每年要销售 300 台风力涡轮机，这等同于每年 6 亿欧元的销售额。

很明显，对于许多政府来说，直接把资金投入到可再生能源产业当中以便迅速地建立一个有竞争力的产业早已超出了预算。对其进行大量的论证或许是有用的，但并不会产生一个新的产业。

进一步来说，如果能从其他方面得到能源，政府为什么要把资金投入到可再生能源产业中呢？投资圈中的从业者不断地指出：世界充斥着资本，却缺少项目。合乎道德的投资公司指出这种短缺在环保项目上显得更为突出。项目的短缺警示我们：很多国家并不具备合适的投资条件。政府在这方面可以扮演重要角色。

政府的重要作用在于通过利用法律和市场动态信息来促进私有部门对可再生能源项目和产业进行投资。过去成功的可再生能源政策通过立法来对能源消费者（起初就应该为污染负责的人）或纳税人（自然财产和社会财产应该被保护的人）开发可再生能源的花费进行补贴，并以此来为项目的实施提供一个安全的市场环境。对成本方面的补贴能够确保把价格方面的影响降到最低。我们将在本书各国个案研究的章节中看到实际情况中成功和失败的例子。

2.3 政策陷阱

2.3.1 陷阱：不明确的目标

在 2003 年中期，我被世界银行邀请参加它们对采掘业的审查活动。采掘业在这里指的是从地下开采资源的行业——从开采金矿到开采石油。世界银行对采掘业和采掘项目的贷款受到各方的压力，当地居民不乐意这种侵入式的开发，国际压力集团也要求停止对化石燃料的贷款，我被邀请来提出能源方面的建议（世界银行，2004）。

在一个特别的研讨会上，对基金的胡乱花费和企业与政客中饱私囊的争论日益白热化。人们对钱不能流通到普通市民手上或者流通到利国利民的国民经济中感到很失望。如果一个国家发生腐败，那是银行或者市民的责任吗？好公司与坏公司怎样分辨？世界银行怎样才能确定项目的利润不被企业隐瞒？等等。

所有的这些都很吸引人，同时也很难分辨出是谁的责任或应该怪谁，除非银行的目标受到过审查。开始于本次会议的银行在借贷方面的目标最终又回到了促进可待续发展和消除贫穷的双重目标上。但是，如果这些是他们所谓的目标，为什么不在合约里面说明呢？合约的内容更像是命令世界银行必须资助相关项目，而不是为了投资而确立相关契约进而达到实际所需的目的。

资助一个项目同时又假设另一个项目会随之而来并与之匹配，这是一个很危险的猜谜游戏，我们应该不惜一切代价避免这样的事情发生。如果你想消除贫困那就和希望消除贫困的人订立契约，而且如果你实现消除贫困目标的方式是通过高效地开采金矿，那是极好的。但是我们必须意识到，采矿只是一个中间步骤。贷款给金矿并简单地希望这会消除贫困，这是痴人说梦。各方必须清楚地了解最终目标实施的过程及与之相关的规定应该出现在契约或立法的哪些地方。

这些信息同样与可再生能源产业相关。我们必须明白，我们制定的可再生能源及其产业发展目标必须是合乎法律政策的。如果我们想要得到明确的结果，有越多注重结果的具体政策越好。下面引用本书作者的个案研究来论证这点。首先，艾吉描述了 20 世纪 90 年代在英国实施的非化石燃料公约（NFFO）政策方面的缺点：

和欧洲的其他国家一样，英国设定非化石燃料公约后也出现了很长时期的高失业率。由投票选出的关键问题更多的是关于新产业和新工作的问题。主导这些新产业和新技术的英国技术和制造业的建立得到了广泛的讨论，但是并没有在制定非化石燃料公约的政策中明确地体现出来。这或许是政府相信自由市场经济作用的一个体现。

与制造业和地方内容相关的条款可能与非化石燃料公约自身内容一致，也可能不一致。尽管欧盟国家的援助条例更倾向于反对对其进行直接的帮扶，但是由于支持性政策框架内并没有与之相关的内容，政府就无法确保其能解决制造业和就业方面的问题——但政府却拿着纳税人的钱财，这的确是一个重大失职。

在第二个例子中，加西亚和梅内德斯描述了西班牙政府在实现它们所做出的承诺时所扮演的角色：

进一步来说，政府承担着推动目标实现的责任。例如，拥有很长大西洋海岸线的加利西亚省，从 1997 年就开始制定每年 2300 兆瓦的目标——相当于整个省电力需求的 45%。这与确保将 70%的投资用在省内的目标有紧密联系。它创造了超过 5000 个直接和间接的工作岗位以及大量的工厂。

2.3.2 陷阱：跨领域式目标

有时候，表面上一致的目标会在实际中产生冲突。政策制定者必须综合平衡经济、产业、社会及环境的利益，并以此来确立一系列清晰且能够实现预期目标的政策体系。

我们常见的促进可再生能源发展的目标有很多，其中包括：为提高就业进行的产业开发，保护新兴市场的出口地位，确保能源供应的安全（降低燃料或电力的进口），削减长期温室气体的排放以及提高农村经济发展水平。

当使用一个所谓的"万全之策"时，跨领域式的目标往往会出现在许多常见的领域。简约式的高雅往往令人着迷，但在可再生能源政策方面，"简约"的政策往往会导致不良的结果。

一个典型的例子是可再生能源的开发跨入碳减排领域。原则上来讲，碳交易需要申请碳污染的许可要求，以此增加污染者的成本和消除传统能源与可再生能源之间的价格差异。然而，如果碳交易允许将植树造林（碳汇）及其被吸纳碳量考虑进来，那么碳减排的成本很有可能降低下来。

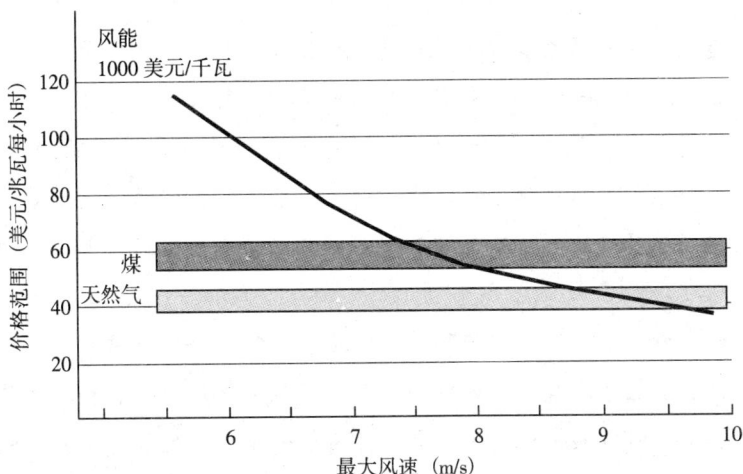

图 2-6　从图中展示的欧盟相关数据可以看出，风能将比传统能源更有竞争力，
具体表现在随着碳价不断提高，煤和天然气的价格会不断上升

资料来源：《风能月刊》（Windpower Monthly）（2004）。

专栏 2.2　Djangostan 虚构情景下的政策失败

想象一个虚构的场景，我们称之为 Djangostan：政策的制定者被要求来确保他们的国家拥有一个能够创造大量工作岗位的、减少温室气体排放同时又能创造廉价且能在国内生产的清洁能源产业。这些 Djangostan 官员提出了一个能够吸引可再生能源开发商的能源价格方面的政策。来自加拿大的代表团提议，政策不应该制定得这么专一，为什么我们不可以把它定义为"零排放"技术？于是，Djangostan 的政策制定者就把核能纳入方案之中。进而，天然气管道的投资者进入该场景并且说天然气是能源部门减排最廉价的形式。煤炭方面的说客也来谈论最新的煤炭技术，谈论它的效率以及碳捕获和封存的未来。甚至也有人说，为什么不让市场来决定谁是最好的呢？于是，政策的制定者制定了一个技术中立的碳交易政策。

Djangostan 得到的结果是，一群 Djangostani 农民拒绝为任何为一吨二氧化碳付给他们 1 美元的人清理林地。在美国，一座新型的煤炭发电站曾要投入建设，因为它比旧的煤炭发电站更有效率，碳信用额的成本几乎为零。天然气管道和电力设备的开发商们原本会面临一个好的开发环境，但是现在他们不会来开发这些能源，因为如今对煤炭的补贴大大降低了这些能源的经济效益。这使得原本准备在 Djangostan 投资的可再生能源公司都卷起铺盖走人。建造一个可再生能源发电厂是一项巨大的投资，而且他们也竞争不过那些打着"避免"排放的口号且早就应该被淘汰的火电厂。

没有可再生能源得以利用、没有工厂得以建立、没有额外的人被雇用、燃料进口也没有被任何东西替代。所有已经发生的事都是意料之中应该发生的，除了很多钱从一个人手中转到另一个人手中以及政客与商人说他们保护过地球之外。

错在哪里？首先，目标的优先顺序设置得不合理。减少二氧化碳排放和最小化成本应是政策优先考虑的方面，而不是靠产业发展和本土供应。

其次，时段的分配也不清晰。没有哪一个产业的投入成本在刚起步的时候就很低廉，因此，我们要为每个政策目标设定不同的时间段。长期的经济效率和经济发展很容易导致不同的政策选择。成为现有技术水平下的能源制造商、出口商和进口商会具有更高的成本效率吗？值得我们奋斗的共同利益是什么？对于经济来说，什么样的成本处在什么样的时间段才是可以接受的？在一开始的时候我们就应该问一些问题或回答一些问题，而不是等到问题发生了以后再来检讨。

虽然如此，低成本的减排措施还是受到了限制，甚至现有的措施也不是那么安全。在一个相当长的时期内，我们通常认为可再生能源最有可能为二氧化碳排放的彻底消除提供成本最低的减排措施。短期内的政策缺陷表现在我们把可再生能源扔进了一个需要与低成本的碳减排竞争的方案内，这样严重阻碍了可再生能源的发展。同时，这样做也会破坏未来低成本减排的机会。

这也许不是一个关于温室气体排放政策失败的必需的例子，但是它是关于可再生能源的。它告诉我们必须对政策的结果加以确认、排序和分析。

在引言中介绍的进退维谷的局面同样发生在温室气体减排中。为了实现低成本的减排，我们必须首先把产业的发展放在合适的位置。

2.3.3 陷阱：资源和技术界定不清

"技术中立"是一个可以经常在气候和能源领域听到的专业术语。它提供了一个"一流的、绝佳的"且不会对任何一项特殊的技术产生偏见或者偏爱的方法。然而，大量的技术都可以宣称是绿色的，可以减少温室气体或实现零排放。事实上，政策本身就具有不能清晰定义它们支持的技术、技术组合或资源的缺陷。

我们应该避免"技术中立"，主要原因有三个：排除"不合格"项目和"搭便车者"；避免进入创新的死胡同；防止由于过度竞争而导致的未来企业的消亡。

2.3.3.1 "不合格"项目和"搭便车者"

如果检查一下我们正试图控制的相关产业和技术的规模，我们就很容易明白"集中界定"的重要性。在一个新的国家清洁能源市场中，即使像风能和生物质能这样规模巨大且产生总量很有可能达 10~50 兆瓦项目的可再生能源在最初的几年内，每年也只能产出为数不多的项目。相比之下，大的水电项目或高效的煤炭项目拥有每年生产 500~2000 兆瓦的能力。所以，一个传统项目就能吸纳与一打可再生能源项目等量的"支持"。

进一步来讲，如果我们把其他技术也包括进来，"额外性"会产生许多严重的问题。我们说的"额外性"是指没有新的政策，项目就不会产生，特别是在用传统方式推动的条件下。举个例子，一个新的煤炭设备的效率可能要比国家平均效率水平高 5%，但是在正常的商业模式下，这种机器设备难道不会被安装？如果是这样，在一个"额外性"的条款下，它将会排除在所谓的减排信用之外。

宽泛的定义扼杀了美国许多州对可再生能源政策的关注，正如波特和斯威舍尔在美国个案研究中所说的那样：

推动"得克萨斯可再生能源配额制"起作用的因素是对可再生能源技术的准

确定义。相反，其他州，例如"缅因州"对可再生能源技术的定义十分宽泛，定义中包括了许多非可再生能源技术，导致州可再生能源配额制在实际中对可再生能源市场没有任何影响。

2.3.3.2 创新的"死胡同"

煤制氢的故事（见专栏 2.3）告诉我们，有时我们可以接受事实上根本不起任何积极作用的改变。这个例子检验了用化石燃料来制造氢的想法，也告诉我们，这种技术不会降低温室气体的排放，但问题的关键是什么？是进入了创新的"死胡同"。

专栏 2.3　煤制氢——创新的死胡同

氢，作为未来的能源，将得到一个很好的名声，确实它也应该得到。我记得有一个汽车的促销广告，描述了一个放在汽车尾气管下面的玻璃杯，这个玻璃杯被注入了半杯水。这是真的，毋庸置疑，氢在氧化作用下会释放大量的能量，而这种化学反应的结果就是产生水。

然而我们肯定会问："从哪儿能够得到氢呢？"在德国，一家著名的汽车制造公司已经检验了它们生产的氢燃料汽车——用一张展示从排气管接出一杯水的照片来证明这种方案的实施是可行的——能源混合应用产生的氢约等于4%的风能、很多的煤、一些天然气和核能——都是些国家的常规能源。除非要在氢方案的实施过程中购买其他绿色能源，否则排气管下面的玻璃杯就必须放入少许的像头疼片一样在水中嘶嘶冒泡的钚球和一个充满与电厂等量排放的气球。

氢不是主要的燃料，它是能量的携带者。它不是能量的来源，而是一种可能有利于方便地储存和转移能量的方式。它可能很有用，因为从原则上来讲，许多地区大量过剩的可再生能源生产能力会涌入氢生产设备当中。它们反过来会为燃料电池车队提供运输燃料，或者用管道输送燃料，就像天然气进入城市居民家中的厨房和供暖设备中一样。或者运输燃料的供应商们选择购买其他绿色能源来生产氢，非此即彼。

然而，氢也可以从烃链（石油）中或煤炭气化中获得。许多煤炭公司现在也确实把目光集聚到氢产业上来。可是，使用化石燃料来生产氢仍然会产生大量的温室气体，而忽视了可再生能源的特征——减少温室气体排放。

　　事实上，我们对氢进行论证的目的不是要瓦解氢产业。相反，它打开了一个新的视角来看待那些不能彻底弄清的最终目标，以及检验与这些目标相悖的支持型技术的方法的内在缺陷。尽管从原则上来讲，大多数人会袖手旁观，但是至少应该有人采取措施来剔除那些对社会和环境目标造成严重破坏的技术，那是技术的"死胡同"。

2.3.3.3　过度竞争导致未来企业的消亡

　　这就又回到了目标的问题上来了。这些目标是否是为实现低排放的产能而设定的？是否是为开发一种全新的可再生能源技术而设定的？它们又是不是成本降低和产业发展的目标呢？可能会有很多不同的目标，这也要求有不同的政策，排放和成本的过度集中很有可能与产业发展目标完全背道而驰。

　　一旦为了促进产业发展而采用过度竞争的方式，政策路线就会不由自主地变得模糊不清。这种竞争表现在两个方面：一方面，技术和技术间的竞争；另一方面，项目间的竞争。前者属于技术中立型竞争，政策在竞争基础上为所有的可再生能源提供相同的支持，所以生物质能、风能、太阳能热发电项目在相同的支持平台上公平竞争。当然，花费最少的项目会占用这些支持，而且这些项目通过利用更成熟的技术或更丰富的资源会自然而然地成为相关行业的领导者。但是通过特殊技术形成的垄断不会与以产业的广泛发展为基础的长期目标相一致。后者关注的是项目间的过度竞争，这种竞争可能导致像价格战一样的后果。项目的开发商会把他们的利润降到项目的可行性受到威胁时或成功的项目实际上不会实施的点上。更进一步，如果利润对于项目开发商来说很低，那么他们对所有项目供应商的需求就会减少，而历史告诉我们，这不会为制造商们提供他们在产业中所寻找的"舒适空间"。

　　英国非化石燃料公约系统最令人印象深刻的一项成就是它在促进产业发展的同时并没有把它们捆成一团。在这样的前提下，确定所需的支持水平和恰当的市场份额就变成了一件简单的事情。

　　有些人为"技术中立"辩护，这可能基于以下原因：他们对建立一个国内产业并不感兴趣，仅仅是由于其他方面的原因才对建立大量的可再生能源感兴趣。即使在这种情形下，这种政策也只是持有一个相对短期的观点，因为它仅仅反映了可再生能源在全球范围内建立的价格结构，而没有反映能够长期利用的本地资源。这部分内容将会在第9章关于西班牙的部分得到进一步阐述，西班牙这个国家拥有大量的太阳能资源，而且在太阳能热发电方面的研究和开发处于世界领先地位。然而，就像摘自下面这本书中对西班牙的个案研究所说的那样，这个国家还没有充分利用这些财富：

在20世纪70年代，阿尔梅里亚太阳能热发电站是作为一个技术研发中心而建立起来的，与此同时，三个不同的小型太阳能发电站也建立了起来，这些小型发电站采用镜面模板收集太阳光，进而达到在一个热力循环系统中能够产生电力的水平。

最近对太阳能开发的资金支持——等同于之前提到的每千瓦时0.18欧元（0.24美元）——使得增加4个以上10~50兆瓦的太阳能热力发电设备的方案成为可能……然而，令我们失望的是，为这类技术设立的资助方案在一开始的1994~1998年并不适用于其他可再生能源，必须等到4年以后才行。

表2-1 非化石燃料公约、北爱尔兰非化石燃料公约和苏格兰可再生能源公约提供的技术类项目的总数和产能

	数量	产能（宣布的净容量）（兆瓦）
生物质能	32	256.0
水电	146	95.4
垃圾填埋场沼气	329	699.7
城市和工业废物	90	1398.2
沼气	31	33.9
波浪	3	2.0
风能	302	1153.7

2.3.4 陷阱：目标错误

在资本密集型技术（例如可再生能源）方面，一个典型的政策缺陷是政府把目光集聚在帮助企业减少资本负担上面，而不是关注安装绩效的高低。在美国和印度的早期支援计划中，过度的税收优惠政策导致风力涡轮机的安装和运行效率十分低下，同时也使得较低的安装和绩效标准得以生根发芽。

这个典型的政策缺陷我们已经讨论过无数次了，而且它也应该为可再生能源部门的若干规划方案负责。一个几年前从美国回来的朋友做出了这样的评论："哦，是的，我看到过风车。我们开车穿过加利福尼亚，那些巨大的机器令人印

象很深刻。而且那儿的风刮得也确实厉害。有什么理由不让它们转化为能源，哪怕只利用一半?"

安装并拥有可再生能源方面的生产能力与让消费者享有可再生能源是两码事，完成这种壮举需要的不仅仅是一个"启动"开关。更重要的是采用所有或大部分与实际能源生产有关的混合激励措施。

可再生能源本身经常是低成本或零成本的，项目主要花费在资本成本和安装建设方面。这些高昂的预付成本给许多项目带来了很重的债务负担，因此，减少这些负担的激励措施肯定会大受欢迎。我们已经使用的资本导向型财政激励措施包括：投资税抵免、免税期、加速折旧、低利率借贷和直接补贴。

这些激励措施忽视了提高绩效的压力问题。假定资本的支出是固定的，那么在这项投资中，开发商可以采用不同的方式来提高他们的收入，包括：提高控制更多资源的能力，升级管理系统以增加其有效性、减少中断，运行、维护和升级程序以促进项目寿命的最大化。

必须确保通过资本导向型财政激励促使的商品价格的降低与迫使产业转向高绩效标准的长期激励措施之间的平衡。印度在 20 世纪 90 年代中期不得不对税收激励措施的明显滥用做出严厉的控制，这使现在的印度拥有一个高效的激励体制，就像巴克什在这本书中对印度进行的个案研究中所说的那样：

印度风能设施建设的激励措施包括：首年资本设备投资所得税评估中的100%折旧；电力销售收入拥有 5 年免税期；产业方面，包括特定地区的资本补贴；银行和移动设备的支持；国家电力局在一个可盈利的情况下对电力的回购。这些与能源需求高速增长同步的激励措施促使私有企业对风力发电厂的建设表现出前所未有的热情。

2.3.5 陷阱：激励措施不透明

可再生能源产业的规模虽然相对较小，但是它是全球性的。打开一个国家的市场对许多可再生能源技术来说是陌生的，这需要外来企业的参与。为了吸引这些企业的注意力和信任，政策必须尽可能的透明和开放。

我在撰写本章的时候使用了一台电脑，这台电脑中存放着来自德国、西班牙和印度的一些大公司的电子邮件，而且这些电子邮件也被要求与澳大利亚市场及其联邦"强制性可再生能源目标"的立法保持一致。在澳大利亚，许多这类公司在决定在当地开个办事处前就资助产业协会的相关活动。为什么？因为他们想在冒险之前就弄清楚他们将要进入地区的立法环境。

我们抓住的还只是全球可再生能源产业的表面，而每个可再生能源的技术很快表现出明显的地理集聚特征——欧洲的风能，日本的太阳能，中国小规模的水电，印度尼西亚的地热，等等。几乎可以确定的是，可再生能源在全球范围内进入新市场的时代正在来临。

随着技术的选择转向本地资源，人们会期望更多地利用本地的知识优势。但是，当这种知识在每个新市场中都不需要知识再创新的时候就必须与国际专业知识联合起来使用。如果一个人关注可再生能源产业的增长率，某些攀升到30%以上的年增长率，他就会明白这种知识在全球范围内"供不应求"。企业不断扩大它们的经营规模并以此来指导它们把目标集聚在正在发展中的市场，而不是在潜在的市场中投机。因此，清晰透明的激励措施肯定会吸引可再生能源产业或更细分的相关企业的注意力。

这种需求并不经常与早于大量基础设施合同签订的幕后谈判相符。政府和企业将协商出他们能够得出的最好结果，有时候甚至会公开一些未曾透露的激励措施。"如果你把工厂建在这里，我们会给你一个大的减税政策"，或者"如果你们保证维持这种价格这么多年，我们也保证提供这么多的就业岗位"等等。能够吸引外部公司在本地建厂的激励措施并不是这样的。相反，它会被认为是一种内幕市场。

东道国的激励政策越晦涩、不透明，对外来企业的影响就越坏。我曾经听到过一个会议发言人解释他们是怎样设法说服一个意大利顶级风力电厂来本地投资的，尽管法定的激励措施已经推行两年了。他们和一个不得不花六个多月来仔细分析当地的法规以便决定怎样从一个风力电厂获取利润的国际法律公司共同承担风险。

与此相反，德国可再生能源购电法清晰地规定任何生产可再生能源的人每度电都会得到一个固定的按住宅规模大小确定比例的价格。这可能不是产业发展最好的机制，但在清晰度方面毫无异议，同样它作为一个灯塔，在一个多世纪里为投资和产业的良好发展指明了方向。政策越复杂，限制、附加条件和退市会越多，产业和投资者会更加犹豫不决。

2.3.6 陷阱：繁荣与衰退——政策和市场缺乏稳定性

就像简易和清晰的政策能够当作灯塔一样，它们同时也可以提高稳定性。相反，稳定性的缺失会极大地增加风险，而风险会浪费金钱，同时也会使可再生能源的竞争力降低。即使稳定的政策在不恰当地使用"最高限额和退市"时也会导致盛衰循环的发生。

产业部门很少相信政府的友善，因为它并不能兑现。相反，它们更愿意相信政策和法规，因为符合法规的合约是可以兑现的。但是，有三个方面会降低产业部门对这些政策的信心：大量的最高限额、时间框架的不稳定和政策过度的变动。

2.3.6.1 最高限额和目标

一开始就准备当作目标的东西，如果这个目标顺利地得以实现，那么它肯定会变成最高限额。最高限额对于限制问题的发生有重要作用，但是对于解决问题却无能为力。经验表明它们困在盛衰循环内。

可再生能源项目通常拥有较长的生命周期（20 年或更多），但是所有的投资和主要的产业活动都发生在开始阶段。为了实现投资收益的最大化，投资者会尽可能地延长项目的运行时间。因此，为了达到一定的产出水平，他们会在最高投资回报期内尽可能早地建立起可再生能源的生产能力。伴有目标或最高限额的能源方案至少运行 20 年才能实现方案前几年提到的一连串的活动和大量的产业增长。一旦生产能力达到长期能源的目标，最高限额就会发挥作用，确保相应的活动得到完全的中止。

甚至更长期的立法也会推动盛衰循环的发生。澳大利亚"强制性可再生能源目标"方面的立法，对到 2010 年的目标进行相应倾斜同时将其稳定推行到 2020 年，这使得盛衰循环效应正在发生。能源部门设定的初始目标是可再生能源的发电量要在 1997 年基础上保持 2%的增长速度。在能源需求不断增长的状况下，即使这种保守的目标也应该根据实际情况不断做出调整（提高）；然而，为了保持更高的确定性，这个目标被修正到固定的 9500 千兆/每小时（GWh）。事实上，这意味着到 2010 年可再生能源市场的增长将低于 1%，同时可再生能源对市场需求的满足度也会不断降低，而日益增长的能源需求会被煤炭满足。

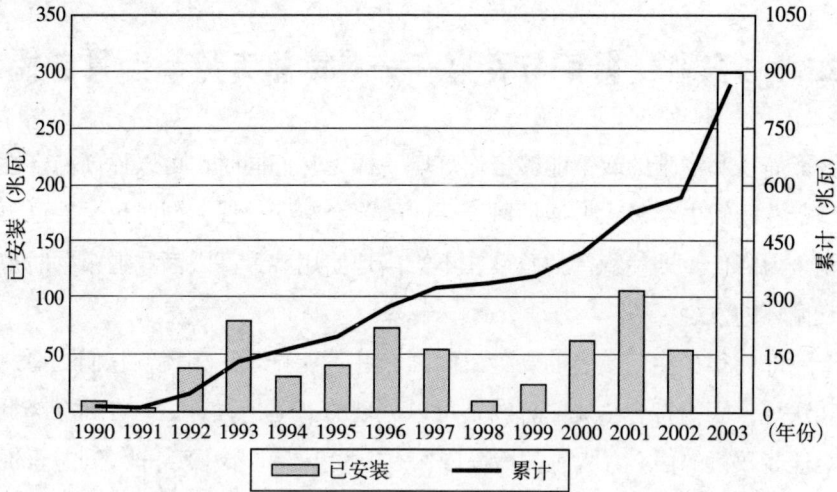

图 2-7 由于大量使用限制性目标，盛衰循环以一种极端的形式不断在英国发生
注：2003 年数据为预测值。
资料来源：BTM（丹麦风电咨询机构）(2003)。

从图 2-7 中可以看出，符合"强制性可再生能源目标"的可再生能源在刚开始的三年表现得非常活跃，但是这种活跃很快就会结束。例如，风能设备的预期生产能力要达到 1000MW。在 1999 年之后的 3 年，装机容量每年增长的平均比率接近 120%。截至 2004 年底，风能设备的装机容量达到 380MW，但是很多超过 5800MW 的项目已经被开发商确定下来，而且有些已经开始实施了，尽管只有大约一半的项目在 2004 年中期才申请规划许可。

只有以最快的速度行动才能保证合同的安全和项目安装的成功，其他的都要排除在外。在方案实施的前 5 年，几乎所有项目的安置都很顺利。但是之后，澳大利亚风能产业的发展遇到了障碍，停滞不前。

盛衰循环是产业发展效率极其低下的一种表现形式，同时它也与制造业的建立要求完全背离。如果必须要设立目标，那么就必须确保它们能够为产业的发展提供持续且动态的拉动力。

2.3.6.2 退市

第二个问题是退市（这种特定的商业表述让我想起了在美妙的一天结束的时候太阳慢慢从海面隐没的场景）。它一般指代政府、投资者或产业逐渐终止一项计划的方式，即"它什么时候结束"，或许是为了促进财富的有效利用或者确保激励成本的固定，政府一般都喜欢采用退市的政策。

这是另一个跨领域目标的例子，对经济确定性的需求超过了产业发展或气候问题缓解的目标。气候问题的缓解需要经过 50~100 年的过渡才能达到零排放、安全供能的目的，而现在地球上的相关方案有没有规划到 2010 年或 2015 年？更糟糕的是，退市向投资者传递这样一个信息：不要期望得到太多好处，因为我们的项目不会在这种政策中持续很长时间。如果方案中提到的经济利益确定能够得到，或许它会提供资金，但是这种确定性可能是错的，因为可再生能源和传统能源的价格会不停地变化。

一种可以得到相同结果的方式是用"检讨"来代替退市，但是这需要具备提供持续承诺的能力。同时这种检讨必须是持续和稳定的，而且要与产业绩效和外部因素的演变相一致。

问题是，对于政府来说，一届议会任期是 4 年，政策能否在两个任期内得以有效实施是不确定的，10 年对于政策任期来说太长了，20 年更是问题。我曾经和一些国家的高层官员一起参加了一个会议，负责制订长期能源计划，这些官员很郑重地告诉我他们已经考虑到了 20 年以后。20 年远远少于许多可再生能源设备的生命周期，无论是对太阳能光伏电池板来说，还是风力电厂，它只是许多热力发电站生命周期的一半——在这么短的时间内很难实现基本产业的转型。

2.3.6.3　过度的政策变化

和一个总不信守承诺或经常变换约定的伙伴相处，如果再加上法规经常变换，别说产业了，任何组织都会对政府丧失信心。他们转而会和更可信的政府合作或者要求更高的利润回报来弥补在这样环境下做生意的风险。或者直接完蛋！下面摘自本书关于英国的个案研究给我们提供了一个很好的例证：

"非化石燃料公约"的时兴时弱对英国日益兴盛的可再生能源在商业领域的发展十分不利。招标的操作不符合规定，在下一轮招标开始前就给出一点与之相关的暗示。很明显，对第二轮招标过后进行的检查会导致在被邀请的投标者之间产生一个为期 3 年的差距，在这段时间内许多企业由于缺乏商业经验而倒闭，或者由于对这个过程的不满意，而被排除在投标会之外。

2.3.7　陷阱：不恰当的/过度的财政管制

能够触动许多财政部门内心的是花了他们的一分钱而不是什么实际需求。对于许多出于好意的财政官员来说，把税收转移到私有部门是一项错误的选择。于是，"经济效益"的压力就出现了。

最近一位政府官员向我说出了所谓的理由，并明确地表明那是"财政纪律"。我粗略地看了下许多风力发电项目到 2020 年的成本曲线，并拿这些曲线与化石燃料的成本和一些碳成本进行了比较。我得出的结论是价格上的趋于一致并不是"阴霾过后的天堂"，但是许多东西在 20 年内还是可以实现的，20 年还是低于现今项目的生命周期的。"在那种情况下"，他问，"为什么你非要高的可再生能源价格呢？为什么我们不迫使整个产业维持一个较低的价格从而使我们的方案尽可能花费更少的资金呢？"

如果你能看透我们极力推崇和促进的产业的本质，答案是不言而喻的。建设成本很高，风险也很高。我想拓展我的商业活动，但是手头上的生意已经太多了。因此，如果我想在某个新地方建立工厂，我就必须确定那里有足够多的利润和未来市场份额，以此来确保最终我没有浪费我的时间和金钱。

新的产业发展政策需要像汽车的风门一样工作，风门（经常）打开以使燃气与化油器充分混合进而启动汽车引擎。一旦汽车预热足够并运转良好，我们就关闭风门，保持一个低的燃气水平，以此保证引擎在最佳状态下运行。不在一开始的时候给予足够的财政帮助就开动凉的产业引擎是在浪费时间或者会直接导致电池（启动支持）毁坏。引擎启动得越快，它预热得就越快，燃气混合水平的降低就越快，电池充满得就越快。

对可再生能源产业机制方面的讨论有很多。但是，上面所说的原理并不是由机制决定的，固定的价格或固定的容量这两者都会创造强大卖方市场。如果我们拿英国"非化石燃料公约"中规定的方法与其他国家相比，结果就很明显了，这种方法保持了尽可能低的价格以及最大的风险与不确定性，与此同时，德国的方法就显得更加有利可图和稳定了，而且这也给产业和投资者留了足够的转移空间。德国和它的消费者或许在短期内花费很多，但是现在他们有 12 万名员工工作在可再生能源产业，为国家的税收做了重大贡献。我认为这才是更有财政效率的方法。

2.4 疏　忽

2.4.1 疏忽：制度框架缺失

不幸的是，这里所说的"制度"缺失看起来就像把教科书中的理论移入到一个新市场中一样，并不适用。在这个例子中，一个可再生能源的"驱动器"得以安装，而可再生能源产业被扔进一个在现有框架下缺乏应对新进入者的知识和经验的体系中去，期望可再生能源产业在缺乏制度框架体系的条件下前行无疑是自找麻烦。

在一个新的市场中，可以确定的是，所有可再生能源必须遵循的规章制度在设计的时候不会考虑可再生能源。例如，发电许可证可能会要求发电厂的成本不能低于5亿美元。一个10兆瓦的水电项目会办理这样的许可证吗？或者更尖锐地说，有人会把100瓦的太阳能光伏设备放置在自家的屋顶上吗？

安装一个设备需要谁的许可？设备的连接需要谁的许可？燃料是否合格和符合标准？谁希望得到报酬？可再生能源项目是一个财富开发项目，还是一个工业建设项目，抑或是一个发电站或者农业机械？比率应该控制在多少？太阳能电池板是发电站或家用电器吗？如果情况相反我们该怎么办？

在最近的一次谈话中，风能研究的专家保罗·吉普描述了一个例子，在这个例子中，风力涡轮机被归类到发电站当中，而且它要在经得住地震的同时还要保证不会有灾难性的故障。只有一个要求——地面上的发电站不能被推倒，但是在80米高的塔顶上放50吨重的钢铁——那是一个艰巨的任务！一个无人值守的发电塔倒在农田造成的后果不能与满是工人的热力发电站被压扁的结果相提并论。

因此，必须检查环境框架以确保可再生能源项目符合其需要通过的所有法律程序，而且这种检查要从项目的开始维持到结束。这些过程揭示了可再生能源项目与外部世界互动的许多问题。一个用心的人应该能够识别出将会在新的市场中发生的环境问题。

而下一步就是要取得相应的授权。许多地区要求的授权包括：项目许可、评估建筑规定、分区和规划、发电许可、输电进入许可、发电标准、责任和保险、电力传输的费用和报酬，以及环境影响。

2.4.2　疏忽：能源市场的改革与准入

电网的发展是伴随着大型发电站和广泛的配电系统的建立和完善而发展的。政策要求电网和电力市场做出重大改革，以使电网和电力市场同样适用于可再生能源和植入式能源资源。当期望可再生能源运行在一个没有任何人（除了从系统内外）意识到电流的时代建立的政策系统里，疏忽和遗漏肯定会发生。

如今即便是最大的利益集团都认为新型发电站会是小型的和分散式的。电将更像是一个交错的运河系统，一些人从这边把水注入，另外一些人把水排出——由此产生了一个流行词"电池"。我们将会看到在每个大型建筑底部的小型天然气联合发电系统会为整个建筑提供动力。我们也将会看到在电网普及之外的地区会有电力农场，郊区的屋顶的太阳能电池板在白天会为商业区提供电力支持。不幸的是，20世纪50年代的大量机器设备和电缆线并不适合电力产业的发展，因此必须对它们进行更新换代以确保可再生能源和其他能源能够进入到这个行业中。

能源市场的改革和准入方面的失误在不同电力系统之间有很大区别，那些经常出现的问题会一次又一次地出现。例如，控制能源网络的人可能会阻止某些人接入能源网络。他们也可能会花费大量且不合理的成本，或者通过拍卖剩余线路的容量来赚取意外之财。另一个值得注意的地方是，基础设施规划系统不太可能将通过使用嵌入式发电和减少系统使用（最低成本计划）所节约出来的成本纳入到考虑的因素中去，同时，在能源的地方价值（如发电成本、输电成本和能源损耗成本）不明显、不公开时，新的问题就会产生。另外，发电许可可能会建立在大型发电厂基础上，这可能不适合小型发电站。

在一个更长时期的政策前，我们肯定会面对很多如下类似问题：电网是怎么来扩展、巩固和付费的？许可证是如何评估和设计的？怎么确定能源质量状况？长期合约是如何订立的，涉及多少时段？所有能源供应商面临的环境状况是否相同？

专栏 2.4 在政策失败时：进行太阳能"游击"战

政策改革的一个方向是进行"游击战"。在英国格拉斯哥举行的"欧洲光伏大会"上，我被介绍给一群来自今天我们称之为浅盐湖的美国工程师（他们为太阳能电池板和运动 T 恤衫制造"正弦波递变器"，而且声称这个"正弦波递变器""在电能出现之前会一直反转"，我把这种 T 恤衫送给了我的一个教瑜伽而且作息时间颠倒得很厉害的伙伴）。

太阳能游击战
马卡·卢卡斯、詹尼·弗瑞利

那是一个晴朗安静的春天早晨。两个人影从一个很不起眼的厢式货车中闪出。这种场景是如此的平常和不起眼，以至于即使有人在附近也不会注意到荒废街道的另一边发生了什么。

一个人提着一个带有把手的长箱子。他小心翼翼地跨过人行道，迅速地扫视了所有方向，以一种优雅的、训练有素的方式把钥匙插入一幢建筑物的锁孔。这个人影迅速地闪进去，速度之快以至于看起来就像从来没有人来过一样。另一个人的动作也同样没引起任何人的注意，轻轻地关上了厢式货车的侧门。穿过没有上锁的建筑物的大门，第二个人紧跟着第一个——搬着一个很薄

但很笨重约有 4 平方英尺的纸板。从他们搬的姿势来看，这个东西好像很贵重，像一个珍贵的17 世纪某个大师的画作。然后又关上门，并在门上上了锁。

他们是专业人员。这是太阳能游击战。

第一章

今年的早些时候，我们为位于加利福尼亚红色大街（redway）的"替代能源工程"制造了呼叫免费的电话。在将这种新的太阳能产品投放到市场后，我们很乐意对它的效果进行检验。我们订购了新型的"交流模块"。这种 108 瓦 24 伏特的光伏电池板紧紧黏合在背部的工程微型正弦波

逆变器上。而在模块背部的逆变器箱比接线盒大
不了多少。逆变器预装在模块的接线盒内，而且
在侧面有一个长且薄的四线电缆。标准的墙体插
座接到两条电线的末端，进而将一个交流插座
嵌入到建筑物的墙内。

我们的出发点是好的，但却是不合法的。我
们并没有说明把自制电接入到电网所带来的后
果。后果怎样很难确定。许多具有革命意义的行

动在实施之前都必须权衡所有可能带来的后果。
既然这样，我们知道风险将会是最小的——不像
封锁一个非法的核电站。我们认为最坏的结果是
它会切断我们的能源，但是当这些非法的光伏系
统重新安装后，一切都会恢复正常。

安全不是问题

许多东西的功效都注重安全性。

图 2-8　太阳能游击战

资料来源：《家用发电》杂志（1998）。

这些人向我介绍了"太阳能游击战"这个奇幻的世界，许多浪荡罪恶的
人戴着巴拉克拉瓦式帽来掩盖他们的真实身份，同时却又把太阳能电池板放
在屋顶并接入电线。我知道在美国的很多州，这种行为严重违反了用来促使
良好市民除了消费电能外其他什么事也不能做的很多法律。没有能源许可
证，没有合格证，电子设备却向电网发送信号——所有严重的罪行。最重要
的是，这些勇敢的"突击队"队员用相机拍下他们在行动中的照片并把它们
传到网上。

事实上，在这些行为之上，我们的这些新朋友把他们自己看成一个切入
口，而不认为那是一种品牌重塑战略。他们的绝招在于把插电式概念应用到
实际中去。太阳能电池板微正弦波递变器允许一个人把太阳能电池板接入家
用插座中去，这对市场造成了很大冲击。然而，在确立太阳能电池板分类及
其要遵守的规则方面有许多的灰色区域。于是，这些"擦边思想家"们就准
备好把他们的太阳能电池板归类为圣诞树挂灯。每年，美国数以百计的家庭
的圣诞节因圣诞树挂灯缺乏标准而毁于一旦。在美国，把两个从太阳能电池
板线路中取出的发光二极管植入到圣诞树挂灯的产品中既安全又节能。

2.4.3　缺陷：低水平的风险/成本—效益分配

对既定的股东（无论是地方的、区域的，还是国家的）来说，与所得利益不
等同的过重负担会导致与可再生能源发展相反的结果。如果假定这种平衡会自己
出现或者假定它与政策制定者无关，那将是一个危险的、潜在的且不可逆的政策
疏忽。

专栏 2.5　嵌入型发电厂与配电厂的"撒手锏"

想象一个小型的水电厂，坐落在一个线路十分长、需要大量维护且由于线路损失而浪费大量能源的电网的尽头。水电的开发商与城市中的公用事业公司签订了一个电力采购合同，但是开发商计划把他能向当地公用事业公司提供的节省款项作为项目收入的一部分，进而增加项目的收入。"我可以为当地的配电公司节省为不得不升级旧电网而进行的花费，同时也能减少它们的线路损失。如果他们能够给我一部分此类可避免的成本，我们的项目就变得可行。"

但是当地的配电公司并不这么认为。"你在这里发电并把电卖给城市，那意味着你要想这么做，你得给我们付钱。"

"等一下"，开发商说，"原则上来讲你说得有理，但是事实上我正在做的是减少你们需要拆除的电网的数量，那将减少你们付给调度员的服务成本。你们应该付给我钱。"

于是当地配电公司就使出了"撒手锏"，"我决定谁接入以及以什么形式接入，你要么接受，要么滚蛋。"

事实上，这意味着可再生能源带来的利益会在不同的范围内增加。污染会在全球范围内减轻，内部投资会在国家范围内增长，制造业和就业岗位会在区域范围内增加，就业机会会在地方范围内得到提高。然而，最直接的影响仅仅会在地方范围内发生。如果在实际中或直接就能感觉到这会对当地产生重大影响，当地的人或许会反对项目的实施。我们将在关注规划方面的问题的同时会更具体地关注这个问题。

减少或消除当地人对项目将带来的影响的疑虑可能会有许多方法。但是，也有另外的方法来提高和锁定额外的利润，以帮助实现既定利益相关者想要的平衡。

丹麦的经验告诉我们，当地对可再生能源发展的接受程度与当地所有权之间有重要联系。我们将在下章进行详细阐述，世界上风力涡轮机最高度集中的使用出现在一个叫西德西（丹麦地名）的地方。解释当地人接受和允许规模如此巨大的风力开发这一现象的原因是58%的当地居民家庭都拥有一股或多股合作性风力涡轮机的股票。

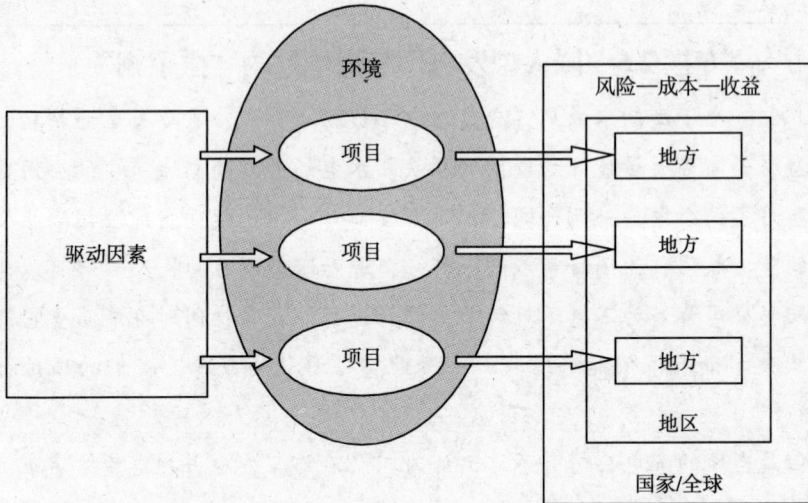

图 2-9 驱动因素和环境根据不同的地方、区域和国家的利益相关者来定义风险、成本和收益

利用所有权（丹麦政府为鼓励地方居民支持项目，提出了有利的政府税收政策）所带来的利益来平衡风险，这种方式带来了当地居民对项目及项目的影响更高的接受度。

2.4.4 疏忽：缺乏对称性规划和规划改革

土地利用规划是对称性政策制定的另一争议领域，这种政策的制定对多重、小规模和地域分布式的可再生能源项目至关重要。建立一个与热能发电站产能相同的电站，可能需要 10 个可再生能源项目；而生产相同的能源可能要 30 个项目。这些数字很容易让我们想到，对规划过度的束缚将会使产业发展瞬间停滞。

英国还提出了一个能源市场的"惯性"是怎样使开发商和利益相关者失去对称规划框架的警示寓言。罗伊德—柏森的研究（1999）显示，尽管英国拥有欧盟最多的风能资源和欧洲最早的法律促进政策，但 55 项得到授权的合同只有 18 项得到了通过。下面摘自艾吉个案研究的内容将清楚地说明这一点：

英国非化石燃料公约使可再生能源开发商的日子并不好过，如果能有一个从中央政府到地方规划局的强有力的引导，我们将得到更多的装机容量。由于在这方面缺乏相应管理，委员会经常被极力反对支持可再生能源进行任何实际应用的少数派所影响。一系列的规划决策在反对在地面上建立风力电厂之后随之而来，但他们所谓的会导致景观的破坏并未被这种将要生产的少量能源所证实。这与政府的既定政策并不一致，但是如果这种政策并没有以一种规划政策指导手册的形式被当地部门理解，当地政府机关就很容易忽略它。

复杂的"非化石燃料公约"的投标过程实际上只会让专业开发商和融资者进入，于是英国当地的团体毫无疑问地被排除在外——几乎没有任何机会建立相互之间的信任与支持。

这种情形与在丹麦的经历完全相反，就像克罗恩（2002）描述的那样：

随着技术的高度可见，解决公共规划（区域）问题模型的发展对许多国家的技术接纳度有重要作用。丹麦的公共规划程序通过地方的不断尝试和失败实现了自主完善和发展。1992年，更具系统性的规划程序在全国范围内得到推广，对地方规划者具有重要指导作用。另外，环境和能源部下达行政命令要求各市在全国范围内寻找适合风力涡轮机建立的地点。这种在公众听证会下制定的"事先规划"促进了许多风力涡轮机站点在实际中的运行，也极大提高了公众对后来的风力涡轮机站点的接受程度。一个小型的规划模型也被推广到了德国并取得了巨大成功。其他国家也在学习这种经验，不断修订它们的规划程序。

因此，我们看到简易的规划或设备安置批准程序对这种密集型产业的发展至关重要。忽视这个问题将导致这种产业的发展停滞不前——或者更坏的结果。

2.5 结 论

本章我们把所有的政策失误都公之于众，目的是确保政策方面的失败能很好地被人们理解，进而确保能够制定出将在下章讨论的有用的政策。

我们提到的首个绊脚石就是所谓的"传说"，它会在政策制定者制定政策之前向其提供错误的可再生能源方面的信息。"传说"关注的更多是技术并且假定技术的突破会降低可再生能源的价格。当然也有所谓的"公正"传说，它假定好的想法总能够取得成功并且外部的干预是不必要的。这种不干预"传说"错误地假定政府的干预会破坏市场的作用。最后是"金钱"传说，它假定可再生能源比热能更昂贵，从而因为它是昂贵和资本密集型的，所以政府能做的最好的事是把钱扔到这个产业。

我们也提到了一些引诱毫无疑心的政策制定者们踏入其内的陷阱，即使他们见多识广，拥有坚定的目标，也难以逃脱陷阱，其中包括不明确的目标、不恰当的资源或技术识别、错误的目标措施、不透明的激励、出于无心却又由它们导致的盛衰循环以及缺乏政策和市场的稳定性和过度财政束缚事倍功半的特性。

最后我们看到了支持可再生能源却忽略应该做什么而导致的结果。在此我们关注了会导致可再生能源政策失灵的政策灰色区域。这些部分包括：缺乏环境框架、缺乏能源市场改革和准入。另一个重要问题是主办国低水平的成本/风险—收益分配。我们也将看到对称性规划和规划改革的缺失会使可再生能源发展面临风险。

因此，在本章，我们从过去的经验中学到了许多有用的教训。下一步我们将关注许多不同领域，这些领域涉及避免出现与本章相同或在一个新的或扩大的可再生能源市场中出现的政策失误或政策疏忽。

参考文献

1. BTM（2003）World Wind Energy Market Update，BTM Consult industry analysis report，EWEA，Brussels.

2. Dambourg，S. and Krohn，S.（1998）Public Attitudes towards Wind Power，Internal publication，Danish Wind Industry Association（www.windpower.dk）.

3. European Photovoltaic Industries Association（EPIA）(2003) Solar Generation，European Photovoltaic Industries Association and Greenpeace.

4. EPIA（2005）Solar Generation，European Photovoltaic Industries Association and Greenpeace International.

5. European Wind Energy Association（EWEA）（2004）Wind Force 12，European Wind Energy Association and Greenpeace International，Brussels.

6. Home Power（1998）"Guerrilla solar"，first page of article by M. Rukus and J. Freely in Home Power，No. 67，October–November.

7. KPMG（1999）"Solar energy：From perennial promise to competitive alternative"，Report 2562，KPMG Netherlands，August.

8. Krohn, S. (2002) Wind Energy Policy in Denmark: 25 years of Success—What Now? Danish Wind Industry Association, Copenhagen.

9. Lloyd-Besson, I. (1999) Lessons from the Frontline—the British Experience of Opposition to Windfarms, Australian Wind Energy Conference, Newcastle, Australia.

10. Transition Institute (2004) Cost Convergence of Wind Power and Conventional Generation in Australia, eds K. Mallon and J. Reardon, Transition Institute Report to the Australian Wind Energy Association (AusWEA), Melbourne.

11. Windpower Monthly (2004) Chart originally printed in Windpower Monthly News Magazine, Vol. 20, No. 1.

12. World Bank (2004) Extractive Industries Review, World Bank Group, www.eireview.org/html/EIR FinalReport.html.

第❸章 成功可再生能源市场的十大特征

卡尔·马伦

在上一章中我们讨论了许多政策方面的失误，也从中学习到了许多经验。这一章我们将讨论政府部门应该采取什么样的措施来促使可再生能源项目快速、持续地实施。考虑到可再生能源项目快速实施的需要，我们将讨论政策制定与实施的关键因素。本章的目的是确定一系列能够在避免陷阱的同时又能为可再生能源提供固定框架的政策体系。

结合上一章所描述的政策失误，我们可以总结出成功的可再生能源政策的十大特征：

(1) 透明性；

(2) 有明确的目标；

(3) 定义清晰的资源和技术；

(4) 恰当的激励措施；

(5) 适当性；

(6) 稳定性；

(7) 制度框架；

(8) 能源市场改革；

(9) 土地利用规划改革；

(10) 平分社区风险和成本—收益。

我们可以把这十个特征归为驱动因素、环境因素和社会因素三个方面。(1)~(6) 的特征属于驱动因素，(7)~(9) 属于环境因素。而最后一个特征，均等化，是一个社会方面的因素。

很明显——而且意识到这点很重要——可再生能源政策包含的不仅仅是驱动因素，更重要的是它是一个完整的框架。许多国家的经验表明，忽略或忽视这个框架的任何一部分都会破坏框架的整体性。

上面所述的许多重要特征都已经成为可再生能源说客奉行的真理，对于读者来说也应该重视这些特征。然而，在此我们有机会更清楚地了解当我们说"稳定性"或"市场改革"时，我们真正想表达的意思，同时清楚地描述每个因素在确定跨过潜在政策失误雷区的途径时是怎样做出贡献的。

在本章的每一部分我都将提出一些关键问题并试着尽可能全面地回答它们。然而，意识到一点很重要——这些答案可能并不全面，而且在考虑这些问题时一定要结合每个国家的基本国情。

3.1　透明性

为了推动可再生能源市场的发展，支持计划和政策框架必须是显而易见和触手可及的。在很多新市场中，大部分潜在新进入者在一开始都会被排除在这些市场之外。这些新进入者可能来自能源企业、土木工程部门、重工业、商业部门或者是关注细分市场机会的企业家们。他们可能会在全球范围内关注这个市场，而且他们最大的共同点是来自不同的地方。

因此，意识到以下两点很重要：第一，激励措施并不是建立在对每件事逐个激励的基础上的；第二，激励措施不能让个别公司争取到或借以获取额外奖励。相反，这种支持必须是透明、易接受且对所有人都开放的。透明性的缺失将使内幕人士或更有影响力的公司获利，而且内幕人士或更有影响力的公司通过这种方式得到的市场优势将会阻碍新参与者的进入。

那么，所谓透明的政策应该是什么样的？这种政策以什么样的形式制定才能吸引不同的开发商来一起促进可再生能源项目的启动和运行？

我们在此关注的许多问题可能会与我们罗列了主要特征的政策目标重合，但是我们在此又特别地提到它们是为了确保新参与者不会因为缺乏市场透明性而被阻隔在新市场之外。因此，当我们提出或回顾一个新的政策时，随之而来的问题和答案将会向读者提供一些透明性方面的线索。

3.1.1　这些政策是否达到了易于理解和银行愿意资助项目所必需的所有要求？

在一开始，我们必须考虑我们所制定的政策是否清晰和直截了当，以及是否包含所需的所有因素。我们有两种方法来达到这样的目的。我们可以通过独立思考来确定所有需要立法的区域，或者向可再生能源项目的开发商求助，问他：“你是怎样让银行愿意资助你的项目的？”

银行可贴现性是测试任何能源项目是否可行的“石蕊试纸”。这意味着项目的开发商将提供一系列的合约、认证、调查和现金流预测，并把这些拿到银行或投资者面前。如果银行看到这些合约符合规定，允许该项目实施并认为收益预测是可靠和准确的，那么银行只会借出项目价值70%的款项给开发商。如果这些因素的某一项缺失，银行就不会资助这个项目。如果许多因素是不确定的，这就会转化为“风险溢价”，会增加财务成本。

这些基准是由商业部门设定的，而不是政府。因此，政府在确保政策覆盖到所有可贴现性问题方面有很大优势，并且应该以一种清晰的方式使新的和潜在的进入者了解到这些政策已经开始实施。政策中的相关内容要求是相当标准的（不同于不同水平的技术标准）。这些内容包括：与所在地有关的权利（土地或建筑物）、市场准入、税收和手续费、燃料成本、生产的能源的价值等等。

关键是这些因素对银行从而对这个产业也有至关重要的作用，因此，它们在可再生能源政策框架中的陈述必须清晰、透明。

3.1.2　什么样的未知事件出现在政策中并可能会影响市场规模的大小、可再生能源的价格或计划的持续时间？

未知事件就像可再生能源中的“暗物质”，它们可以识别宇宙是要爆炸还是要崩溃。影响市场成长的因素包括：扶持的水平、合理的扶持持续时间、扶持计划持续的时间以及计划要求（上限）的可再生能源的数量。但是，它反过来会提高项目的可贴现性，同时会把项目风险的不确定性降到最低。

许多人都会同意，德国可再生能源政策之所以取得成功，其中一个重要因素就是它们把不确定性降到了最低。它们对不同类型的能源的价格进行清晰的设定，同时，这种方案在可能实施的项目的生命周期内并没有设定截止日期。虽然开发商仍然要处理一些问题，包括：硬件成本、燃料成本或燃料规模、汇率等等，但是在处理完这些问题后，他们进行交易的系统将在很大程度上保持不变（除非立法改变）。

在一个市场主导型的系统中，可再生能源商品的价格会带来新的变数和风险。风险增加成本，但市场的动态变化也能降低价格。因此，投资者就要对利弊进行权衡并做出政策选择。市场的稳定性怎样？达到确定的未来市场规模需要多长时间？市场规模有没有可能增大或缩小？这些与之相关的不确定性必须尽可能地通过政策来得以转移或最小化。

制造业最易受未知事件的影响。通常情况下，开发商进入一个系统，提出许多项目，如果情况很坏他们就再次离开，或者如果有风险，他们就在价格上做出相应调整。但是，硬件制造商需要很多年的成功才能弥补他们在成本上的损失。对他们来说，风险和不确定性并不意味着要调整价格，而是进入一个行业的门槛。如果风险太高，开发商更愿意选择高的成本，而不是让企业处于价值几百万美元的工厂闲置的风险下。

3.1.3 政策制定的是否公平以至于与外部进入者相比这些政策并没有偏袒内部人员？

事实上，那些落实到位的政策应该尽可能地被普遍适用。这些政策必须最大限度地向商业部门开放，同时应消除时间束缚或截止日期[1]，而且也应该建立在透明或不屈从于现有条文的基础上。

最近，澳大利亚政府机关提出了一个新的生物燃料制造项目，并将向这个项目提供资金支持。他们把这个项目实施的最后期限设定为几个月，并且限定这个项目所要花费的资金。项目的实施需要完备的商业计划和可靠的供应链。

这是一个政策不仅偏袒现有开发商而且也反对竞争的例子，因为它会对任何想要进入市场的开发商进行变相处罚。后进入者不仅得不到政策的帮助，而且不得不与拥有补贴的成功企业进行竞争。任何对可再生能源商业来说不平等的政策都会阻碍新参与者的进入，而且最坏的结果是会导致裙带关系或政治上的权宜之计的出现。

3.1.4 政策的时间框架是否足以使来自其他国家和部门的利益相关者的项目能够开展和履约？

短期方案就像一场淘金热。它们能够在一夜之间创造一个城市又可以立即把这个城市遗弃。

对政府来说，如果大量的商业活动能够被吸引到一个新的产业中去，那是最好的结果。这些商业活动将转化为可再生能源的大量产出，而由此所带来的竞争会促使价格的降低和产业快速的发展。

就像我们前面提到的那样，许多新进入者要么来自国内其他行业，要么来自其他国家。无论来自哪里，他们都需要一定的时间来学习当地的政策与措施，来调查与之相关的市场或国家，在产业中建立他们自己的企业、雇用员工和建立办事处，而在这之后才开始从事商业活动。这将花费许多年。考虑到项目会持续20年而且在这段时间内也需要价格的稳定，因此，政策框架要有一个运行时间，这个运行时间要考虑到关键设备的安装期限和合理的营利时间。

通过对这个时间框架的分析我们很容易知道大部分可再生能源设备至少有20年的使用期。为了确保生产出来的能源的价格尽可能低，准入方面的支持至少要持续15年。否则，开发商必定会提高价格以弥补投资成本。因此，少于20年的政策方案可能会带来五年的高投资活动期，而之后就会出现停顿直到出现新的投资活动。没有固定期限但有一个所有项目从产出开始时就会获得至少15年的准入方面的固定支持保证计划，能够为正在实施的方案带来持续和稳定的可再生能源项目。

3.1.5 可再生能源政策是否与能源部门其他方面的政策与措施一致？是否有含混不清的信息和双重标准？

我们将在下面讨论政策的连续性，但也必须持续关注信息的连续性。我们有必要对将展现给潜在市场进入者的信息的清晰性和连续性进行特别关注。

有时候，来自不同的政府部门的政策，或许听上去很让人信服，但相互之间却经常不一致，甚至更多的是动态和相互矛盾。当可再生能源和环境方面的政府声明与政策之间存在着内在冲突时，这种冲突会影响可再生能源的投资。

从事任何一项商业活动的人都必须明白：立法会不断发生变化。在这种情况下，从事商业活动的人必须用长远的眼光来对未来可能发生的情况进行预测和评估。因此，关注可再生能源投资方面的商业活动将会对政府在气候变化、能源价格、污染或扩大的生产者责任[2]方面的政策投入更多的注意力。我也将关注政府对其他产业进行的相关支持。如果一个政府花费数百万美元的钱财用在对化石燃料的研究上，而对可再生能源方面的研究没有任何支持，那么你能奢望它在未来能源结构中起到多大作用？

3.2 明确的目标

驱动因素能否带来我们想要的结果？这是一个很简单的问题，但在实际中有人提到过这个问题以及对其进行的政策支持吗？

创建可再生能源驱动因素的基本原则会因国家的不同而不同。然而，无论在哪个国家，政策的制定都应该确保目标能够实现，这一点很重要。如果政策在制定过程中并没有充分考虑潜在的或预期的结果，那么这种政策并不会在实际中实施。同前面一样，我们会提出一些与能源政策的关键特征有关的问题并尝试做出回答。

3.2.1 我们想从可再生能源政策中得到什么样的结果？

我们有许多促进可再生能源开发的理由（进而也有许多潜在的目标），包括：可持续性的目标、能源政策改革、可再生能源政策的生产、新的发电能力、当地燃料的加工、温室气体的减少、电能的输送、增量的规模、能源成本和成本最小化计划（内化）、能源安全、新产业或制造业的开发、新技术的知识财富的开发、就业的增加、乡村发展和核能的逐步淘汰。

考虑到能够得到这么多的利益，我们下一步要做的是根据国家的实际情况来区分它们的优先顺序。例如，一个小的发展中岛国的政府会认为额外的产电能力是他们最应该优先考虑的事情，当然它们同时也会担心对燃料供应商日益增长的依赖和反复无常的世界能源价格。因此，政府会选择可再生能源来降低其对外部的依赖以确保其能源的安全。更进一步，由于这些国家的经济规模较小，它们会对价格比较敏感而且并不太在乎偏爱一种技术而放弃另一个。这类政府会尽力避免采用会给它带来巨大债务的大项目，同时它们也渴望得到较低的电价。如果价格能降到低于内燃机发电价格的话，它们就更喜欢了。利用可再生能源来降低温室气体的排放和增加国家可持续发展水平是人们都想要的结果，但这些国家并没有法律义务来做这件事，因而这些措施并没有得到优先考虑。

因此，在这种情况下，这个国家的可再生能源政策的优先选择，其顺序和开始时最看重的将是：新的产电能力、可靠性、能量安全、小的增量规模、低成本的产电和最终的可持续性目标。

而必须承担国际温室气体排放降低义务的大量欧洲国家可能会做出这样的优先选择：首先是能源安全，其次才是温室气体降低、就业的增加、核能的逐步淘汰，最后是新技术知识财富的开发。无论在哪个方面，重要的是要意识到这些优先选择并把它们融入到政策中去。

3.2.2　这些驱动因素和政策是为预期目标而设定的吗？

一旦各种预期目标确定下来，就必须构建相应的政策框架来确保这些目标在实际中能够得到实现。例如，如果国内可再生能源硬件制造业取得重大发展是一个目标，那么这种政策的清晰度应该怎样设定？如果温室气体排放的降低是一个目标，那么它会被合并到政策里的最小目标中去，还是在运行失败时，把这种目标当作判断和政策适应的标杆？下面的一段话将说明西班牙的可再生能源发展是怎样反映地区经济发展的优先选择的：

当一国的法律变得很重要时，西班牙风能发展的一个自下而上的重要推动力就会产生，从地方政府对工厂建立和就业岗位增加的渴望到……这种激励很简单：想开发地区风力资源的公司必须确保他们所做的投资会把资金投入到当地经济中去，而且其与硬件配套的资源要尽可能地来源于当地制造业（欧洲风能协会，2002）。

以上信息清晰地说明了驱动因素必须尽可能具体和清楚地说明它们真正推动了什么。在许多情况下，由驱动因素带来的相关支持有可能会促进预期目标的实现。我们在此得到的一个经典教训是这样一个明显的政策失误：鼓励人们建立硬件设施却没有鼓励企业来运行它们，地面上建立起的风力涡轮机还闲置在那儿——这不是我们想要的！现在我们明白把价格支持与大量的可再生能源（千瓦每小时或公升）生产联系起来是实现预期目标的一种重要方式。

我们试着用同一原则来实现所有的目标，这是一种理想。对一个驱动因素或一种机制来说，想要包括所有的目标是很困难的，但是使用组合策略却容易办到。例如，我们或许希望太阳能产业能够在短期内得到发展，同时也希望二氧化碳的排放能够在短期内得到削减。用一种政策来同时实现两方面的目标几乎是不可能的。然而，我们可以在使用碳交易策略的同时实施可再生能源支持方案，这种策略的组合使用就会使两种目标同时实现成为可能。前者会实现短期二氧化碳排放的减少，后者会提供一个长期策略来促进可再生能源产业与能源价格趋于聚合的更广泛的碳交易市场的会合。再举另一个例子，如果国内制造业得到优先发展，那么把相关的政策支持与当地实际联系起来就很有意义，比如提供关税减免政策或对当地制造或集合设备有利的进口关税制度。

我们从这个问题中得到的关键信息是目标不应该被制定得模糊不清，而应该尽可能地具体和清晰。

专栏 3.1　西班牙电网回购制度的调整反映了成本的变化

西班牙可再生能源系统被看作是一个成功且简易的系统，这个系统使西班牙可再生能源企业一跃成为全球风能和太阳能领域的领导者。这个系统内部有很大的灵活性，可以根据市场的变化做出最优化的调整。

这种特殊制度从 1980 年开始通过不同文件的颁布得到了不断的规范。然而，由于 1997 年的"54 行动"，政府在 1998 年颁布了"2818 号皇家法令"，规定必须采用新制度来应对面临的新形势。这种新形势包括新的法律得到不断确立和电力市场竞争不断加剧。为了实现这个目标，在这种特殊制度下的生产者能够得到电网准入的保证，同时，一个关注可再生能源生产的绿色电能销售价格的法律框架也已经建立起来。在这种背景下，政府建立了一个允许使用奖金激励（这种资金的比例与平均关税相关）或者维持固定价格的混合系统。

生产者可以在奖金或固定价格之间进行不固定的选择，而且每年都可以根据企业的战略对他们的选择进行调整。奖金和固定价格每年都会得到与市场状况一致的调整。

这个系统有两方面作用，一方面，考虑到既定技术发展状况下的可再生能源的价格，这个系统保证了这种方案并不会给开发商带来超额利润；另一方面，这同样也意味着如果可再生能源企业面临的市场环境变得极度恶劣的话，可再生能源奖金的价值也会进行自我调整以保证项目的可营利性。

因此，这个西班牙可再生能源系统，不仅灵活性特别好，而且能够为产业参与者提供大量的安全保证，同时也保持了这个代表消费者利益的系统的高效率与完整性。

3.2.3　怎样考核绩效以及怎样把低绩效的风险降到最低？

尽管我们为了解决以上问题做出了很多努力，但是仍然存在许多在某些程度上与定义或目标不一致的问题。许多可再生能源政策是"明说与暗指"的结合体。为制造业提供支持的政策不会使制造设施凭空出现，除非政府自己建立这些设施。这些政策只会建立一个尽可能有益和详细的、能够吸引可再生能源投资的政策框架。当然，政府可以核查这些政策是否起了作用。

尽管我们必须动态地来看待这些政策，但这些政策不应该是易变动的。建立一个能够反映目标的标杆，进而定期地回顾与这些标杆不符的政策可能是最有效的方法。

确实，我们可以通过确立一个能够定期优化与目标相悖的政策的可调参数来制定相关政策。例如，西班牙和德国都对电网回购制度进行了相应修改，以反映可再生能源生产成本的变化。德国为促进风能开发而建立的系统不仅允许开发商使用会导致价格降低的技术，同时也允许那些在风能贫乏（进而低利润率）地区开发风能的开发商提高风能的价格。在这种情况下，激励措施就被用来平衡由地理因素导致的价格差异。

如果能够很清晰地制定这些目标，同时建立相应标杆，那么，政策支持、目标、价格、赋税优惠、交易关税等的参数就都能得到相应的调整，而新的标杆又会建立起来。这样，制定清晰明了的目标就会成为企业首先要考虑的事情，政策也会在稳定、不会被破坏的前提下更加倾向于面向未来。

3.3   定义清晰的资源和技术

在推出一项新的可再生能源政策时，我们要假定在现有市场状况下，某些特定技术不能被有效地加以运用。然而，如果这种政策想要很好地发挥作用，就必须对目标技术集合进行明确的界定。既然如此，那我们所讲的可再生能源到底指什么？

这些技术集合可以由资源/技术或成果来定义，理论上可以把它们称作"技术特定化"或"技术中立化"。例如，日本人认为对太阳能光伏进行特殊的支持很有必要，因为他们认为太阳能光伏具有为他们的电子产业打开一个新市场的潜力。另外，同可再生能源部门的普通产业开发政策一样，基于市场的组合政策（如本书第 6 章描述的英国政策）也以低成本作为制定政策的指导原则。

然而，为技术中立而建立的网络可能会被摒弃。我们不能总是假定具有支持可再生能源功能的政策会排除非可再生能源。下面几个部分所讨论的问题及给出的答案将探寻由可再生能源的不同定义带来的后果与风险。

专栏 3.2   什么是可再生能源？

国际能源机构（IFA，2002）的定义：

可再生能源是一种能够持续利用的资源。可再生能源有诸多表现形式，在这些形式中，有些能源直接或间接地来源于太阳，有的则来源于地热。在这个定义中，可再生能源同样包括太阳能、风能、生物能、地热、水电与海洋能源、生物燃料和氢能源。

与"一般可再生能源"相对的一种新的表述——"新可再生能源"已经

出现在许多政策当中。出现这种情况有两方面的原因。一方面，它考虑了最新的可再生能源技术流，例如，尖端硅技术、流体力学技术和复合材料技术。另一方面，它区分了环保型可再生技术与能源和可持续型可再生技术与能源。

事实上这是想排除会严重影响当地生态环境和排放大量温室气体[3]的大型水电站之类的技术。世界水坝委员会（WCD, 2000）在 2000 年的报告中提出了水电站的这种让人苦恼的特性：

投资水电站在短期内就能得到相应的收益，这使水电站能够吸引大量的投资——估计世界范围内对大型水电站的投资超过 2 万亿美元——由此得到的二级和三级利益也计算在内。这些利益包括食品安全，当地就业和员工技能的拓展，农村电气化以及社会基础设施如公路、学校的完善。这些好处是显而易见的，但是建设和运营的成本要受到经济和财务方面的限制，因为在经济和财务上要考虑所投资的水电站的营利能力。

随着经验得到不断积累、绩效信息越来越全面以及水电站的成果越来越容易看到，建设大型水电站花费的巨大代价也开始引起人们的担忧。人们逐渐了解到水电站将会对人类、河流盆地和生态系统以及经济效益造成很重要的影响，因此，他们开始反对建设水电站。辩论和争议的焦点集中在一些特定的水电站及其对当地环境造成的影响上面。这种地方性的争论逐渐演变成全球性的水电站成本和收益之间的争论。从全球范围来讲，这种影响包括：水电站将造成 4000 万~8000 万人无家可归，同时世界上 60% 的河流将受到大坝的影响。水电站的这种会对社会和环境产生重大影响的特性及其影响程度已经成为如今争论的焦点。

然而，假定任何技术都不会带来负面影响的观点过于幼稚，至少我们应该警示自己：我们的期望太高。对大型水电开发更深入的讨论超出了本书的范围，因为这并不是一项即将进入市场的新技术，而是一项已经完善的"传统"能源技术。尽管没有一个适合所有情况的确切定义，但是现有的可再生能源技术应该包括：风能、太阳能光伏、太阳能热力发电、小型水电站、可持续生物能源、海浪、潮汐与洋流系统和地热资源。

3.3.1　这些政策会不会避免不同规模和成熟度的产业在一起竞争？

任何与大型的、已成熟的产业竞争的小型的、未成熟的技术或产业都不大可能取得成功。除非大卫有其他过人的本领，不然取胜的永远是哥利亚（圣经中被大卫杀死的巨人）。（随便看一下计算机软件我们就知道市场的力量有多么强大）可再生能源价格的改革正在进行，但是除非可再生能源的开发得到特殊、明确的支持并被允许进入那些能够通过不断提高产量来降低成本的市场，否则，这种改革不可能继续进行。

本书的目的不是为了证明"为什么可再生能源比核能、火电站、地质隔离或大型水电站更好"，而是将其作为对可再生能源的特定检验。但是，允许大型产业进入可再生能源产业的发展机制中，往往会给可再生能源生产商带来大量的风险。尽管"多样化"可能是政策制定者更愿意做出的选择，但是那些占用可再生能源产业资源的大型、市场主导型的技术会带来许多看不见的后果。

举个例子，政策制定者肯定希望支持核能、大型水电站或地质隔离技术的使用，但是问题是，这些已经采用的或技术中立型的可再生能源政策是否是支持的最好方式？例如，单一的核能发电站会耗尽与30%的市场份额相当的或更多的可再生能源发电站产生的能量。这不仅会耗尽电能，同样也会耗尽对其支持的资金。

同核能一样，火力发电站所谓的零排放或"可再生"碳捕获、储藏技术也面临着越来越大的压力。再比如，有很多（实际上没有这些资金的支持，地质隔离也不会取得成功）其他种类的资金可以用来支持"地质隔离站"的建立和运行，但是它不会和可再生能源在同一水平上竞争。尽管政策在隔离一方投入了足够多的注意力，但是火力发电站也会发展到垄断相关资源的规模，而这些资源足以支持可再生能源开发好多年。

已建立的大型产业与未成熟的小产业之间存在着无数的不平等。因此，在讨论它们的竞争和比较它们的绩效时必须将这些因素考虑进去。经验告诉我们，要想得到更好的结果，不应该将已建立的大型产业与可再生能源产业同时掺杂在同一方案中。

3.3.2 这些政策能否避免可再生能源目标互相矛盾?

我们已经提到,设定一个清晰简单的目标很重要,而与此同时,在界定符合条件的技术和资源时,制定简单的政策同样重要。

伴随着有其他更具"市场"友好性且能实现相同目标的资源来供选择,政客们经常会问这样的问题:"为什么非要制定一个可再生能源政策呢?"例如,一个"环境"友好型的市场计划应该包括可再生能源、天然气加工厂、核能、能源效率和通过植树造林来隔离二氧化碳这些内容。但是,这样一个所谓的灵活计划明显地会受到碳交易的影响,并且这种计划要受到许多税收方面的限制。

然而,就像我们之前提到的那样,许多能源效率措施本身就具有成本效率优势,因此在碳交易中,可以以低价格甚至零价格来进行交易。其他方案比如植树造林,成本就非常低(当然也会带来一些问题——比如,当种植的这些树木发生森林火灾时,谁应该为这些不能被隔离的二氧化碳负责)。在这种情况下,可再生能源发电站就不具备竞争力,也因此不会被建立,很明显,这不是一个有效的可再生能源开发方案。

事实上,通过制定洁净能源方面的法规来为碳及其交易创造更多的市场是很有可能实现的,但是这种做法只会对发电方的一般性商业活动造成很小的影响或根本不会造成任何影响。因此,这类法规在阻止带有矿物质的二氧化碳进入大气和生物圈方面不起任何作用。在长期内,植树造林这类容易实现目标的方案和其他低成本、能够减少非能源相关的温室气体排放的方案将逐渐被人类用完,而更昂贵的可再生能源会在适当的时候变得更具竞争力。但是,与此同时,可再生能源开发方案却一直被搁置,任何可再生能源产业的开发目标都没有实现。

因此,一个方案中,支持某项技术的技术可行性政策越具体,这些技术就越有可能进入市场,而与此相关的收益和目标就越容易得到实现。关键是,如果可再生能源是开发目标,那就要确保可再生能源处在政策的核心位置。

3.3.3 技术在必要的时候有没有得到特别的对待？怎样被对待？

或许并没有"技术中立"这类东西，因为对技术的选择依赖于能源战略决策。不过，通过识别具有与特定政策目标相适应的典型特征的技术团队，能够确立一个适当的"中立水平"。

可再生能源可能会被分配到许多不同的团体中。但对团队的定义越具体，政策的针对性就会越高。可以从排放的角度来定义能源，例如高排放（比如煤）、低排放（天然气）和零排放（可再生能源）。

技术也可以从经济学（将其考虑到碳价格中）的角度来定义。例如，我们可以把能源技术分为：价格下滑的低成本商业性技术、高成本商业性技术、非商业性技术和价格不会下滑的非商业性技术。很明显，能源技术也可以从能源角度来进行分类，例如，化石燃料技术、核能技术、太阳能技术、生物燃料技术或海洋能源开发技术。最后，他们也可以用技术本身来定义，比如陆地风能开发技术、海洋风能开发技术、太阳能热发电技术以及太阳能热水技术，只是通过这种方式命名的能源技术较少而已。

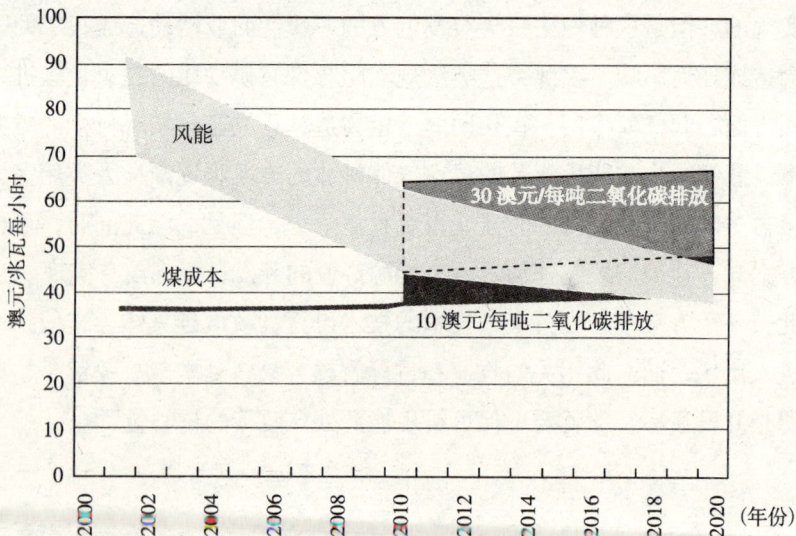

图 3-1 聚合过程：澳大利亚风能削低了煤的价格：碳的价格为 30 澳元/吨，而每吨二氧化碳的排放要 10 澳元

资料来源：国际能源机构。

阅读本书的政策制定者可能并不是制定碳税收或排放限制政策的人。但是，他们可能会意识到一个 10 年或 20 年的国际碳使用约束。因此，他们会制定与可再生能源组合策略的相对重要性、其他技术团队以及相对费用演变方式相关的战略决策。

澳大利亚拥有世界上最廉价的能源，而在表 3-1 中我们可以看到可再生能源是如何在碳限制使用的情况下变得比煤更廉价的。同时，我们也能够看出煤炭正面临价格不断上升的压力，而风能的价格会随着产业的发展不断降低。

因此，政策制定者可能会看到建立许多产业集团或技术集团的优势，因而会将其他资源投入到研发或商业化进程中，而将在长期内不具有可行性的其他资源放在一边。

表 3-1　非化石燃料公约中的技术组合（见第 6 章英国部分）

技　术	承包项目
填埋气体	329
风能	302
水电	146
城市工业垃圾	90
生物燃料	32
沼气	31
海浪	3

资料来源：英国贸易工业署。

既定团体可能会需要更具体的措施，比如按照资源类型或资源利用方式制定的措施。非化石燃料公约（见表 3-1）中提到的技术是具体性程度的一个典型例子。它的目的是促进每个地区产业的最大发展，而不是搁置一项技术的同时让另一项技术占用大部分的资源。

3.3.4　对预定技术或混合技术的表述是否恰当？

政策只有对可再生能源项目的实施有针对性，一系列的预期结果才有可能实现。一方面，可能只有单一的技术政策（例如，支持太阳能热水供暖）；而另一方面，也可能存在混合的技术政策。不管怎样，政策应用的技术范围必须通过某种方式得以清晰地界定。

技术具体化的优势在于可以使技术和产业的发展达到我们想要的结果，同时，也可以有针对性地把注意力聚焦于相应的资源上。但是，对这种具体化最普遍的批评是：这种在技术和项目公平竞争的条件下制定的政策并没有达到财务上的最优。

而组合方法提供了一系列预定义技术来争夺资源或再分的市场份额，这种争夺要么是在平等的条件下进行，要么是在为提供有针对性的激励措施而对某些方面进行侧重的条件下进行。

最普遍的技术中立方法是不对技术进行任何细分，而确立相应的合格标准。在这种情况下，人们会更乐意接受像"零排放标准"或"非化石燃料"这类标准。原则上来讲，这些标准既高雅又简朴，因此，不仅能促进每项技术的有效利用与发展，同时也能促进他们之间的相互竞争，最终实现优胜劣汰。

我们已经讨论过完全开放的技术中立方法的缺陷，但是限制性技术中立方法也需要加以解释。例如，"英国非化石燃料公约"的制定是为了支持核能开发而不是可再生能源开发。我们也会逐渐看到"碳地质隔离"所面临的"可再生或零排放"压力。因此，在此我们强调在对中立下定义时要与足够多的实际上已不再支持的技术知识相联系。

表3-2 选择单一型、混合型和中立型技术方法可能带来的各种后果

	单一技术	混合技术	中立技术
可持续目标	有	有	有
能源政策改革	依赖于技术	有	有
温室气体降低	依赖于技术	有	有
能源成本和低成本计划（内化）	有	有	有
能源安全	没有	有	有
新的产业/制造业	有	有	有
新的知识产权	是	是	没有
就业的创造	是	是	没有
农村投资	依赖于技术	是	是
核能逐步停用	依赖于技术	是	是

即使我们将这些可再生能源当成一个特殊群体，我们仍然要从单一技术、混合技术或中立技术这三个方法中挑选出一个来使用。例如，选择一项单一的技术并对其进行有针对性的支持将会对产业发展、就业创造和出口带来很大好处，就

像丹麦的风力发电、日本的太阳能和以色列的太阳能热水供暖给他们带来的好处一样。但是，这并不会给能源生产提供一个广泛的基础，也不会迅速地实现以最低的成本提供最多能源的目标。而作为一种选择，技术中立方法则有可能以最低的成本生产出最多的可再生能源，但是它并不会对制造业及制造业多样化产生激励作用。在这些方法中还有一种混合技术方法，这种混合方法的效果依赖于措施本身的特点及其混合的程度（见表 3-2）。

3.3.5　人们是否清楚那些包括很多具有环境不可持续性的技术在内的技术所带来的问题？

最后，经验告诉我们，在可再生能源政策的实施过程中，环境上不可持续的技术或资源会导致大量的社会问题甚至由此会导致大量的政治问题。

我们最担心的是新的大型水电项目和不可持续的生物燃料。前者有风险是因为无论是洪水还是水流中断都会对自然环境和人类社会造成严重的影响，而后者是因为生物燃料的获取会破坏生态环境或导致生物多样性的丧失。

如果人们发现那些在核心动机上具有可持续性的政策框架被利用来谋取具有不可持续性或会破坏环境的目标，那么这种政策框架很有可能会成为市民强烈抵制的牺牲品。

3.4　恰当的激励措施

现在我们假定在政策实施的过程中我们已经对相关资源或技术做出了清晰的界定。政策框架作为一个整体必须能够做出灵活的调整以尽可能地延长对国家可再生能源开发规模的控制。下面讨论的问题及给出的答案与我们将遇到的挑战有很大关系。

3.4.1　政策是否具有接纳新技术和根据未来变化不断做出调整的灵活性？

政策想要支持可再生能源就必须允许技术在自然演化中产生、转移及消亡，并使对政策的支持集中在需要的地方。

如今，可再生能源已被人们广泛知晓。而开发这些资源的技术也开始被用来与热能生产技术比较——一项有两个世纪历史的技术。但这些可再生能源技术发展的仍然很迅速，而且偶尔会有大的飞跃。

随着现有的非商业性可再生能源技术变得越来越具有可行性，我们需要做的是将这些技术从研发或理论论证层面转移到商业技术层面。后一个层面关注的更多的是产业的发展——使用不同类型的政策弥补价差。随着价差逐渐减小，这些技术可能会转移到那些有碳限制的广阔能源市场中去。在某些情况下，可再生能源在没有碳限制的能源市场中具有成本效率优势，但是这些情况倾向于出现在一些细分市场中。

因此，在开发新的可再生能源时，政策要允许新技术的加入，并且要保证当这些技术的价格下降和使用量增大时，不同方案都能够对这些技术进行支持。本书对西班牙的个案研究阐述了政策的失败是如何阻止太阳能热力发电技术从理论论证转移到产业开发中去，并最终阻碍一个适合这个国家的技术得以利用的。

3.4.2　政策在实际中是否真正应用了这些已确认的技术？

一旦我们确定了相关技术，就必须确保这些技术在实际中确实得到了应用。

削减大量的温室气体排放需要一个零排放或低排放的组合策略来代替当今的碳密集型能源供应策略。这个过程花费的时间要部分取决于产业的部署和服役年限。

产业增长率也因此成为一个时间敏感因素。例如，风能在过去 10 年间以每年 25%的速度不断增长，同时光伏也有与此相同的惊人增长率。但是其他可再生能源产业也有如此好的表现吗？

此处我们列举技术被弃用的四个主要原因：

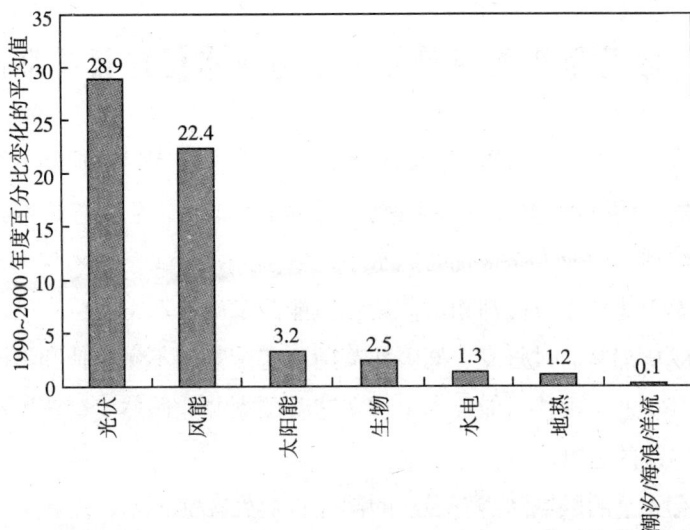

图 3-2　1990~2000 年的增长率显示光伏和风能增长迅速而其他可再生能源趋于萎缩
资料来源：国际能源机构（2002）。

（1）驱动因素没有得到最优化。不同的技术需要不同的驱动因素，这些驱动因素在风能、小水电、生物燃料和太阳能光伏方面有很大区别。

（2）财务效率不同。各种技术需要不同程度的支持，因为技术间的成熟度各不相同。如果忽视这种需要，市场可能会被唯一的最廉价技术所主导。

（3）并行的产业发展并不会实现。不同的技术需要不同的应用能力，而这种能力依赖于不同的产业规模和能源定价。一个通用的政策只会使某些技术主导市场，除非价格变得合理，否则这种状况不会得到改变。这种做法只会浪费宝贵的开发时间。

（4）可能存在不适当或不清晰的政策信号。对技术进行清晰的界定会帮助其他政府部门（例如，国库、农业、环境或规划部门）的决策者通过制定组合策略来对那些必须做出修改的政策内容进行修改。例如，必须对风能或太阳能光伏的并网政策进行修订。

关键的问题是，如果温室气体的大量削减或产业的长期发展真的很重要并由此把目标定为建立起一系列的相关产业，那么政策框架就必须确保这些适合各国的技术不会被忽视或中止。

3.4.3　政策是否围绕着开发出适应本国的技术来制定？

那些在全球范围内对可再生能源技术进一步开发取得巨大成功的国家，也不一定能够开发出能够利用许多尚未得到开发且丰富的可再生能源技术。

为什么玻利尼西亚人是最优秀的水手，俄国人善于骑马，阿拉伯人的建筑如此优秀但在太阳能技术方面却相对落后？风能开发确实取得了巨大的成功，但是几乎所有的成功都是通过丹麦、德国和英国这些国家的不懈坚持和不断的技术开发实现的。事实上，现代风能技术出现在这些国家并非偶然。这些国家都处在风能资源非常丰富的地方。

地球上有大量的区域沐浴着强烈的阳光。而处在北方寒冷地区的国家的太阳能热发电技术可能就会相对落后，但是他们不应该忽视对本土资源的评估和利用。这带给我们的启示是实施或开发适当的混合技术会因国家的不同而不同。同时，如果一项技术没有达到相应的成熟度，那么它可能会成为未来国家产业发展的一个很大的机会，甚至有可能成为世界上极具价值的知识财富。

3.5　适用性

新的可再生能源市场需要输入大量的资源以保证它们的正常运行，随后为了保证能够获取平稳的绩效，这些新的可再生能源市场会不断得到优化。驱动因素有很多类型。但不管是什么类型，适用性测试必须用来确保这种驱动因素能够为

表 3-3　未来风力发电成本下降预测

来　源	相对份额（%）
工艺改进——重量比	35
转换效率 [4] 提高——航空动力和电力效率	5
规模经济生产和物流优化	50
其他动因：基础设施，电网接入，运行与维护 [5]	10
总额	100

注：从表中可以看出，2000~2004 年风电成本总体下降15%。
资料来源：Mallon and Reardon（2004）。

可再生能源开发提供足够多的"燃料"。我们重申一下，这里所讲的驱动因素就是能够启动引擎的东西，它必须是通过很简单的方法就能制造出来的易燃物。

由于生产制造和就业机会的创造通常是可再生能源政策"皇冠"上的"宝石"，因此获取应得的财务回报、足够长的政策支持时间和必要的设备使用期限非常重要。这有时可能会与短期的经济效率背道而驰，这就会引发是应该最小化可再生能源的成本还是一直等到价格进一步降低再使用相关技术的争论。但是，表 3-3 显示超过 50%的成本降低是通过规模经济和实践中的不断学习来实现的——这证明了一个基本的道理：坐等机会的出现只能获得较少利益。实证研究显示，公司及其决定性政策能够带来制造水平的提高、就业机会的增加和出口的增多。这就引出了一个问题：是应该花费更少的资金以节省更多的资金投资到国外，还是应该先花费更多的资金来保留国内市场和扶持制造业的发展。我把这个问题留给了经济学家。

当我们在对政策的适当性进行检验时，至少要回答三个重要问题，下面我们将讨论这些问题。

3.5.1 政策是否会影响私有部门的投资？

简单地把资金扔向可再生能源不会起任何作用[6]——政府也没有足够的资金这样做。挪动可再生能源就是挪动私有部门的资金。而这种挪动的关键是要确保投资者能够得到与他们的资金相等或更多的回报。好的政策在制定的时候就要考虑可再生能源项目的投资取向，同时还要考虑到对私人投资具有吸引力的各种产业要素。

美国政府在 20 世纪 70 年代早期的石油危机中对风能进行的投资是一个很好的例子。这导致了在 20 世纪 80 年代中期，许多公司如波音公司和西屋公司生产了一系列的大型实验风力涡轮机。但是，大部分最终取得成功的公司却是丹麦和德国的公司（包括维斯塔斯，一个农业机械制造商），这些公司是在允许对风能产业进行平稳开发的稳定政策环境中从事商业活动的。

3.5.2 可再生能源的投资回报是否比得上其他能源的投资回报？

越来越多的能源方面的司法审判向我们显示，可再生能源在成本上比传统能源更具有竞争优势。在这些情形中可再生能源的发展可能不需要政府的干预，但在许多大规模经济环境下的大型能源市场中，对污染进行某种程度上的内化以及进行积极的政策干预是很有必要的。我们可以把这种积极干预当作一种补充，而且要有这样的意识：弥补由于市场扭曲导致的能源部门10%的损失要比承担能源部门90%的污染责任要简单得多。

举个例子，最近我承担了一个太平洋岛国——纽埃的可再生能源项目。在这个国家，消费者的用电成本很高，大约30新西兰（NZ）分/千瓦每小时（约合22美分），其中政府补贴50%。而与此相反，对未来风电价格的预测则显示，这个岛上的风电价格将下降到20新西兰分（15美分）。从纽埃的这个例子中可以看出，电价明显不是风能开发项目实施的限制因素。相反，在其他国家例如澳大利亚，风电的价格仅仅为1.5美分/千瓦每小时。因此，需要采取相应的政策干预来弥补可再生能源成本之间的差距。

那些能够给予直接或间接价格支持的干预措施必须以一种能够促使"独立"、促使具有商业可行性的项目取得成功的水平来实施。初看上去，政策对处于国家系统中的传统能源价格的支持水平与对可再生能源价格的支持水平之间存在差别。但是，无论哪种能源的价格都不可能一直与它们刚开始的价格相同。我们提到的"独立"这个词很重要。它代表那些由于拥有自身优势，从而可以通过正规的企业贷款获得外部资金支持的项目（融资项目）——但它融资的成本要远比国有企业或大企业的融资成本高。

为了解释这个问题，我们要明白，许多大公司或国有企业可以通过内部或不计入资产负债表的资金来支持相关项目。也就是说，它们可以根据公司现金流（而不是项目）一次性偿还所借资金。这就要求要有更好的财务比率以保证项目的可行性。例如，对于国有企业来说，一个令人满意的内部投资回报率可能会是6%，但机构贷款者可能要求12%的回报率（基于绿色项目的价值），而对私人借款者来说，这个比率可能要高于17%，同时，对风险投资公司来说，这个比率可能要达到 35%。因此，那些更小型的可再生能源公司必须通过项目自身的优势来获得资助，并且要偿付较高的股票投资回报率。

那些只能激励国有企业和大公司开发可再生能源的支持措施是失败的。它把广大的私营投资部门排除在外，同时也不利于培养高度竞争的私营开发产业。

3.5.3 投资期限是否足够长以保证项目的投资者能够获得相应股票收益？

参股者对项目的持续时间十分敏感。几乎所有的可再生能源项目都是资本密集型的，而且燃料成本十分低下。这些项目经常通过股票和债务的混合方式来融资。在项目运行的整个生命周期内，收入经常会首先用来偿还债务，而在这之后项目的所有者才会获得股票收益。拥有 20 年生命期的项目需要投资者做出长期的承诺。

表 3-4 产业发展速率和生产临界值是澳大利亚可再生能源强制性目标（MRET）的重要变量

	当今的 MRET	2010 年 5%的 MRET	2010 年 10%的 MRET
可再生能源总目标（十亿瓦时）	9500	19000	30150
风能总目标（十亿瓦时）	2470	7220	12795
2010 年风电装机总容量（兆瓦）	940	2842	5037
到 2010 年每年风力涡轮机装机量（按平均值为 1.5 兆瓦的风力涡轮机计算）	90	270	480
风力发电机叶片生产设备所要求的临界值（基于每个风力发电机叶片制造商每年 100 台风力涡轮机的临界值）	<1	2~3	4~5
设备的最大数量（根据市场份额计算）	<1	2	4

资料来源：Maddox（2004），澳大利亚风能协会出版。

如果一个项目可行，我们就要在项目的持续期和能源成本之间进行权衡。理想状态下的项目会在它整个寿命期内都能得到支持。如果这种支持低于理想状态，那么项目就必须提出更高的能源价格以弥补债务和股票成本。

大量使用短期项目支持政策会导致价格不能真实地反映可再生能源的成本，因此会降低可再生能源的竞争力。这意味着不必要的成本会转移到消费者或纳税人身上。

3.5.4　设备的耐用度和项目的持续时间是否与制造业的水平相适应？

制造设备的生命周期要比已安装项目的生命周期长很多。设备制造商需要其他厂商长期地采购才能收回成本并赚得利润，这样他们才能保证设备的质量和使用周期。如果这种能够持续工作的设备持续工作的时间不长或者产量很低，那么对供应商来说，引进（而不是独创）技术的成本或许会更低，而且风险更小，这将导致国内与这种引进技术相关的制造业难以产生和发展。

表 3-4 向我们展示了不同的产业发展速率是怎样决定既定方案中要采用的制造设备数量的。应该注意的是，市场容量必须根据市场中设备制造商的数量来进行划分，在一个竞争性市场中至少存在两个或者三个设备制造商。因此，最优的市场规模应该是单个制造设备容量的 3 倍。

图 3-3　Kenetech 公司的风力涡轮机

注：Kenetech 公司的风力设备在 20 世纪 90 年代主导着全球风力设备市场，但却在美国及后来的印度的"盛衰循环"中失败了。

资料来源：Paul Gipe。

3.6 稳定性

最后，许多基于驱动因素的重要措施都需要政策的稳定性。就像上一章我们看到的那样，使用一个缺乏稳定性的政策比不使用政策带来的危害都大。为什么？因为当对未来某种商业活动的支持水平下降时，缺乏稳定性的政策会导致商业投资的暴跌。一些先前热心的产业投资者可能不会进行新一轮的投资。他们甚至会更倾向于不参与任何投资，除非政府给出一个稳定持续的承诺。

政策稳定性是市场稳定性的基本要求，它反过来又与可再生能源的价格和产量有很密切的关系。

德国《强制购电法（FIL）》的稳定性被认为是德国可再生能源开发取得成功的关键因素，这个法律在长达十年间没有做任何改变。相反，斯威舍尔和波特在第 7 章描述了美国早期可再生能源政策的不稳定及由此导致的可再生能源开发商不断与政府实施的生产税收减免政策进行的"足球游戏"。最后，斯威舍尔和波特对美国和德国的可再生能源政策进行了比较，这种比较给我们提供了宝贵的见解。

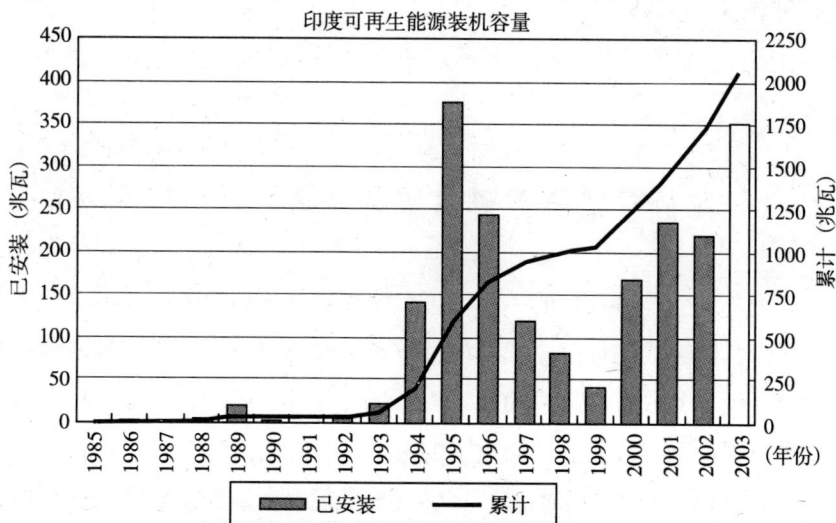

图 3-4 印度和美国的盛衰循环图解

美国可再生能源装机容量

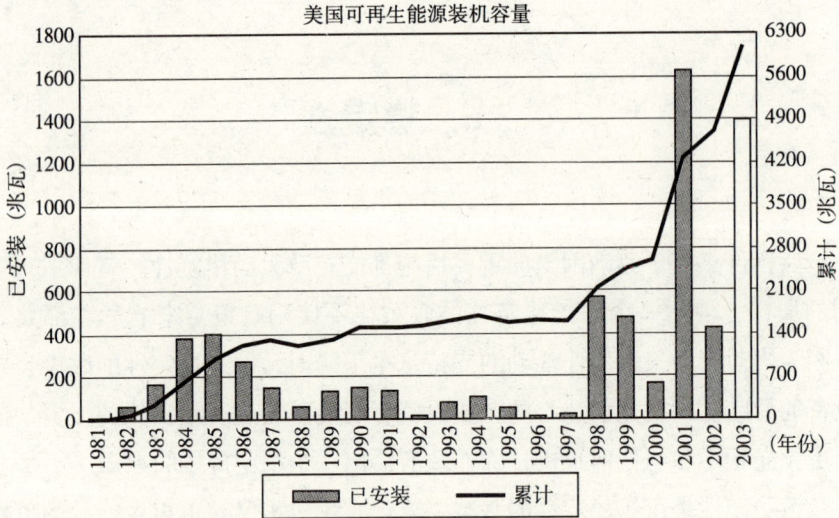

图 3-4 印度和美国的盛衰循环图解（续）

注：2003 年的数据为预测数据。

资料来源：BTM 咨询公司（2004）。

对于可再生能源项目的开发商来说，德国对可再生能源开发提供的稳定支持保证了价格的稳定，也促使了可再生能源项目源源不断地产生。更进一步，随着经验的不断增加以及产业间相互依赖的复杂程度不断提高——项目融资和项目技术使成本降得更低。稳定性带来的这些好处促使对未来政策的修订能够带来更低的成本和更高的经济效率。

那么实际中的稳定性到底指什么？下面，我们将讨论若干与稳定性相关的重要问题。

3.6.1 政策框架能否避免盛衰循环？

盛衰循环可能是最常见的一种可再生能源政策框架的失败。

只有少数国家成功地避免了这种失败。这些国家通过运用能够避免过多时间压力或资金竞争的政策框架成功地跳出了盛衰循环。我们可以以这样的方式来描述他们的政策框架：具有更"开放"的架构，它趋向于吸引而不是制止。

许多财政部的经济学家担心预算、支出限额或者事先未确定好的期限，所以就出现了许多政策实施方面的限制。这些限制转而却促成了许多让人梦寐以求的目标，例如"十万屋顶计划"、"千兆瓦计划"和"十亿升计划"。这些计划有它们的优点，但是在这些目标得以确立和花费资金过后，它们起了什么作用？它们仅仅变成了一种限制，而这种限制会把盛变成衰。

写本章时，我刚从对澳大利亚国会关于当前风能开发状况的游说中回来。我警告他们要注意这样的问题：澳大利亚的风是风能开发成功的牺牲品。从原则上来讲，澳大利亚国会的可再生能源强制性目标政策已经持续了 20 年。然而，所有为实现预期目标的项目建设在政策实施的最初五年就已经完成了：项目得以实施、工厂得以建立、员工得到了雇佣、农民租借了土地等等。但是，一旦这五年过去，相关产业就得时刻准备着减少那些由市场因素和无效政策导致的具有较高风险的投资。

盛衰循环由多种因素导致，我在此处列举了四点：

（1）方案中可能存在一种时间限制，对方案的实施时间或适用期限进行了约束。这导致了可再生能源的发展与停滞不断交替出现，美国的税收抵免系统证明了这一点。

（2）可能存在着对数量具有不可预测性或花费没有规律的资源的限制。这导致了当有激励时可再生能源就会出现繁荣发展的景象，而没有激励时，可再生能源的发展就停滞不前。英国非化石燃料公约是一个典型的例子。

（3）预算和最高限额促使可再生能源的开发迅速达到预期的目标，但是紧接着也导致了这种开发的突然停止，就像我们正在讨论的澳大利亚。

（4）过度竞争创造了一个这样的环境：可再生能源开发商必须超过另一个竞争对手才能得到政策的支持。

3.6.2 政策有没有为产业发展的整个周期制订计划？

长期、稳定的政策必须承担一些引领整个产业发展方向的责任。而且这样的政策必须对产业建立所必需的政策支持进行扼要的描述，同时要用一个退出或整合策略来完成这个过程。

管理那些高增长率的产业并促使它们持续平稳地发展不是一件简单的事。要么取得像诺基亚一样的成功，要么得到像网络泡沫一样的恶果。值得庆幸的是，可再生能源并不是第一个探索这个道路的事物。因此，我们可以为这些产业确定

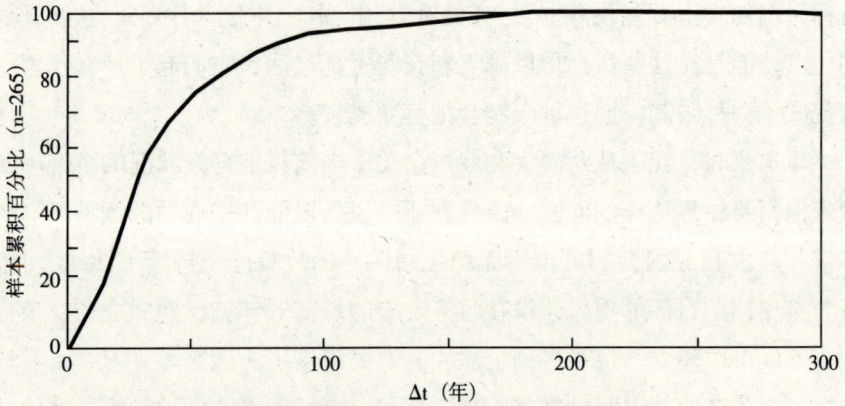

图 3-5 遵循相同路径的 265 种不同技术的扩散速率

注：这意味着样本中的技术扩散速率为 41 年。

资料来源：Grubler et al.（1999）。

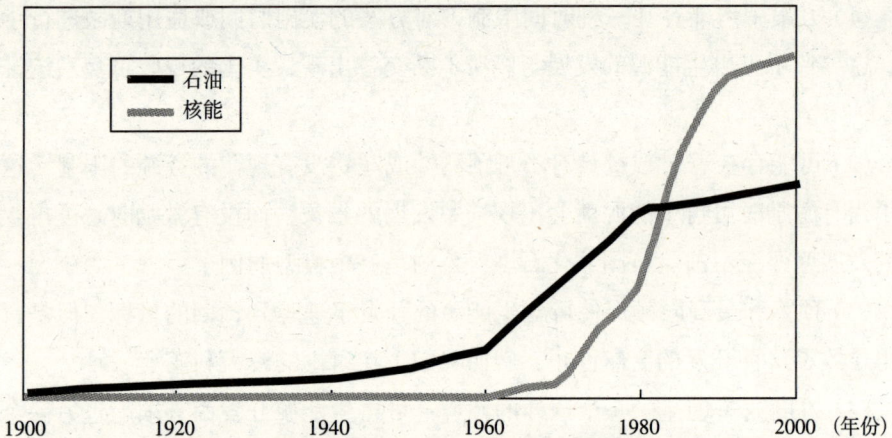

图 3-6 两种能源产业的增长曲线图（元量纲分析）

资料来源：核能产量：迈克·唐纳德（2004）；石油每年的产量：美菱。

标准化的成长路径并规划它们的发展道路。

在这种情况下，我们可以确定三个完全不同类型的产业发展阶段。首先是缓慢阶段，股市开盘行业被证明是一个从零发展起来的新兴产业并逐渐被用来解释这个世界。之后是 T 曲线阶段，产业发展得越来越好、规模越来越大，产业的发展呈指数式增长。最后是平稳阶段，这个阶段的产业逐渐面临着资源和其他方面的限制。

在曲线的第一部分，我们会看到政策措施使产业处在一个缓慢发展的阶段（产业发展的引擎还没有出现）。而在第二部分，我们将看到产业发展进入指数增长阶段，但不确定这种发展会持续多长时间及得到多长时间的资助，这就导致了令人痛苦的盛衰循环。

理解技术和资源在未来的作用能够帮助我们确定产业发展的长期路径。当把这些问题弄清楚了，管理这些路径及所需资源的计划就能够被很好地推导出来并整合到政策框架中去。

3.6.3 政策对发展有没有持续稳定的拉动力？

与盛衰循环相反的应该是"稳恒拉力"，它使产业的增长紧跟着产业发展的"S曲线"。然而，这种情况下的"稳恒拉力"事实上却促进了产业的动态增长。在许多情况下，线性增长被认为是一种稳定增长，而在其他情况下的增长应该是指数增长，与此同时，当产业达到完全成熟时，一个逐渐趋于平缓的增长应该是最合适的。

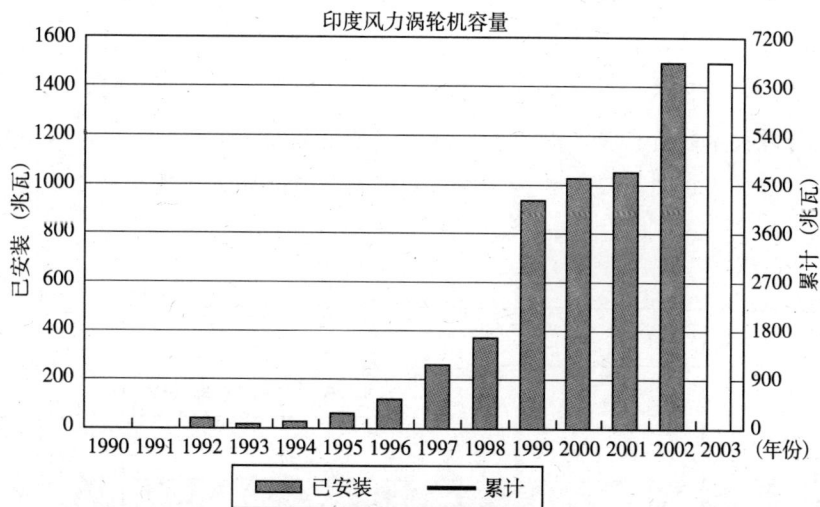

图3-7 西班牙10年间安装了700兆瓦的风力涡轮机装机容量，没有导致任何市场萎缩
注：2003的数据为预测数据。
资料来源：BTM（丹麦风电咨询机构）。

这就是为什么最好的"稳恒拉力"措施应该完全遵循"S曲线"。产业增长曲线与"S曲线"之间的摆动或误差越小，这种拉力就越平稳。

值得庆幸的是，这种路径并不像它刚开始出现时那么难以实现。如果可再生能源的价格行为（Price Behaviour）不发生变化，我们就不可能控制或协调这种动态的市场行为（Market Behaviour），而事实上"S曲线"之所以是这样的形状是由所有产品价格的降低导致的。产业在自然情况下的增长路径将遵循"S曲线"，因此，政策框架应该为产业发展提供遵循"S曲线"的拉力而不应该人为地制造一些麻烦（来自其他资源的意外破坏除外）。

专栏3.3展示了指数行为是如何为维持同等水平的激励而自发地提供相应资源的。这种现象之所以会出现不是因为价格本身的降低，而是因为价格的趋合。理论上，如果价格趋合能够实现或超越，新技术将占据100%的市场份额。但在实践中，其他方面的约束和限制会蜂拥而来，可再生能源的全部成本也永远不会持续地降低。市场中的外部障碍和某种解决方案的使用成本最终会抑制这类产业的增长。

专栏3.3 数字型"S曲线"

首先，当一个新技术在市场中扩散时，它的花费与昂贵的技术价格不会相差太远。然而，生产的商品越多，价格就变得越便宜，而相同数量的金钱与刚开始时的技术价格就相差得更远了。图3-8展示了随着时间的推移，可再生能源技术的价格将不断降低。价格支持政策倾向于弥补常规技术与新可再生能源技术之间的成本差距。正如表中显示的那样，这种成本差会逐渐减少到零。

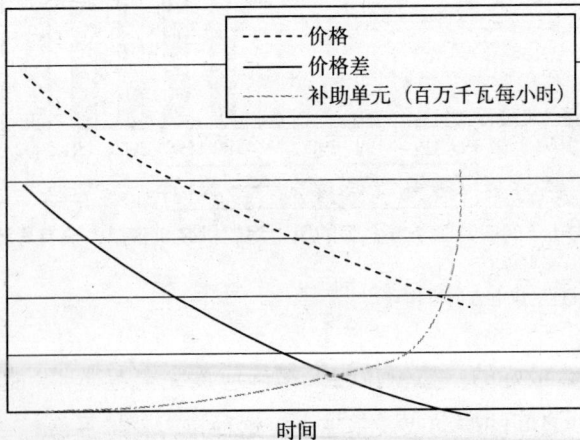

图3-8 价格的降低与价格差的缩小及其对有固定水平财务支持的商品产量的影响结果

以上内容假定单个或所有可再生能源技术的价格趋合都能得以实现。如果对一种既定技术来说这种价格趋合能够得到实现，那么激励最终会变得没有任何必要。另外，也可能存在某些通过保持一个稳定的价格水平以阻止它们与化石燃料直接竞争的技术。在这种情况下，碳价格或其他外部因素对政策的持续可行性起着决定性作用。

当成本降低后，那些能够得到既定容量支持补助的单元的数量会呈指数增长。一项新技术不是在价格极低的时候主导市场，而是在价格比竞争对手低的时候主导市场。这就像两个在非洲丛林里被猎豹追踪的探险者的故事。其中一个人在奔跑而另一个却说："这是在浪费时间，我们不可能跑过猎豹。"另一个人回答说："我没有必要跑过猎豹，我只要跑过你就行了。"

可能会存在许多限制因素，例如对资源有效性的限制因素：燃料或场地成本的提高、类似管理最高负荷的二级成本、储存和分销成本。当这些限制出现时，新设备的质量水平就会下降，而后维护和替换已安装设备的活动会继续维持产业的发展（见图3-9）。

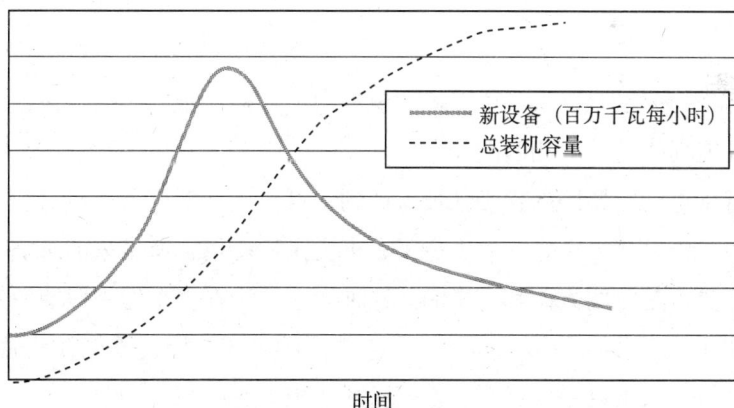

图3-9 新设备卖出数量与总装机量标准曲线的比较

图例：
- ——— 新设备（百万千瓦每小时）
- - - - 总装机容量

横轴：时间

3.6.4 资源是否是持续激励的基础？

在现实世界中，任何财务激励措施都不是无限制的，因为资源不是取之不尽、用之不竭的。附加成本通常会转移到消费者身上，但有时也会以税收的形式表现出来。然而，如果支持性资源消耗得过快的话，那些倾向于无限制的方案会由于外部干预而突然地停滞。

对可再生能源产业发展的支持是平稳发展与价格平稳下降之间的一种典型耦合——即所谓的"学习曲线"。稳定具有重要意义因为短暂的飙升会提高价格，而这种价格的提高是因为在它们带来需求量提高的同时供应却是短缺的。

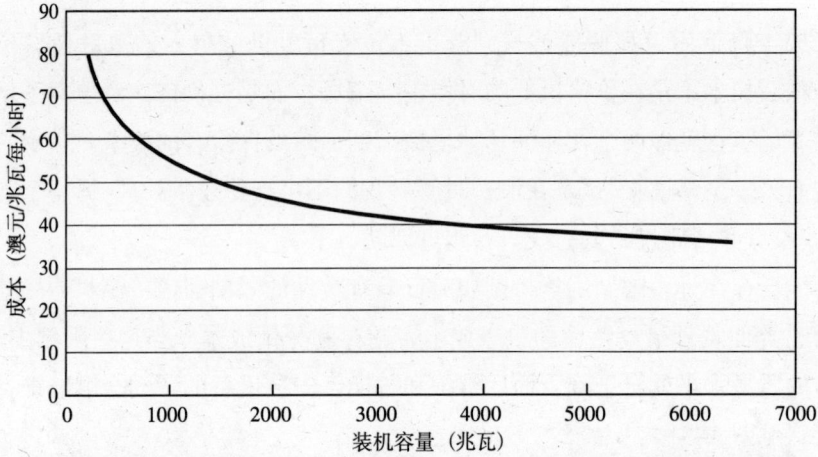

图 3-10　反映装机容量每增加一倍学习速率就增加 15% 的价格降低与装机容量增长标准图

因此，无论政策驱动因素用什么方式来激励，我们必须对目标进行恰当的平衡以为可再生能源发展提供一个平稳的拉动力。这种平稳的拉动力应该与政府和整体经济所能提供的资源相匹配。

资源基础这个重要的因素必须被考虑到。可再生能源产业本身对经济有促进作用——投了资，建了工厂，雇了员工，也交了税。投资所带来的影响不仅仅是一个方面，更多是对两方面都有影响。这种影响必须在整个经济对能源需求的等式中反映出来。量化这种影响是一个过于宽泛的主体，因此不能在此做出陈述，但独立的经济学家可以完成这个工作（见图 3-11）。

3.6.5　是否存在为不断演化的政策和措施提供指导和担保的长期能源政策？

因为政策框架不断演化，我们必须确保对可再生能源及一般能源部门政策的修订不会破坏产业发展的稳定性。

正如箴言所说的那样："所有的事情都在发生变化，没有什么是永恒的。"因

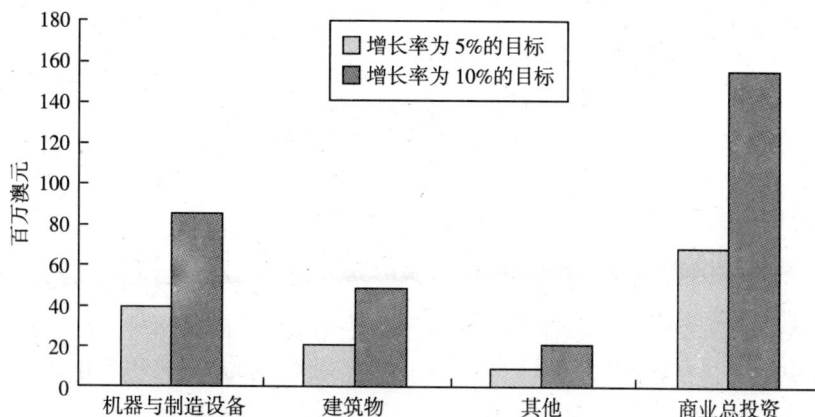

图 3-11 澳大利亚可再生能源目标增长的商业投资变化模型

此，政策框架必须具备处理变化的能力。我们越遮掩政策，不让它直面变化，就越会限制政策适应不断变化的世界的能力。我们必须对政策进行理性预期：我们今天制定的政策能够根据未来环境的变化而做出相应调整。

但是，人们往往会抵制改变，仅仅因为他们害怕未知的东西，因此一句古老的箴言这样说："如果没坏，就不要修理。"尽管每项政策早晚都要做出修整，但我们必须确保这种修整与最终的政策目标一致。

那些长期适用的政策并不是对目标的法定陈述。最典型的例子是英国政府制定的要在 2050 年之前降低 60% 的二氧化碳排放的政策：

我们的目的是在 2050 年之前把世界发达国家的温室气体排放量降低 60%。因此，我们接受了"环境污染皇家委员会"的建议：英国应该在 2050 年之前把二氧化碳的排放量降低 60%（以现在的水平为基准）。但是直到现在，英国的能源政策都没有把太多的注意力放到环境问题方面。我们的新能源政策将促进能源、环境和经济增长的协调可持续发展。这本书是我们实现目标的第一步。

尽管目标不能以任何"有意义"的方式被设定为一项单一的法律，但它确实希望法律的制定能够与目标保持一致。除非气候变化的难题被某些伟大、有待发现的技术创新解决，否则目标有可能持续 20 年或者更长时间。因此，正如前面提到的英国政策一样，可再生能源政策必须根据实际情况进行相应的调整以使其保持与气候政策目标的一致。

对于可再生能源来说，更长期持久的目标会持续地在政府政策中留下烙印。考虑到可再生能源生产设备更新比较缓慢，这些目标可能要持续几十年甚至半个世纪。

3.7　制度环境

一个健康的可再生能源市场的建立是由众多驱动因素共同促成的。考虑到技术或能源，一系列的政策工具和政策调整需要将可再生能源项目以及将要进入现有系统中的能源整合进来。对于任何一个国家来说，检查现有和潜在的阻碍因素并据此进行相应的干预和调节非常重要。下面我们提出的问题及给出的答案将在这方面给读者提供相应的指导。

3.7.1　是否有合适的国家宏观政策目标来指导所有的政策制定？

一个单一的国家目标能够为特定可再生能源的长期发展或温室气体排放的减少提供三个重要基础：为建立健全相关法律提供动力；为检查将成为阻碍因素的现有法律提供依据；防止阻碍可再生能源发展（或减少温室气体排放）法律的实施。

事实上，建立一个无任何缺陷的政策框架是很困难的，除非政府公开宣称或许诺要实现这些目标。

一旦确立这样的国家目标，我们就可以通过两种方式来制定正确的政策框架。首先，我们可以从一个项目的视角来审视这个政策框架。其次，我们可以对不同层级的政府部门及他们的立法权限进行深入探讨。我们用下面的两个问题来阐述这两种方式。

3.7.2　为了确保那些对可再生能源项目产生影响的法律是有利和无害的，这些法律是否得到了检验？

为了识别并确认那些必须建立的支持型政策框架，我们有必要再次站在尝试建立可再生能源生产能力并遵循从项目概念到项目完成的路径的商人的角度来审视这些政策。我们需要检查与合约和法律相关的每一点以确保政策对可再生能源的开发有利无害（见图 3–12）。

	技术与商业方面	环境方面	对话与协商
步骤 1 地点识别	• 资源初步评估 • 电网可用性 • 准入 • 地点的所有权预可行性研究	• 土地使用（宏观）/类别 • 重大缺陷的检查	• 地方/国家规划机关 • 网络服务提供商
步骤 2 地点的获取与 评估	• 地点获取 • 现场风力监测 • 资源模型化	• 视觉效果 • 靠近民居 • 土地使用（特定地点）	• 土地所有者协商 • 风能使用权 • 地方社区 • 规划机关
步骤 3 项目可行性	• 设计与评估能源产量 • 能源/绿色关税 • 电气连接 • 风险评估 • 项目成本 • 设备供应商	• 环境许可要求 • 规模凭证	• 能源采购商 • 网络服务提供商 • 规划机关 • 地方社区
步骤 4 DA&EIA 准备	• 风电厂布局 • 输电线路 • 风力涡轮机噪声	• 各层级的法律规定（地方、 州和联邦政府）	• 土地所有者协商 • 地方规划机关 • 社区团体 • 当地社区
	标杆：开发方法		
步骤 5 设计与技术开发	• 风力资源和能源产量细分 • 风电厂布局 • 传输与电网连接	• 保持与 DA 许可文件中规 定的标准和环境的一致	• 土地所有者协商 • 地方社区 • 社区团体 • 网络服务提供商
步骤 6 商业工程	• 项目融资　　　• PPA 终止 • 风力涡轮机筛选 • 合同包装　　　• 尽职调查 • 所有者方工程师 • 保险	• 无	• 银行/金融机构 • 能源采购商 • 网络服务提供商
	里程碑：财务收尾		
步骤 7 建筑物	• 站点管理 • 建设标准 • 运作的健康与安全	• 环境管理、监督、审计要 与 DA 许可文件和环境管 理规划中规定的标准和状 况的一致	• 所有者协商 • 地方规划机关 • 地方社区 • 公众　　　• 社区团体 • 网络服务提供商
步骤 8 项目调试	• 保持与预定调试和项目验 收程序的一致	• 无	• 站点管理 • 地方社区 • 社区团体 • 网络服务提供商
	里程碑：开始商业化运行		
步骤 9 运行与维护	• 保持与预定运行和维护程 序的一致	• 环境监测 • 申诉程序	• 土地所有者协商 • 地方社区 • 公众
步骤 10 退役与恢复	• 保持与 DA 许可文件和环境 管理规划中规定的标准和 状况的一致	• 土地恢复	• 土地所有者协商 • 地方规划机关 • 去除法律责任

图 3–12　项目周期图

注：DA=开发应用；PPP=能源采购协议。

资料来源：英国风能协会和商业项目开发商提供的信息。

3.7.3 各级政府的政策和措施是否是连续的和自我强化的?

政府会对大规模可再生能源制定不同层次的政策。图 3-13 列举了一个立法层级瀑布的例子。

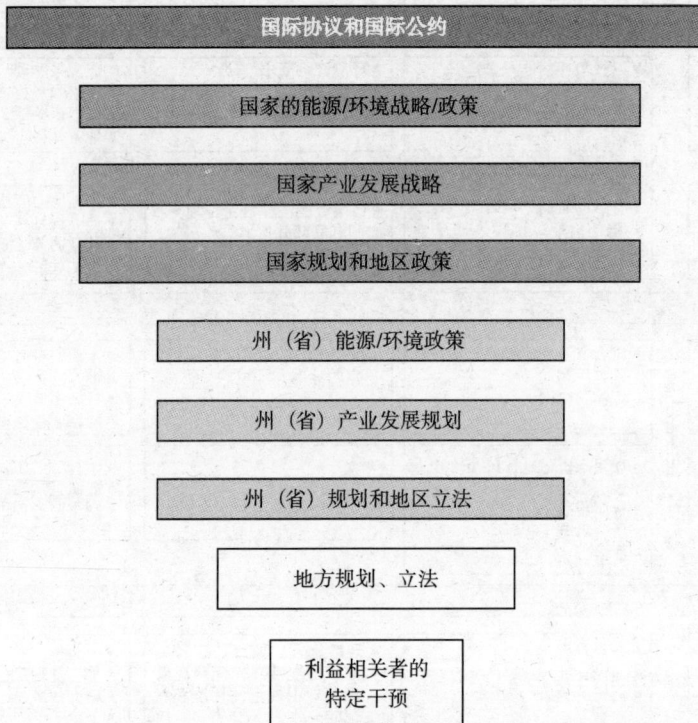

图 3-13 有助于可再生能源项目实施的各层级政策、规划和立法

从最高层开始,立法首先要遵循国际协议,例如《欧盟可再生能源指令》或《京都议定书》。之后是国家、省市及地区方面的能源政策与法律。最后是当地政府决策。

我们必须在一开始就对每一层级进行相应的检验以评估可再生能源开发的可行性。随着市场驱动因素的加入,协作与传播的水平越高,政策就越有效。总的来说,摆脱那些互相对立或政策制定原则相互矛盾的层级部门对政策框架来说是至关重要的。

3.8 能源市场改革

在那些缺乏商品能源准入的地区，某些可再生能源将取代传统能源。然而，在很多情况下，可再生能源将被整合到那些并不是为分散式发电而设计的实物系统和管理系统之中。

从这点来看，燃料市场是我们应该核查的第一个领域。燃料市场或许只需要进行"适度调整"就可以适应可再生能源，因为大多数可再生燃料都将直接替代传统燃料。例如，生物柴油会替代传统柴油或混合柴油，再比如，生物燃料球将替代煤作为火力发电站的原料。然而，燃料并不是直接的替代品——比如乙醇——需要考虑市场因素以确保它们得到适当调整。这是一个需要进行特殊考虑的因素，因为垂直整合化石燃料的公司在燃料供应方面拥有主导地位。

电力系统改革是市场改革的另一项重要内容。不同国家间的电力系统有很大的不同，从国有垄断企业到只有私营部门参与的完全分散 [7] 和放松管制的市场。不管有什么样的政策框架，这种政策框架都应该建立在或衍生于一个大型的集中产能系统。可再生能源的这种小规模、模块化与分布式特性要求这类系统方面的理论要做一些大的改变。

下面几个问题我们集中讨论"电"，更确切的说法应该是"燃料"。

3.8.1 认证和许可是否适合可再生能源？

定价、规格要求和责任义务必须反映再生能源发电厂的小规模、模块化特性。不同的可再生能源项目的规模有很大不同，从几百千瓦到几千瓦，甚至到放置在屋顶的几百瓦的太阳能光伏设备。因此，为那些火力发电厂或大型的、集中式发电厂设定的许可要求明显不适应这些规模较小的可再生能源项目。类似地，像生物柴油这类从农作物中提取出的燃料很适合进行地方性生产与销售，这使得那些专门适用于多国石油公司的认证和许可不能适用于这类可再生能源项目。

在长期内，不管代替现有系统的是什么，它都应该具有"新许可系统"的特性，而不是专门对可再生能源项目提供特殊豁免，同时也要注意系统的稳定性。豁免只是一个能起临时作用的补丁，而且会出现在政府突发奇想的时候，这将使商人们认为政府是一个异想天开的组织。因此，解决方案必须是长期有效的，而且应该被恰当地整合到现有许可制度中去。

3.8.2　商品市场的准入是否足够和有保证？

可再生能源工厂要么发电、要么生产燃料。如果市场建立在家庭或农场之外，那么进入这些市场不仅需要实物上的准入，还需要法律上的准入。生产者必须能够毫无障碍地把他们的商品卖给购买者，比如通过输电线，同时他们也必须具备合法地在市场中售卖商品的能力。

电力分配方面的准入是可再生电力的一个主要问题（我们在此假定燃料生产者控制他们自身电力分配的能力很强）。正如本书列举的个案研究一样，几乎在所有的市场中，电网硬件和系统方面的准入都被证明是可再生能源的一个巨大障碍，因此，我们应当对其进行仔细检查。

当那些控制可再生发电机接入的部门拥有太多裁量权，或者在成本与接入硬件方面有太多不合理要求时，问题通常就会出现。他们可能会在股票持有或资产分割方面产生利益上的冲突。

在我看来，电力系统方面的准入更像是"许可"、接入合同与费用、系统对能源供应安全整合的要求、电网输电的成本以及税收和费用的这类东西。最后一个问题是如何对那些通过减少当地重要能源的投入量或弥补网络升级成本来降低公司分销成本的可再生能源厂商进行合理酬谢。这对那些在传输中仍然需要后备保护的间歇性供应来说没什么用，但对那些持续的或可分派的可再生能源厂商（比如小水电厂与生物燃料厂）有很好的适用性。

可再生能源的分布式特性告诉我们：大的产量事实上是由许多小项目积累而成的。这就使得那些基于具体问题具体分析的谈判变得效率低下和不适合。尽管一次性谈判可能对大型发电站很合适，但对于许多小型的可再生能源项目的准入来说并不适用，小型项目的谈判必须得以标准化和简单化。准入问题的反复谈判将产生许多无用功，这会给小项目带来大量的交易成本，同时也会导致拥有不同准入成本的竞争者之间竞争的扭曲。

3.8.3 能否对那些不能控制生产时间和生产量的可再生能源进行优先调用？

在许多可再生能源项目比如水电项目和生物燃料项目调用能源时，我们可以对它们进行控制，因为它们有一个非常稳定的生产水平。而其他可再生能源项目，比如风能和太阳能，它们的能源生产受大自然的限制。除非存在一个公用电力储备设施，否则这会给那些接入电网的风能和太阳能可再生能源带来很大麻烦。

那些能够控制自身销售的可再生能源项目可以在系统中的需求量和价格最高的时候销售能源，以使它们的能源价值最大化。而那些不能选择何时销售（为了确保产量而对系统条件有要求）的项目在电网中也占有一席之地，而且被允许接入电网。某些情况下与大型热力发电站（比如火电站和核电站）的需求与控制问题类似，这类发电站调整产出的速度不能像需求变化那样迅速。

个体可再生能源项目的需求不应该被认为会限制整个产业或资源，弄清楚这一点很重要。人们可能会认为风能是一个不稳定的能源，但从风能的总产量来看，接入大型电网能够提供非常稳定的电能供应，而且现实中的风能发电也符合所要求的稳定标准。尽管每个地区的产量会有不同，许多地区产量的总和却非常稳定。这是因为当一个风电厂没有风时，并不意味着另一个遥远的风电厂也没有风。事实上，空气物理学很好地排除了这一假设。广泛分布的风电厂产量趋势图也说明了风能稳定的特点（见图 3-14）。

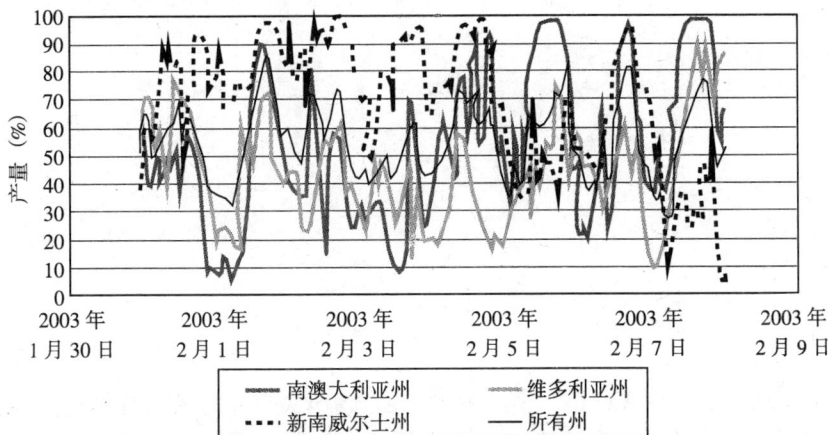

图 3-14 将不同地区风能状况结合来看时，平均总产量曲线呈平滑趋势
资料来源：Coates（2003）。

　　显然，每个可再生能源都有它们自己的运行环境。太阳能只能在白天生产，但是我们发现太阳能在热带国家有优势：太阳能产出的电正好能够满足使用空调需要的最高电量；生物燃料具有可分派性和可储藏性，但是会因为季节的原因而使产量发生很大变化；小型水电也受季节的影响，而且不同年份的降雨量有很大不同，但是它可以在某个时间段储存几小时来满足某一天的最高需求；风能具有间歇性，也可能只会在白天才有，但它也可以呈现出稳定的状态比如我们所知道的"信风"；地热能够提供稳定的基本能源，当然这些能源的供应也会随着时间的变化而增加或降低，尽管这会导致效率的丧失。

3.8.4 是否存在透明的定价机制贯穿电网的始终以保证可再生能源价格公平？

　　大型可再生能源设施通常安装在那些输电成本昂贵且输电损耗严重的农村地区。这些区域的电价是通过城市用户的交叉补贴得到的。

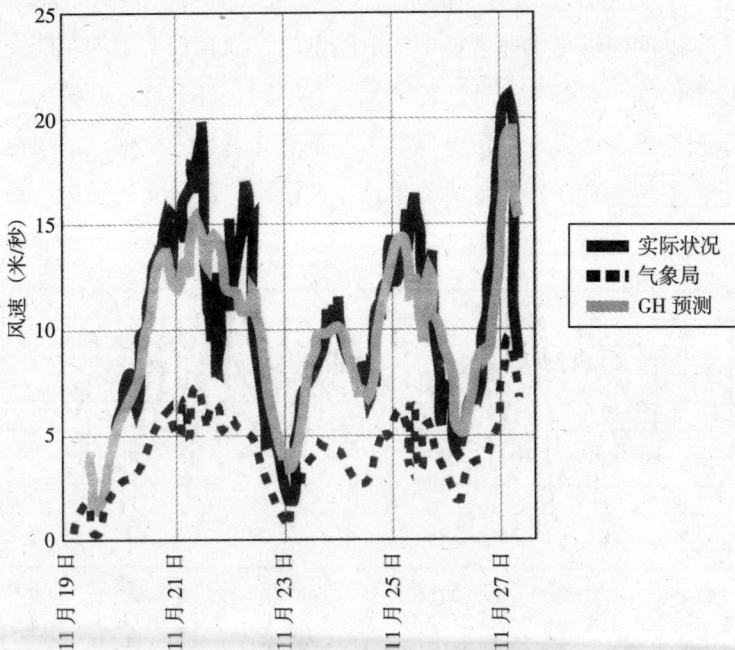

图 3-15 提前 12 小时的风能预测和实际风能以及风力电厂的实际产出

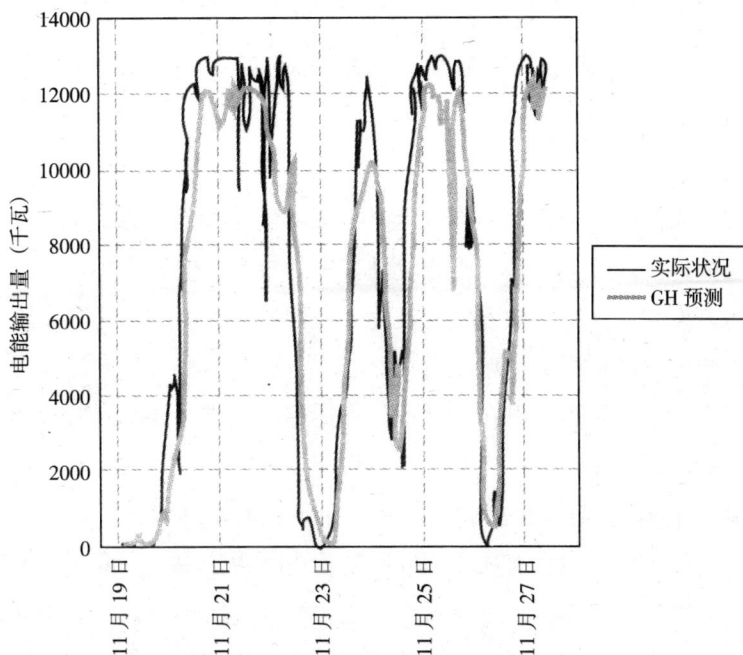

图 3-15　提前 12 小时的风能预测和实际风能以及风力电厂的实际产出（续）

注：尽管有些可再生能源具有间歇性和不稳定性，但这并不意味着它们不可预测。那些能够提前提供与某一天产量相近的产量预测技术为许多市场提供了充足的指导。GH=Garrad Hassan（英国的一家风能顾问公司）。

资料来源：White（2004）。

可再生能源可以通过将能源生产靠近使用地、推迟电网升级和减少输电损耗来降低这些成本。为了在实际中达到这样的目的，我们要先弄清楚贯穿电网的电力相对成本。这些成本包括电价、建立基础设施的成本、损耗成本和其他额外的税收。

一旦价格对所有地区都公布，嵌入式发电的抵消成本就能够得到量化。这些抵消是当地已建立的可再生能源发电设备所节约下来的费用，这些节约下来的费用可以直接从配电公司转移到电力生产商身上。这种转移不仅提高了可再生能源项目的可行性，也提高了配电公司和网络规划商的生产效率。这对各方来说可能都是一个"双赢"的局面——这也是它们努力想要得到的结果。

3.8.5 政策框架有没有为基础设施的变动或升级提供支持型成本分摊计划？

国家能源基础设施大的变动会为可再生能源开发提供大量的机会，但是这些成本应该怎么处理？像这类由基础设施变动带来的成本不应该甩给自由市场或少数可再生能源开发商。这类基础设施的演化向我们提供了一个打开国家资源大门的战略路径，应该得到重视。

之前我们提到过的热力发电在此处也同样适用。把成本分摊到所有消费者身上的方法也可能同样适用于可再生能源，就像许多国家的传统发电站一样。这种新型的"转移（成本分摊）"也因此被看作一个国家的基础设施资产。在让消费者或纳税人支付热力发电机所有成本的同时还让可再生能源开发商为重大基础设施的更新埋单，这种行为本身就是反对竞争的，而且会造成严重的市场扭曲。

基础设施的升级范围很广，从地方规模的升级，例如增加某些风电厂的线路容量，到较大规模的升级，例如北海风电厂电缆的布置。有两种相同的方法来分摊这些成本。一种方法是把成本分散到每个消费者身上，就像某些发电站的大型基础设施升级那样。另一种方法是通过法定程序来使纳税人承担部分投资。

3.9 土地使用规划改革

尽管土地规划问题是政策框架里面的一个子问题，但是在此我们要对这方面的问题做进一步的探讨。这是由可再生能源项目的分布特性造成的，对小型项目的需求和不断出现的证据都表明规划障碍将造成可再生能源开发的大幅推迟。

此后，本书将讨论受可再生能源开发影响的利益相关者有哪些类型。利益相关者包括居民和邻居（这类群体主导着可再生能源开发），同时也包括全球范围内希望快速采取措施减少温室气体排放、使未来福利受到保护的群体。利益相关者会对项目的经济、社会、环境影响感兴趣。这些利益相关者可能是本地人，也可能不是本地人。他们可能直接受到影响，也可能通过其他人而间接地受到影响。许多利益相关者通过参与规划应用过程直接与项目发生关系，因此，制定那些能够恰当处理这类关系的政策尤为重要。

例如，英国就给我们提供了一个很好的具有警示作用的例子。尽管欧盟 15 国（包括英国）拥有最丰富的风力资源，而且英国也是欧洲最早实施激励（风能开发）政策的国家之一，但是正如乔丹·艾吉在第 6 章英国的个案研究中所说的那样，一个很不协调的规划框架给开发商和利益相关者带来了很多障碍。

英国的案例与拥有高度协调政策框架的丹麦、德国、西班牙形成了明显的对比。下面的摘录清楚地阐明了西班牙环境规划方面的经验：

（西班牙）环境问题在不同地区受到的重视程度不同。纳瓦拉省在一开始就把环境问题当成选址的关键因素。其他省，例如加利西亚和卡斯蒂利亚并没有很好地处理这些问题，导致了各种组织冲突与居民冲突。其他地区像加泰罗尼亚在怎么处理这些问题时犹豫不决，这耽误了他们计划的实施。

这些经验教训可以帮助我们避免在未来犯同样的错误，下面提出的问题及给出的答案很好地阐述了这一点。

3.9.1 决策者在制定决策的时候是否充分考虑了可再生能源所带来的技术、环境和社会问题？

首先，做好规划的第一步是要获取足够多的信息，特别是需要知道一个国家有哪些资源，资源的容量有多大，以及资源分布在哪些地点。我们同样也需要了解基础设施对资源利用的影响。例如，是否需要公路来运输燃料？是否需要大型输电线来输出电能？以及基础设施是否与可再生能源开发相匹配？

其次，我们也必须考虑可再生能源开发所带来的环境方面的潜在影响。例如，在开发时，我们必须要注意到某些敏感地点以及一些特殊的生物多样性。此外，我们也必须考虑技术所带来的细节方面的影响。

最后，我们也必须意识到可再生能源开发所带来的潜在社会影响。包括人口分布，与人口相关的影响（例如噪声、运输、建筑物更替或燃料替代），就业结构的优化，与其他土地使用重叠的积极和消极影响（例如耕地）以及景观敏感度问题（见专栏 3.4）。

专栏 3.4　澳大利亚"维多利亚可持续能源机构"使用的一个图例

不要对新开发的结果进行预判，也不要假定所有的影响都是消极的，这一点很重要。现有的证据也显示出许多与可再生能源技术相反的结果。例如，风电厂提高了当地的房地产的价格（Sterzinger et al.，2003）。利益相关者越明智，争论和决策也就越明智。

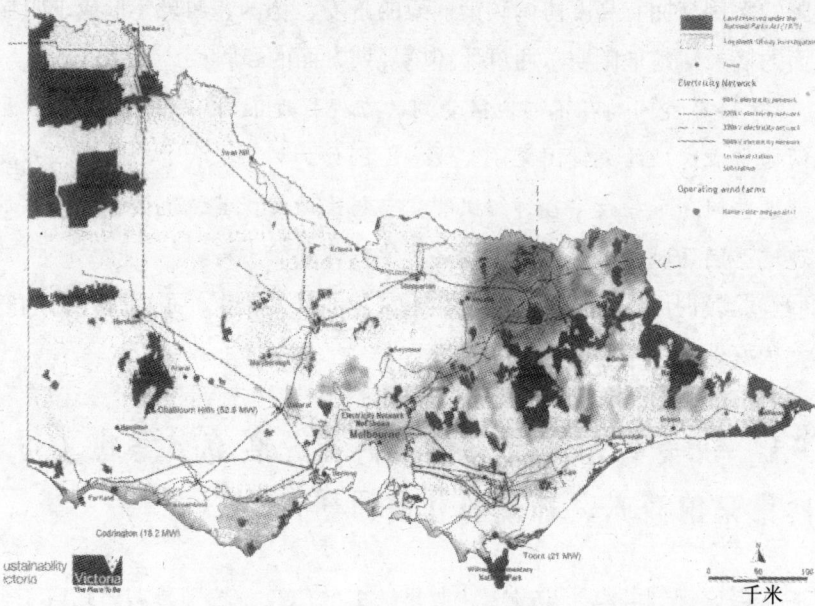

图 3-16　澳大利亚维多利亚州风能开发中的电网、公园和风能分布图
资料来源：维多利亚可持续能源机构（SEAV）（2005）。

回答以上问题所需要的许多信息对政府来说很容易得到。然而，有时政府并没有得到这些信息，也没有能做这方面工作的中介组织，或许是因为政府根本就不愿意在这方面领头。在这种情况下，民间团体与可再生能源产业就必须参与进来。专栏 3.4 中的景观图就是其中的一个例子。专栏 3.5 提供了许多有用的信息，比如一个协调的过程是怎样为可再生能源提供地形信息或开发方法的。

专栏 3.5　澳大利亚风能协会与澳大利亚国家信托委员会的景观协议

本专栏建议提高自然景观和传统文化遗产方面的信息准确度和政策支持水平。澳大利亚风能行业主动与利益相关者集团一起募集产业发展所需要的资源。下面的内容摘自这两个组织 2003 年对媒体发表的声明：

澳大利亚风能协会与澳大利亚信托委员会共同宣布它们将在保证风能产业发展的同时保护自然景观。这两个组织开发了一个共同的项目，这个项目将开发出一个能够评估景观价值以确保风能开发规划和选址成功的一致方法，进而通过利用这个方法来识别和确认那些重要的景观。联邦政府也鼓励个体专家为这两个组织提供建议。

"随着最高社区组织不断关注澳大利亚景观的保护，我们也越来越关心气候变化对澳大利亚环境的影响，同时我们也开始不断关注诸如风电厂这类能够解决气候问题的措施对环境造成的影响。我们将和风能产业站在一起，因为我们相信农村风能开发能够找到一个可持续的解决方案"，莫尔斯沃斯先生说（西蒙·莫尔斯沃斯，澳大利亚信托委员会主席）。

澳大利亚风能协会社区关系总监说："我们与澳大利亚信托委员会的合作伙伴关系能使我们一起为地方利益相关者和风能开发商提供相同和更好的理解与信任，特别是在他们的利益方面。风能和景观方面的专家团可以保证我们能够为许多政府提出可行的解决方案。"

3.9.2　是否有适当的环境和社会影响标准能够分别为利益相关者与开发商提供安全与保证？

如果我们现在假定所有信息都有助于我们做出好的决策，那么下一步就要确立相应的标准与规划要求来确保可再生能源开发所带来的影响能够被接受。

我们不可能把所有的影响都在此处列举出来。但是，我们可以列举一些常见的影响比如风电厂对离它最近的居民的噪声影响，风电厂对鸟类或蝙蝠的影响，生物燃料作物对当地生物多样性的影响，生物燃料残渣对土壤质量的影响，运输水平对当地公路与社区的影响，建设过程中产生的影响以及设备退役带来的影响。上面我们所说的这些影响可能已经有了相应的规划标准，但是如果这些规划标准还没有被建立起来，我们可以借鉴其他国家的标准。然而，某些影响可能具有国家特殊性（可再生能源开发可能对一个国家有影响，但对另一个国家没有影响），因此，制定长远规划能够避免发生错误或不确定性。

我们再次强调，政府也许不是带头处理这些问题的最好组织，在这种情况下，产业和民间团体就应该走在前头。

3.9.3 是否存在能够将开发商面临的风险、开发商与利益相关者矛盾最小化的分区或战略蓝图？

正如我们前面讨论的那样，规划问题给许多国家的可再生能源开发带来了很多困难。那些分布范围小、数量巨大且分布广泛的技术尤其需要大量的规划。因此，规划过程越简单直接，我们所关注的问题就越容易得到解决。率先采用分区或战略蓝图以指导决策是解决这些问题的一个很有用的方法。

经验告诉我们，当规划问题出现时才寻求相应的解决方案是不明智的。例如，持续推进风电厂的开发进程直到它遭到强烈反对时才停止将会降低完整的可再生能源政策的驱动力。通常情况下，制定目标的利益集团不会在对规划过程的争论中浪费太多时间，但会把更多的不满和抱怨抛向媒体和政府——这将严重损害政府和行业的信誉。

预先规划可以使政府很容易地将整体可持续政策与规划改革联系起来。对规划方面的反对很有必要，而且目标制定最好要考虑到"国家—区域—地方"规划改革或分区规划的平衡，而不是在气候变迁或国家能源安全问题上无共识的地方掀起更加两极化的地方性争论。

有很强的证据显示，当地人对某一开发公司的现有态度将影响他们对该公司项目的态度。一般来说，可再生能源不应该因某些利益相关者对开发商的态度而使其成为每个项目的抵押品。如果开发商的行为在规划时就得到了恰当的限制且同时保持了与不同级别政府政策的一致，那么这些风险就能够在很大程度上被转移。下面列举了一个丹麦的例子：

1997年，政府为离岸风电厂出台了一系列规划方面的规定，同时也设定了一个"中央、国家机关——丹麦能源机构"来听取所有利益集团（无论是公共的还是私人的）的意见。这种"一站式购齐"的方式极大地方便了规划过程，而且这种方式也在全球范围内被其他国家效仿。

3.10　平分社区风险、成本与收益

可再生能源带来的环境和能源方面的利益往往是国家性甚至是全球性的，而可再生能源对环境和社会所带来的直接影响却往往出现在地方。如果可再生能源项目在实施过程中不认真地考虑这一点，那么这种矛盾将导致成本与利益分配的不平衡。

环境造成的破坏性影响往往是全球性的，就像通过使用可再生能源来消除温室气体所带来的积极影响一样。对于那些开始着手实施消减温室气体项目或已经签署《京都议定书》的国家来说，可再生能源至少能给他们的国家带来好处。然而，在那些可再生能源项目实施的地方，可再生能源项目往往会给当地带来影响，而当地居民为了适应这些能源不得不转变生活方式。由于这些影响既可能是积极的也可能是消极的，因此，确保当地社区得到一个公平的可再生能源开发所带来的利益份额以使他们认为他们也是可再生能源的受益者，这一点很重要。

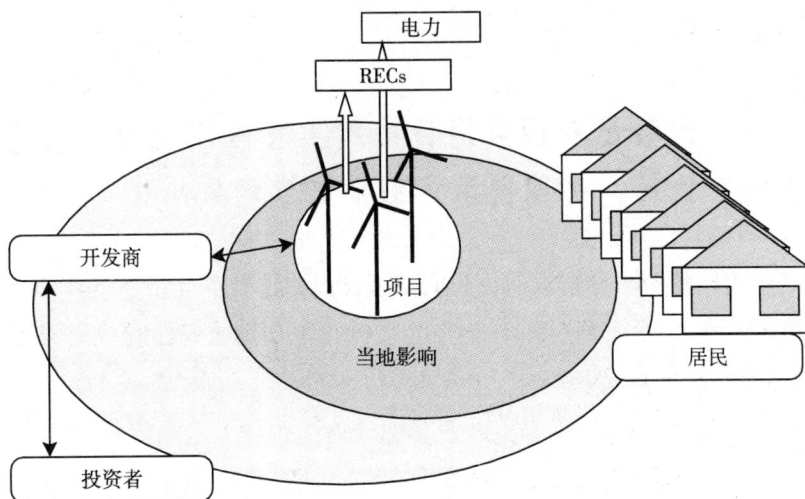

图 3-17　可再生能源项目对环境和社会造成的直接影响往往出现在地方，尽管当地社区并没有得到可再生能源投资所带来的利益

注：RECs 表示可再生能源信用额度。

为了维护国家利益，政府应该对可再生能源进行恰当的干预，同时应该建立一种能够增加当地社区利益的机制。成功的市场启示我们：找到恰当的方法来提高那些实施可再生能源项目的地方社区的利益，将极大地提高他们对可再生能源项目的接受度，同时也会增加他们进一步开发可再生能源的意愿。下面的若干问题及答案将会为读者提供这方面的指导。

3.10.1 可再生能源项目给当地带来的影响是否被充分的了解与量化？

像太阳能光电设备和太阳能热水器这样的可再生能源设备对当地社区的影响可能是微不足道的。但是，即使是这些设备也需要相应的工厂与原材料。这些工厂建在哪？原材料从哪里来？它们会对谁造成影响？其他技术如风能、地热和生物燃料在建设阶段也会产生巨大的影响，而在之后的各个阶段也会带来不同程度的影响。正如前面提到的那样，典型的影响应该包括：视觉景观的变化、燃料运输增加交通拥堵以及土地使用对能源作物的影响。

识别不同可再生能源项目影响的方法很简单，而且这些方法经常以"环境影响报告"的形式被应用到无数的项目中。根据已经掌握的信息，我们认为平衡社区与利益相关者的风险、成本、收益有可能实现。

3.10.2 政策是否恰当地传递给了社区与利益相关者并得到了他们的认同，并使得潜在的消极影响最小化？

在考虑可能的解决方案之前，我们必须意识到过程本身经常左右利益相关者对结果的看法（结果是否公平）。有三个步骤可以帮助我们让利益相关者接受我们的项目：信息、协商和适应。

提供不充足的信息是政府、产业和非政府组织的一个典型且重复多次的失误。可再生能源产业的开发往往在"信息真空"中开始。信息仅仅在社区要求时或利益相关者关心时才会被收集和利用，而且信息更可能是那些从无数的谣言、半真半假信息、假信息和流言中得到的正确的信息。

几乎地球上的每个人都会对未知产生恐惧，这是人类无法逃避的天性。可再生能源项目创造了变化，引入了未知。我们必须要做的一项工作是提供"事实与经验"来最小化未知因素。如果我们随时向人们反映项目信息，人们会觉得受到了尊重，而且会感谢我们。

协商也很关键。个人对由外部强制力造成的变化的接受度受项目与这个人或团体的协商和交流程度的影响。人们很理解大多数的结果往往是对各类问题与观点进行平衡的结果，但是在这个过程中，他们相当重视自己的意见是否得到采纳与认同。

利益相关者中的专家也会提出有价值的有关环境和社会问题方面的意见。但是，和这类团体进行协商的一个问题是可再生能源项目将会限制他们的资源，而且也需要他们接受这种限制。

专栏3.6 使用电视向公众宣传风能

风电厂是什么样子？对于公众来说，认识风电厂是通过阅读报纸上的学术评论好，还是通过亲自观看更好？2003年，澳大利亚风能协会发起制作的一个电视广告在澳大利亚的多个地区放映，广告的目的是向人们传达人类需要可再生能源的原因，同时用动态图像向人们展示风电厂的模样。尽管使用电视对于风能开发商来说并不是一个常用的向公众宣传的方式，但这却是向将受影响的利益相关者集团（公众）展示将要运用的技术的一种有效方式。这个广告促使人们通过网络来对强制性可再生能源目标（MRET）运动进行更多的支持，与此同时，发布广告的电视台也接到了许多公众支持可再生能源的电话。

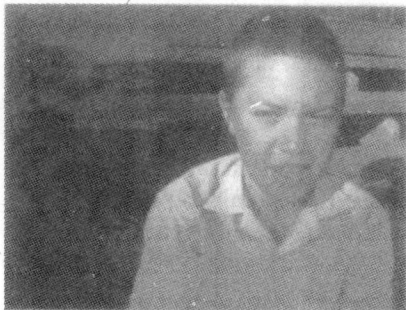

使用化石燃料使地球变得更热 到那时我就25岁了

图3-18 转型研究所为澳大利亚风能协会所做的广告（截图）

最大的暗礁将消失（海平面上升）

或者我们可以这样做

风

能源

图 3-18　转型研究所为澳大利亚风能协会所做的广告（截图）（续）
资料来源：转型研究所（2003）。

下一个步骤就是适应。协商之后应该有这样一个过程：聆听不同的观点、关注的问题和建议并在必要时将其采纳到项目中来。有时候这些利益相关者提出的意见可能对项目的可行性只有很小影响或没有影响。但如果他们能提供一个更快捷的方法，那将会节省大量的时间和金钱。

正规的政府或产业组合政策能够确保项目开发者按信息、协商、适应这三个接近最优的步骤来走。精明的可再生能源开发商无论通过哪种方式都会遵循最优步骤，因此对他们来说，他们没必要一定遵循这个步骤。然而，那些会挑选更懒惰的开发商和回避社区问题的政策会对更广大的可再生能源产业造成毁灭性的影响。

3.10.3 政策框架是否已经将可再生能源项目对地方和区域社区的潜在积极影响最大化了？

将地方利益最大化以确保可再生能源开发带来的积极影响与消极影响的均衡，这一点很重要，最好这种均衡对地方社区和利益相关者有利。这一点的实现要更多地依赖于项目的开发商，由于我们现在正关注可再生能源政策的创制，因此我们将考查更多可供可再生能源开发应用的通用技术。

我们要特别注意那些会影响可再生能源成本的措施，如果它们是最廉价的选择，我们就使用它们。但是，我们必须要进行相应的政策干预以确保这些措施能够给地方带来最大收益，这种干预可以通过两种方式来实现："胡萝卜"或者是"大棒"。我们是选择用激励措施还是选择用强制措施来实现预期结果，取决于在既定的情形下哪一个最有效率。

还有很多其他措施，包括为激励当地制造业而制定的进口关税或税收减免政策，对地方生产规模和规划许可花费制定的特定限制水平等。激励措施能够最大限度地激励当地的资本投资。激励措施或投资也能最大限度地激励地方再培训和企业的建设、运行、维护。这些激励措施包括建立地方所有权机制和增加当地投资者利益。

我们会在下面的两个问题中稍微详细地讨论当地的就业和所有权问题。

3.10.4 政策框架是否推动了当地的就业？

对于每个人来说，直接被某个公司雇用就意味着另外两个人（家庭成员）间接地被雇用。就业岗位的创造对小规模的地方经济有重要影响。

特别地，可再生能源具有劳动密集型特性，对地方就业产生的影响将极大增加项目在实际中的积极影响。我们讨论过的许多政策和措施都有利于实现这一点。但是，一些额外的激励也必不可少。

可再生能源项目的开发、设计与协商、建造、安装（燃料采集）、运行和维护过程中都能够创造就业。事实上，其中的某些过程能够创造大量的就业岗位。例如，一个1.5兆瓦的风电厂每年在运行和维护相关设备方面大约花费25000澳元（一个 50 兆瓦的风电厂每年要花费 750000 澳元），而且大部分对劳动力的需求问题都可以通过雇用地方劳动力来解决。

印度通过使用进口关税成功地将地方制造业的生产能力最大化，从而提高了可再生能源的产量。此外，政府在鼓励提高可再生能源产量的同时并没有提高可再生能源的价格。2001 年，在印度发生大地震后我带领一个小队来到印度的古吉拉特，为当地的学校和旅馆安装应急发电设备。当地企业向我们提供了尽可能多的资助。其中一个公司解释说他们可以以很低的关税从海外进口独立的太阳能电池，这些元器件印度并不生产。这些太阳能电池之后会被当地公司用来组合成一个完整的太阳能电池板。当然，如果当地制造业更发达的话，所有太阳能电池板企业还能担负更大的进口责任。这个政策很好地激励了当地公司组合可再生能源产品，同时也为这种组合提供了便利。

这种类型的技术在提供激励的同时却没有增加政府和纳税人的负担。在很多情况下，激发经济活力、创造就业确实会对政府产生纯正面的影响。

3.10.5　政策能否为地方所有权机制的建立提供途径和激励？

大量的证据显示，地方财务所有权对地方社区可再生能源的接受度有重要影响。丹麦成功地将可再生能源投资税收优惠与项目的地域毗邻性联系起来。当地人也因此可以从离自己较近的项目中获取利益，正如戴姆·伯格和科罗恩说的那样：

在丹麦，80%已安装的风力涡轮机归个人或合作组织所有。超过 150000 个家庭能够分享风能带来的好处。科罗恩（1998）也指出了所有权与社会接受度之间的重要联系。

世界上风力涡轮机最多的地方是丹麦的西德希。西德希有 12000 名居民，而且 98%的电力来自风能。社区接受和允许如此多的风力开发项目的原因可以用安德森（1997）的民意调查来解释，这个民意调查显示西德希 58%的家庭拥有一股或多股合作组织风力涡轮机的股票。

丹麦风能产业协会的国际公众调查综述说道："丹麦有风能合作的传统，就是一组人共享一个风力发电厂。想象一下公众对风力涡轮机的一般态度，问题就很容易理解了。那些拥有风力涡轮机股票的人对待风能的态度比那些没有在项目中投入任何金钱的人更积极。"

在丹麦风能开发的早期，风力涡轮机相对较小，因此，农民和他们组成的合作组织可以将资金投入到这些小型风力涡轮机当中。但是随着可再生能源项目的规模不断扩大，价值也已超过了5000万澳元，它们已经超过了单独家庭或联合组织所有承担的范围。这给新兴市场带来了极大的挑战。

在这些大型的可再生能源项目中，政策干预往往被要求来为地方所有者创造利润。这种干预是必需的，因为：首先，规模使个体贡献变得不那么重要；其次，不存在全球投资资本的短缺，这意味着根本不需要地方投资；最后，服务许多小型投资者所花费的成本远远高于服务单一的大型机构投资者所花费的成本。

尽管探索解决这种所有权障碍[8]问题的政策超出了我们要讨论的范围，但是我们还是给出了一个例子——离哥本哈根不远有一个离岸风能项目，这个项目50%的股份为公共所有，50%的股权为利益相关者所有。

3.11 结 论

在这一章，我们试着概括合理的可再生能源政策框架所要求的基本内容。我们可以用某种方式来思考政策制定者在制定合理政策时所考虑的问题。如果这本书能够压缩为一页，那么这一页应该包含以下内容。

（1）透明性：

● 这些政策是否达到了易于理解和银行愿意资助项目所必需的所有要求？

● 什么样的未知事件出现在政策中可能会影响市场规模的大小、可再生能源的价格或计划的持续时间？

● 政策制定得是否公平以至于与外部进入者相比这些政策并没有偏袒内部人员？

● 政策是否有足够的时间以使来自其他国家和部门的利益相关者的项目能够得以实施？

● 可再生能源政策是否与能源部门其他方面的政策与措施一致？是否有含

混不清的信息和双重标准?

(2) 明确的目标:

● 我们想从可再生能源政策中得到什么样的结果?

● 这些驱动因素和政策是为预期目标而设定的吗?

● 怎样考核绩效以及把低绩效的风险降到最低?

(3) 定义清晰的资源和技术:

● 这些政策能否避免不同规模和成熟度的产业在一起竞争?

● 这些政策能否避免可再生能源目标互相矛盾?

● 技术在必要的时候有没有得到特别的对待?是怎样对待的?

● 对预定技术或混合技术的表述是否恰当?

● 人们是否清楚地明白那些包括很多具有环境不可持续性的技术在内的技术所带来的问题?

(4) 恰当的激励措施:

● 政策是否具有接纳新技术和根据未来变化不断做出调整的灵活性?

● 政策在实际中是否真正应用了这些已确认的技术?

● 政策的制定是否有利于开发那些适应本国的技术?

(5) 适当性:

● 政策是否会影响私有部门的投资?

● 可再生能源的投资回报是否比得上其他能源的投资回报?

● 投资期限是否足够长以保证项目投资者能够获得相应股票收益?

● 设备的耐用度和项目的持续时间是否与制造业水平相适应?

(6) 稳定性:

● 政策框架能否避免盛衰循环?

● 政策有没有为产业发展的整个周期制订计划?

● 政策对发展有没有持续稳定的拉动力?

● 资源是否是持续激励的基础?

● 是否存在为不断演化的政策和措施提供指导和确定性的长期能源政策?

(7) 制度框架:

● 是否有合适的宏观国家政策目标来指导所有的政策制定?

● 为了确保那些对可再生能源项目产生影响的法律是有利和无害的,这些法律是否得到了检验？

● 各级政府的政策和措施是否是连续和自我强化的？

（8）能源市场改革：

● 认证和许可是否适合可再生能源？

● 商品市场的准入是否足够和有保证？

● 能否对那些不能控制生产时间和生产量的可再生能源进行优先调用？

● 是否存在透明的定价机制贯穿电网的始终以保证可再生能源价格的公平？

● 政策框架有没有为基础设施的变动或升级提供支持型成本分摊计划？

（9）土地使用规划改革：

● 决策者在制定决策的时候是否充分考虑了可再生能源所带来的技术、环境和社会问题？

● 是否有适当的环境和社会影响标准能够分别为利益相关者与开发商提供安全与保证？

● 是否存在能够将开发商面临的风险、开发商与利益相关者矛盾最小化的分区或战略蓝图？

（10）平分社区风险、成本与收益：

● 可再生能源项目给当地带来的影响是否被充分地了解与量化？

● 政策是否被恰当地传递给了社区与利益相关者并得到了他们的认可以使潜在的消极影响最小化？

● 政策框架是否已经将可再生能源项目对地方和区域社区的潜在积极影响最大化了？

● 政策框架是否推动了当地的就业？

● 政策能否为地方所有权机制的建立提供途径和激励？

注释

［1］这并不意味着在对所有项目提供的支持都有时间限制的情况下，对价格的支持和其他支持机制不会停止。相反，它意味着立法和应用循环不会对那些将导致盛衰循环和不稳定价格的时间进行限制。

［2］生产者应该对产品的整个生命周期负责。例如，人们或许会要求电池公

司在出售新电池的时候回收旧电池以确保能够进行安全处理和再循环。类似地，我们也可以通过扩大生产者的责任来将二氧化碳污染的危害成本纳入化石燃料的销售中。

[3] 特别地，当考虑到温室气体排放问题时，世界水坝委员会（WCD，2000）指出水电建设并不总是带来净利益，因为被洪水淹没过的土地和植物会产生大量的甲烷，而甲烷含有大量的碳："北部热带地区的所有大型水坝和自然湖都被检测出排放了大量的温室气体。从对总的温室气体排放的影响来说，许多水坝的价值极低，甚至低于热力发电的 10 倍。但是在很多情况下，这些温室气体总排放量相当可观，可能比热力发电的排放还要多。"

[4] "轮子叶片的更高空气动力效率提高了整个系统的效率，高效率的电力转换系统和更契合的风力涡轮机的使用开始冲击当地的风能体制"（国际能源机构，2003）。可利用性，是一个风力涡轮机在生产能源时所花费的时间，而不是所谓的运行时间，现代风力涡轮机的可利用率正趋向于 98%~99%，被认为已经达到了极限。

[5] 分析大型风电厂的平衡、动态影响与运行特征的模型和工具提高了风力预测的准确度，同时也促进了多种可用技术的开发，这将提高风能的价值（国家可再生能源实验室，2003）。

[6] 如果某种东西很昂贵，往问题上砸钱难道就不是一个解决方案吗？一个荒诞的动词，"阿波罗"，源自美国阿波罗航天计划，在这个计划中，政府建造了一个广大的、对现金有无限需求的漏斗来突破登月计划所面临的技术障碍。幸运的是，可再生能源产业并不需要一个"阿波罗"。可再生能源产业花费密集的时间段仅仅出现在 1973 年的石油危机后，那时的美国公司如波音公司和西屋公司才不得不开始关注风力涡轮机以应对风力涡轮机的挑战。这导致了到现在为止，仅有一家美国风力涡轮机制造公司得以存活（现在为通用公司所有）。

[7] 分散指的是将这个产业的产电、传输、分销和零售部门分裂开来以促进竞争，防止垄断。

[8] 这是转型研究所的一个商业培育项目的主题，叫作"社区风能信任"，详见 www.transitioninstitute.org。

参考文献

1. BTM (2004) World Market Update for 2003, BTM Consult ApS, Ringkobing, Denmark.

2. Charles River and Associates (CRA)(2003) Economy Wide Effects of Increases to the Mandatory Renewable Energy Target, Charles River and Associates report to the Renewable Energy Generators of Australia, June.

3. Coates, S. (2003) "Maximising the benefit of wind", presentation to the SEDA Renewable Energy Seminar, 6 November, Sydney.

4. Dambourg, S. and Krohn, S. (1998) Public Attitudes Towards Wind Power, Danish Wind Industry Association, Copenhagen.

5. DTI (2003) Energy White Paper: Our Energy Future—Creating a Low Carbon Economy. Version 11, UK Government Department of Trade and Industry, published February, www.dti.gov.uk/energy/whitepaper/wp_text.pdf.

6. European Wind Energy Association (EWEA)(2002) Windforce 12, European Wind Energy Association and Greenpeace International, Brussels.

7. Grubler, A., Nakicenovic, N. and Victor, D. G. (1990) "Dynamics of Energy Technologies and Global Change", Energy Policy, Vol.27, pp.247-280.

8. International Energy Agency (IEA)(2002) Renewables Information 2002 Edition, International Energy Agency (Statistics), Paris.

9. IEA (2003) Renewables for Power Generation: Status and Prospects, International Energy Agency, Paris.

10. Krohn, S. (2002) Wind Energy Policy in Denmark: 25 years of Success—What Now? Danish Wind Industry Association, Copenhagen.

11. Maddox, R. (2004) What Does Wind Energy Mean to You? Private Communication, July.

12. Mallon, K. and Reardon, J. (2004) Cost Convergence of Wind Power and Conventional Generation in Australia, Version 1.34, June, Australian Wind Energy Association.

13. McDonald, A. (2004) Nuclear Expansion: Projections and Obstacles in the Far East and South Asia, World Nuclear Association Annual Symposium, London, September.

14. National Renewable Energy Laboratory (NREL) (2003) Power Technologies Data Book, Energy Analysis Office of the National Renewable Energy Laboratory, Golden, CO.

15. SEAV (2005) Victorian Wind Atlas, Sustainable Energy Authority Victoria, Melbourne, Australia.

16. Segurado, P. (2005) React Renewable Energy Action, National Report, Spain IDAE, Produced for EU ALTNER National Meetings and Lessons Learned, 23 March.

17. Sterzinger, G., Beck, E and Kostiuk, D. (2003) The Effect of Wind Development on Local Property Values, Renewable Energy Policy Project, Washington, DC.

18. Transition Institute (2003) Or We Can Do This, screenshots from television advertisements produced by Matt Trapnell for AusWEA, downloadable from www.transitioninstitute.org.

19. World Commission on Dams (WCD) (2000) Dams and Development—A New Framework for Decision Making, report for the World Commission on Dams, Earthscan, London, released November 2000 by the WCD, www.dams.org.

20. White, G. (2004) Wind Forecaster Presentation, produced by Garrad Hassan Pacific, private communication.

第4章 利益相关者

卡尔·马伦

要想俘获别人的心智

首先确定俘获的对象

利益相关者是任何种类政策调整成功的关键因素。这在可再生能源上体现得尤为明显。可再生能源在进入一个新市场时经常会遇到实力强大的其他能源竞争对手。它们在一个被实力强大的能源竞争者占领的市场中提供价格昂贵的产品。同时,可再生能源产品所带来的好处往往是抽象的而且往往在长期内才能见效。

本章的目标是构建一个可以帮助我们在可再生能源开发过程中确认和了解利益相关者团体的框架。我们通过搞清利益相关者为什么那么重要、确定利益相关者和可再生能源项目对这种利益相关者的影响来构建这个框架。此后,我们开发了一个利益相关者矩阵,这是对任何力求识别和分析利益相关者的团体都十分有用的一个工具。我们也会关注利益相关者资源方面的问题,这些问题对测量可再生能源开发的潜在支持者和对手具有重要作用。

在本章的第二节,我们将利用这些分析的结果来确认那些能够最大化正面结果、最小化负面结果的利益相关者的风险管理与参与战略。最后,我们将详细讨论某些关键利益相关者对可再生能源开发的态度。

4.1 为什么利益相关者如此重要?

只有在现实状况发生变化时，可再生能源的开发才会出现。这些变化可能由能源短缺或环境因素导致，现实也需要推动这种变化。处于萌芽状态的可再生能源产业由许许多多的个体组成，而商业活动本身不会对整个产业造成太大影响。必须充分利用来自实力更强的同盟伙伴提供的帮助，同时建设性地从现有或潜在的批评家们那里获取有益的建议。

事实上，可再生能源开发将出现在每个国家的日程表上，因为许多可再生能源利益相关者已经把它放在那了：他们可能是些感兴趣的学者、环保人士、能源供应商或其他人士。这种类型的利益相关者将比可再生能源产业本身更积极活跃。

专栏 4.1 首次曝光

理想的状况是人们从公司、产业协会或非政府组织得到的信息不仅可信而且符合事实。上一章我们提到了电视广告的使用，但也可能是印在纸上的海报或广告，就像英国的"拥抱风能"运动。

图 4-1 英国风能协会推行更高的可再生能源目标和向公众宣传可再生能源好处的海报
资源来源：英国风能协会。

> 我们将这种首次曝光与通过收听如下广播节目而得到的首次曝光进行比较，英国著名的植物学家（如今作为风电厂专家，在世界各地大谈阔论）在这个广播节目中对可再生能源做出了相关评论。
>
> 著名的环境运动专家大卫·贝拉米昨天刚从诺尔艾蒙德的反风电厂运动中回来，称这个运动是一个骗局。
>
> 这个植物学家、作家和广播员坚决反对使用风力涡轮机，声称它们效率低下，破坏自然景观，而且会因为能源效率问题不会取得成功。
>
> "我反对它们主要是因为它们只能运行30%的时间，这还是在幸运的条件下"，他昨天说，"而丹麦的这些风力涡轮机只能运行17%的时间。"
>
> "因此，人们怎么能烧开水呢？或者在运行这么长时间后，在剩下的时间里我们怎么向医院提供电力？这意味着我们必须保持其他类型能源发电站的运行、旋转以储备电能，这种方式又是低效率的且会产生二氧化碳和二氧化硫或类似的东西。"（《国家卫报》，2003）

相同地，也有许多反对可再生能源的利益相关者。这些因可再生能源开发将给能源部门带来特殊影响而联合起来的人或组织会对可再生能源部门、经济和实体项目产生重大影响。

许多这种类型的团体在可再生能源开发初期不会意识到他们是可再生能源的利益相关者。他们对可再生能源的反应经常受最早与他们接触的团体或他们接受的信息的影响。如果当地居民听到的第一个关于风能开发的新闻是风力涡轮机听起来会像"二战"的轰炸机、看起来像没有窗户的摩天大楼，那么在当地推动风能开发就会很困难。相反，如果当地的能源消费者得到的是一个未来将拥有洁净能源的新闻，那么利用当地资源并开发出一个农村产业将得到当地居民的支持。

利益相关者除了在帮助可再生能源谋求能源市场的一席之地中扮演重要角色外，他们在实际能源开发过程中也起了重要作用。他们能够帮助可再生能源开发者在开发的过程中识别在建立一个能够给所有社会部门带来最大利益的产业时要考虑的所有因素。

4.2　确定利益相关者的一些方法

为了确定利益相关者，我们有必要问一些诸如他们是谁或他们的利益是什么或他们所代表的利益是什么的问题。这部分回答"谁"的问题，下部分内容则关注他们的利益问题。

确定利益相关者类型的常用方法是采用利益相关者经常定义他们自身类型的方法。这些利益相关者如果从独立行为角度来讲就是公民或个体，如果从商业利益相关者的角度来讲就是公司，而非政府组织不仅包括商业利益集团，也包括非商业利益集团。最后，无论从哪个角度来讲，政府都是一类利益相关者。

4.2.1　公民

人们在某些方面将受到可再生能源开发的影响，这些受到影响的人包括从享受全球环境好处的人到体验地方项目影响的人。在期望他们的利益得到代表时，个体利益相关者经常会把希望寄托在少数政府代表身上，或者寄希望于潜在的或特定的非政府组织。

这样一来，他们通过向政客或媒体写信，或者参与"规划过程"之类的公众咨询会，能够给地方、区域或国家带来重大影响。

4.2.2　公司

类似的个体商业组织是公司。公司和小型商业利益相关者经常是地方性的，而且产生的影响也经常是地方性的。相反，当一个公司成长为大型跨国公司后，它就能最大限度地干预政府决策。这样的公司有很多，如英国石油公司（BP）、壳牌公司（Shell）和通用电气公司，这些公司无论是在可再生能源部门还是在化石燃料部门都是活跃的行业参与者。

那些大的全国性公司成为可再生能源方面的领导者并不罕见。塔塔（TaTa）

是印度的一家大公司，这个公司通过与英国石油公司联盟成为太阳能光伏产业的领导者之一。类似地，京瓷公司（Kyocera）和夏普公司（Sharp），电子产业的巨头，如今也成为太阳能光伏产业的巨头。这不会是一个巧合，而更像是告诉我们，这些优秀的、开放的公司更善于利用国内可再生能源提供的机会。

4.2.3 非政府组织（NGOs）

就像名字中所指的那样，这个单词仅仅包含那些没有政府介入的组织。非政府组织包括非营利组织、环保组织以及其他压力集团和商业导向的行业组织。这种分类同时包括像扶轮社或地方民间社团组织。但是，正如人们常说"人不可貌相"那样，那些来自社区组织或行业组织的代表可能是行业组织精心安排的人（如果你想辨别这类人，请查阅拜德1998年的文章）。

4.2.4 政府

政府及其中介一般不会被看作利益相关者。但是，除了作为决策者之外，它们也是最终的利益相关者。他们是受其他利益相关者影响的利益相关者。并且他们是最终掌控经济、环境和社会整个局面的利益相关者。从地方法院一直到国际谈判小组，政府都是决定性利益相关者（见图3-13：有助于可再生能源项目实施的各层级政策、规划和立法）。

4.2.5 媒体

媒体这一重要的利益相关者并不经常被人们提及，尽管它在所有的利益相关者之间起着重要的调节作用。媒体不仅仅是一个获取信息的渠道，也代表着可再生能源产业，就像大卫以技巧而战，而哥利亚以力量而战一样。媒体可以赞美"勇敢的新可持续世界"，也可能支持少数自认为能代表整个社会利益的项目反对者。

每个国家的媒体文化不一样，因此，没有太多普遍适用的规则——除了作为信息主要渠道的媒体使自己成为所有利益相关者中最重要的利益相关者之外，另外三个重要问题也需要注意。首先，媒体倾向于关注对抗问题。其次，媒体经常使用平衡原则，特别是那些非常有名的记者经常力求对既有问题提出另一种观点。最后，媒体是由人组成的，而这些人中的一部分可能因为土地所有权或股权而成为利益相关者，这将左右他们的观点和文章的立场。

虽然媒体无处不在、无所不及，但我并不打算将其纳入我们建立的利益相关者的框架中。不过我们在讨论任何问题时都必须把媒体这一利益相关者考虑进去。

4.3 确定利益相关者影响的一些方法

建立一个能够理解和明白利益相关者的框架的下一步是，要考虑到上文提到的利益相关者将受到哪类经验或观念的影响。此处我试着建立四种不同的影响类型，以帮助我们区分不同的利益相关者，它们是：直接经济影响、间接经济影响、环境影响和社会影响。

4.3.1 直接经济影响

很多利益相关者将体验到可再生能源开发带来的直接经济影响，这种归类将受到可再生能源受益者的极大欢迎（那些遭受"无利可图"危害的利益相关者将归到间接经济影响的分类中）。这方面的例子包括项目开发商、金融家、雇员、燃料供应商与土地所有者和当地议会。

4.3.2 间接经济影响

可再生能源项目对个体、社区或整个国家的影响将对间接经济利益相关者产生财务方面的影响。这些受影响的群体应该包括那些从商业活动普遍上涨中获利的人、在与可再生能源竞争中推动市场份额的产业、可再生能源工人工会或竞争者行业协会、能源消费增多的消费者以及房屋价格上涨或下跌的人。

4.3.3 环境影响

地方或全球性生态、气候变化和特定物种影响是环境利益相关者面临的诸多问题中最常见的几个问题。这儿所描述的环境影响指的是由可再生能源开发导致的生物活动和生物多样性的实质变化，不同于社会影响。

4.3.4 社会影响

社会影响是指将对人际互动产生的积极或消极影响，不同于经济影响和环境影响，这些影响包括景观的变迁、人行通道的改道或风力涡轮机瞭望塔的建立。这个分类下所包含的影响不会给生物多样性或经济带来直接影响，而是会带来视觉美或社会方面的变化。

4.3.5 其他利益相关者

毫无疑问，除了这四种分类之外还存在其他类型的利益相关者，比如媒体。也有一些有趣的例子，例如军队，军队是评估北海离岸风能安置的主要参与者。运输机构将关注卡车运输生物燃料，而飞机制造厂更关注风力涡轮机的生产。电视传输公司和电气标准机构则关注电能稳定输送的影响。幸运的是，许多这种类型的团体只是想确保他们的服务不受干扰和破坏，而一般情况下不会与可再生能源的开发对立（尽管他们会非常小心并因此设定一些妨碍性的技术标准）。

尽管一些团体并不十分符合我们构建的模型，但是我们仍然用两个维度——利益相关者类型和问题类型来定义可再生能源利益相关者框架。

4.4 利益相关者矩阵

基于前面的讨论，我们可以根据利益相关者的类型及其影响来建立一个利益相关者矩阵。表4–1列举了每个与利益相关者类型和利益相关者影响相对应的例子。

表4–1 根据利益相关者的类型与影响构建一个利益相关者矩阵，每两者交叉的地方都有一个相应的例子

	直接经济影响	间接经济影响	环境影响	社会影响
公民	行业的员工 项目承包人	能源消费者 地方人口	环境保护者	当地遗产爱好者
公司	可再生能源生产商	能源零售商	农民	旅游公司
非政府组织	旅游组织	工会	国家环保组织	旅行团
政府	地方议会	地区开发部门	环保部门和环保机构	遗产、文化保护机构

4.4.1 填充利益相关者矩阵

现在我们已经建立了这个框架，下一步的工作是填充它。这里用三种有用的方式来确定利益相关者：遵循识别利益相关者的基本原则；使用媒体；寻找自我识别的利益相关者。

每一个国家、地区和技术都会有它自身特定的利益相关者，我也不能奢望把它们都包括在内。尽管如此，在利益相关者识别他们自身之前对他们进行识别、确认往往会比较好，因为提早介入能够避免产生过度的担忧，同时也有利于合作而不是敌对。因此，潜在的利益相关者被识别、确认得越详细，对我们就越好。

4.4.2 识别利益相关者的基本原则——明确可再生能源项目的影响范围

对于一个影响尽可能无限制的区域来说，运用"基本原则"来识别利益相关者是一个很有用的方式。在确定可再生能源开发带来的影响方面，它是一个简单却又具有延展性的活动。

这很像参与一个环境卫生影响评估或社会经济影响分析的过程。确实，通过获取可再生能源是在本地生产还是通过进口这类报道，以确认可再生能源开发所带来的影响的方式可能很有用。如果项目得以实施，它能否创造就业，其他行业的员工是否会失去工作？如果是这样，工会就是利益相关者。保护环境是否有利

于保护动物？如果是，那么生态组织就是利益相关者。风电厂会不会产生噪声或者生物燃料工厂会不会导致交通阻塞？如果会，那么当地居民就是利益相关者。经济会不会得到促进或者被阻碍？政府经常是利益相关者。

记住以下三种水平的影响可能会非常有用。

4.4.2.1 地方性

这种类型的影响包括项目对环境造成的实际影响，对社会或共享空间比如景观、人行道造成的影响，以及对主办项目、提供就业岗位或担心地产价值的地方社区造成的影响。

4.4.2.2 区域性

许多地区天生就拥有丰富的可再生能源资源，而许多可再生能源项目也因此夹带着累积的影响投入到这类区域中来。这些影响可能是积极的，比如提高区域制造业的生产能力、提供大量的就业岗位，当然也可能由于项目的过度集中或项目未得到合理规划而带来消极的影响。

4.4.2.3 全局性

还有一些会对整个国家甚至整个世界产生的影响，例如，成本影响会分摊给所有国家的消费者或纳税人。温室气体排放的减少会对整个世界有利。

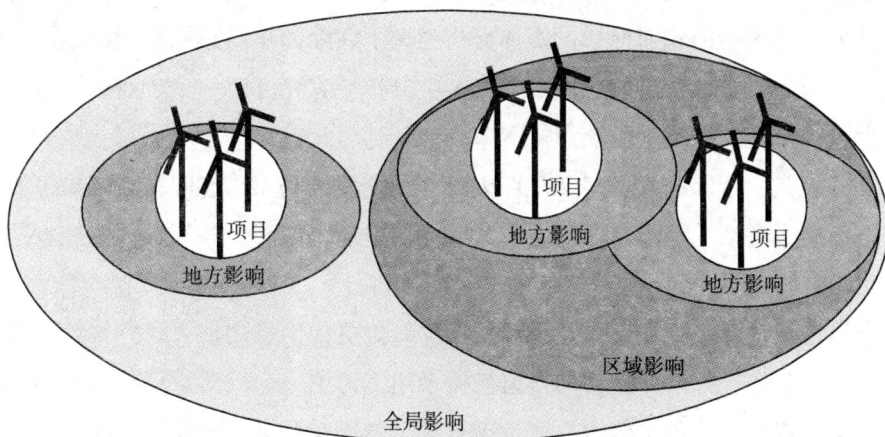

图4-2　可再生能源开发带来的影响可能是地方性、区域性和全局性的，因此，利益相关者也可能是地方性、区域性和全局性的

4.4.3　使用媒体来识别利益相关者

与通过可再生能源带来的不同影响来识别不同的利益相关者相反，我们可以通过媒体报道来关注利益相关者识别自身方面的问题。

这同样能够为可再生能源产业的参与者提供一个能够认清他们如何被感知的视角。许多利益相关者并不是基于对自身的认识而采取相关可再生能源方面的行动，而是基于他们对这个产业、项目或技术的认识。最理想的情形是，这些利益相关者的感知与事实相符，但是，这几乎不可能，因为只有很少的利益相关者是可再生能源方面的专家。相反，他们会用他们得到的信息来形成自己的观念，而这些信息并不总是正确的。

在大部分国家，出版社、广播和电视被认为是独立信息的主要来源。事实上，他们限制了对专业知识的获取，甚至打开了获取错误信息的通道，而利益相关者也会受到那些哗众取宠事件的影响。

即使媒体分析可能歪曲事实，但它能够帮助我们来识别不同的利益相关者团体。这些利益相关者是这个行业必须要打交道的人，也是仍然关注这个问题的人必须要打交道的人。当然，媒体也能帮助我们识别那些仍然保持沉默的团体。

图4-3中展示的相对简单的媒体分析强调了实际影响与感知影响的不同。媒体监控公司为了赚取一定的费用而提供这类分析，它允许对一个产业或技术是如何传达给公众的发表独立的观点。

图4-3是一个印刷媒体对2000~2002年中期澳大利亚风能问题新闻报道的分析。这篇文章囊括了地方、区域、国家媒体的报道，由一个叫"媒体监控者"的公司出版。

在讨论从这样一篇文章中能推断出多少有价值的信息之前，我们要给读者们一些警示。首先，如果一篇新闻报道被摘录用来讨论一个反对意见，这并不意味着这篇文章本身对可再生能源项目持支持意见或反对意见，它仅仅能够确认这篇报道中含有反对意见（就是图4-3中所分析的新闻报道）。

其次，我们应该注意，图4-3中展示的反对报道呈持续增长这种现象本身也是新闻报道的发展规律的一种表现。例如，一个新型且无问题的风电厂开发或许只有一两次报道的价值，而一个有问题的风电厂则更倾向于被持续报道。

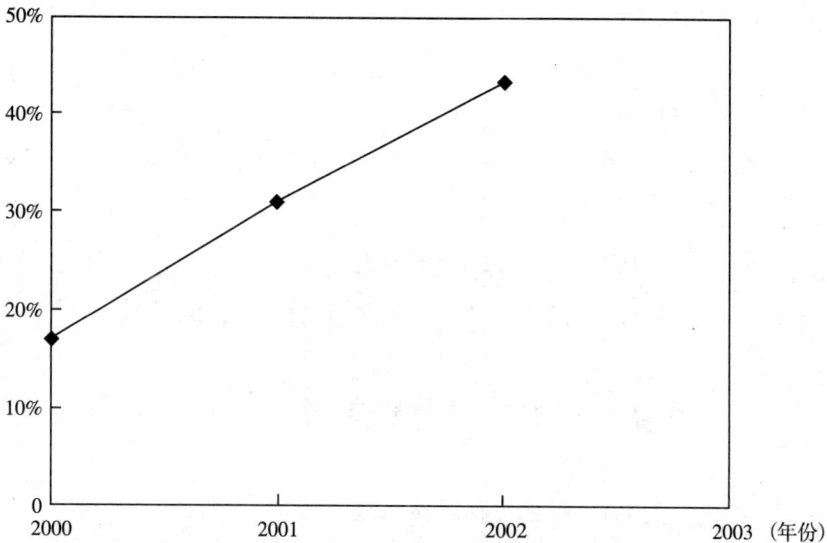

图 4-3 反对风能开发的媒体报道呈持续上升趋势

资料来源："媒体监控者"公司。

最后，许多这种有关可再生能源开发的文章都来自那些集中于对地方发展进行报道的小型、地方性媒体。因此会有一些对规划程序进行的细节性报道，包括诸如一些关于支持者与反对者均衡问题的报道。

有趣的是，在图 4-4 中列举的主要利益相关者问题领域中，景观受人们关注的程度要远远大于实际经济、自然或环境影响受关注的程度。另一个有趣的现象

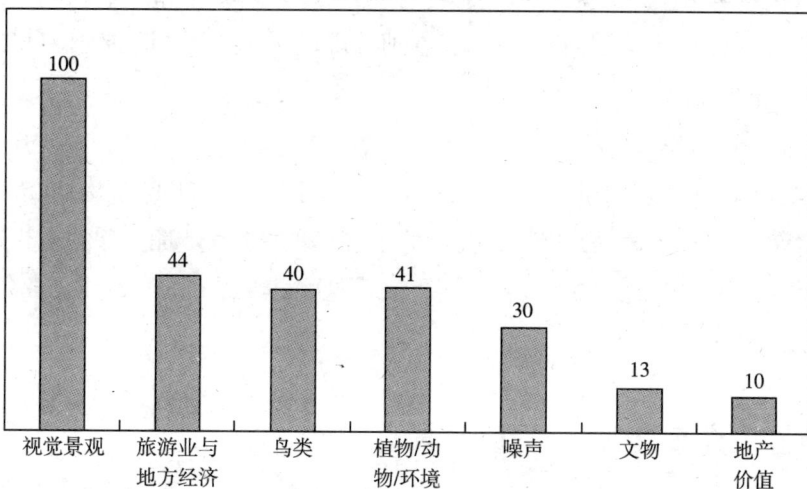

图 4-4 利益相关者关注的七种主要风能问题：基于澳大利亚印刷媒体 2000 年到 2002 年的数据

资料来源：马伦（2004）。

是大部分由地产价值变动带来的直接影响只有10%。对当地居民来说，这两种影响有很大关联，尽管这种联系从图4-4给出的数字来看并不那么明显。对于利益相关者来说，为了维护个人利益而在社会上反对可再生能源开发也并不是一件舒服的事情，例如房地产价格的下跌，特别是在可持续能源优势被广大社区认可的时候。

有趣的是，诸如噪声、鸟和动物之类的重大问题——风电产业认为已经得到解决的问题——却预示着在产业与地方社区之间仍存在着交流的障碍。

4.4.4　寻找自我识别的利益相关者

许多利益相关者会宣称他们支持可再生能源开发。上面所说的媒体方法可以识别一些这一类型的利益相关者，但是也有另外的方法来确认利益相关者。其中有两种重要的方法：决策形成过程和决策影响过程。

4.4.4.1　决策形成过程

决策形成过程包括可再生能源政策的讨论或协商，从可再生能源设施的规划许可到政府的立法审查。这些把资源放在一边来参与决策形成过程的人更倾向于把他们自己看作利益相关者或潜在的利益相关者。例如，"澳大利亚强制可再生能源目标"的审查收到了160份技术提案和超过5000份非技术提案，诸如"谁是谁的"的可再生能源支持者与反对者这样的提案。低政治化的利益相关者比如环保小组或交通部门会通过规划许可或在地方规划准则出台时识别他们自身和他们所关注的事情。

4.4.4.2　决策影响过程

决策影响过程产生于那些与潜在利益相关者组织有关的准可再生能源运动。但这并不意味着只能通过开展一个高调的可再生能源运动才能发现利益相关者。然而，我们中的许多人之前都这样做了，而且这些已经得到的利益相关者名单会在本章派上用场。

4.4.5　谁来代表不在场的利益相关者？

对于世界另一方的利益相关者来说，环境、社会和经济利益相关者这种分类所包含的范围过于本地化。气候变化会影响生物圈，但是谁是生物圈的监护人呢？那些遭受洪水、热浪和干旱危害的人们也是利益相关者，但是谁来代表他们的利益？为了能够完全代表所有的利益相关者，除了要代表现有利益相关者的利益外，找到一个能够代表潜在利益相关者的方法也非常重要。要在实际中实现这样的目标需要：①政府间协议转化为国内立法；②非政府组织的推动。

如果全球和国家的环境问题能够通过国际、国民大会和立法得以解决，我们就能够把那些为所做承诺负责的政府归为好的政府利益相关者。

然而，作为利益相关者，政府机构的作用要远远大于政策立法，政府也同样是战略概述和机构间交流的参与者。例如，如果反对可再生能源规划的声音持续出现——就像发生在英国的那样——政府的国家可再生能源目标就不会得到贯彻和实施，因此，不同的机构要对自身政策及其相互间的关系进行仔细的检查。

如果因为立法的缺失而使某些集团的利益被忽略，那么非政府组织就会蜂拥而上。因此，国际环保组织，像绿色和平组织、地球之友组织和世界自然基金会以及它们的国家同级机构或许是最恰当的能够代表更广泛的环境、生物多样性和不在场的社区利益的利益相关者。很明显，这类利益相关者带来的更多的是道德和伦理方面的影响。不幸的是，这种影响远不及特定立法的影响大。

4.4.6　要综合种类结果

没有一个单一的方法能够找到所有的利益相关者。许多团体——如农民——不会意识到他们是利益相关者，除非这个产业持续增长、运行，而且他们也会因此在讨论和协商中保持沉默。而其他团体，比如那些实际上一点也不会受到影响的团体，却可能成为协商会的主要决定人。

表4-2给出的矩阵能够成为许多国家在可再生能源辩论中确立主要利益相关者的一个很友好的切入口。

表 4-2　可再生能源利益相关者的"类型与影响"矩阵

	直接经济影响	间接经济影响	环境影响	社会影响
公民	行业中的员工或供应商 项目承包人 土地所有者	能源消费者 当地人口	受气候变化影响的人 沿海社区 对极度天气敏感的人 受空气质量、放射性毒物排放影响的人 担心可再生能源会对动植物造成影响的人	担心可再生能源会对社会如景观和运输产生影响的人
公司	可再生能源生产商 供应行业 项目开发商 燃料供应商 投资者 其他 [1]	能源消费者 能源零售商 相互竞争能源供应商 相互竞争的温室气体减排供应商 对温室气体敏感的团体 财务影响：保险公司、农业、旅游、林业	国家意义的影响：农民	地方居民或游客
非政府组织	代表以上所有人的产业协会 区域商业开发组织	代表以上所有团体的协会 工会	国际环保组织 国家环保组织 生态保护组织 国家专家组织（鸟类、植物、动物）	景观 组织 旅行团体 州或国家遗产协会
政府	地方议会 产业开发机构 地方开发机构 州和地方旅游机构 基础设施部等 地方政府 学术中心	对经济发展、就业、地方开发负责的部门和机构 学术中心	环境部门和机构 可持续发展机构 地方政府 京都议定书联合机构 绿党	规划局 遗产、文化保护机构 地方政府

4.5　理解利益相关者的资源

　　最近我会见了为鸟类爱好者或观察研究稀有鸟类的人建立的一个国家组织中的若干成员，他们在商业交易中被人们所熟知。和我在一起的是一个国际环保组织的成员，我们还特别讨论了气候变化、可再生能源和风能。

　　在谈到气候变化时，我们的主办方指了指这边的白纸板。很明显，之前在这个房间里召开了一个会议，讨论了诸如不同物种的迁徙模式、物种数量的减少是由全球变暖导致的等问题。当然，他们支持采取相应的措施来改变气候变化，也赞成使用可再生能源，因此我们受到了邀请。"那风能怎么样？"我问。主办方一口气说出了地方成员是如何邀请他对一系列可再生能源资源做出评论或评估的。"我们知道风能对鸟类的影响很小，但当我被要求对一个接一个的项目进行评估时，我们处理不了这么多的项目，我们没有这方面的资源。"

类似的组织也会对我提出的问题表达相同的看法。那些靠自身成员和捐赠支撑的组织拥有的资源就更少了。他们没有大量的金钱来专门处理这些问题，也不会在一个项目结束时像开发商一样得到一个"金萝卜"。然而，他们真正拥有的资源是他们所从事领域的专业知识。

因此，我们必须重新思考这种认为利益相关者都拥有能够恰当评估他们利益领域中真实或显著影响的资源的假设。从项目层面来看，一些指导性的原则往往建议我们与那些核心团体保持联系与协商。这意味着特殊利益集团拥有越来越多的为项目提供评估的资源。在我们要求那些缺少资源的利益相关者加入之前，必须评估这种假定是否成立。如果不成立，我们必须找到恰当的介入方式来匹配他们的资源。

在鸟类爱好者这个例子中，利益相关者力求找到一个能够解决鸟与风能之间问题的长期、战略性方案。这使他们与政府资助的项目联系在一起，共同为风电厂制定鸟类和蝙蝠的影响评估草案。

4.5.1 利益相关者资源回顾

我们已经构建了一个主要利益相关者矩阵。为了理解他们用来解决所关心问题的行为与策略，我们需要构建一个资源负荷表。这个表的构建必须建立在对一个接一个的利益相关者分析的基础上，这个过程在本章的结尾我会提到。表4-3（仅具有象征意义）列举了一些一般性资源的特性，包括专业知识、人力资源和财务资源。

表4-3 潜在所需资源的样本矩阵

	直接经济影响	间接经济影响	环境影响	社会影响
公民	SK–好 HR–好 $–差	SK–差 HR–差 $–差	SK–差 HR–好 $–差	SK–好 HR–好 $–差

	直接经济影响	间接经济影响	环境影响	社会影响
公司	SK–好 HR–好 $–好	SK–可变 HR–好 $–好	SK–差 HR–好 $–好	SK–差 HR–好 $–好
非政府组织	SK–好 HR–差 $–好	SK–好 HR–好 $–好	SK–好 HR–差 $–可变	SK–好 HR–差 $–可变
政府	SK–好 HR–好 $–好	SK–好 HR–好 $–好	SK–好 HR–好 $–好	SK–好 HR–好 $–好

4.5.2　一些一般性观察

单个人和小型企业，特别是与地方项目相关的单个人和小型企业，在对他们所关心的领域进行风险评估时往往缺乏专业技能或专业知识。在地方层面上，社区利益相关者仅拥有有限的财务资源——主要来自他们自己的口袋——以及专业领域内有限的专业知识。尽管如此，他们可能会号召大量的人来帮忙以弥补专业技能的缺陷。

大型企业和公司更有可能拥有较多的资源，但是，在使用这些资源的时候这些企业和公司却拥有较少的自由裁量权。人们期望这些资源能够带来某些商业利益。它们倾向于拥有特定专业领域的专业知识，但是在必要时他们也可以通过外包来弥补自己缺失的技能。

非政府组织的利益相关者在他们的专业领域拥有更强的专业知识。例如，大型环境方面的非政府组织往往拥有某个国家特定领域的专家，而且他们往往也接受一次性的咨询，或者也可以对一些关键的、之前发生过的问题进行咨询，但是不大可能针对持续重复、一个接一个的项目或者在几个重大问题同时发生时提供咨询。与地方团体不同，他们在必要时拥有能够自由支配的资金来获得专家的意见。然而，这可能不适合运用在产业的协商过程中，但能识别出具有战略意义的项目。行业的非政府组织要比环保的非政府组织更容易得到资金支持——但是也不总是这样。

政府在所有问题领域都拥有充足的资源。值得注意的是，政府也会服从政治压力。他们的决策也不总是合理的，而且往往会忽视建议的质量。

最后，我们再强调一点，认真考虑地方性利益相关者与非地方性利益相关者之间的差别这一点很重要，如地方性鸟类保护团体与国家性鸟类保护协会、地方政府机构与国家机构、地方绿色组织与国家环保组织，等等。地方机构与非地方机构在资源和专业知识方面有很大不同。

4.5.3 能源如何影响利益相关者的行为方式？

让我们来弄清地方居民是如何回应可再生能源开发的。正如表 4-3 所展示的那样，地方性社区利益相关者更有可能拥有有限的财务资源和专业领域内有限的专业知识，例如鸟类、植物和动物、遗产评估或地产价值。然而，他们有可能号召更多的人来帮忙以弥补专业技能的缺乏，而且他们通常拥有发生在他们地区的事件的正式话语权。考虑到这些问题，他们有三种选择来处理他们所遇到的问题。

（1）他们接受参与环境影响评估过程的开发商所做出的评估，并且相信专业政府和非政府组织的利益相关者在重大风险发生时会采取相应的措施。

（2）如果有特别担心的问题，例如对野生动物造成的影响，他们可以召集较大型的非政府组织。

（3）他们可以采用预防原则并用这个原则中止不好事情的发生，直到在进行所需要的评估时能够得到相应的资源或专业知识。

大部分当地人可能会选择第一种方案，这意味着他们不用做任何事。也有许多人会倾向于选择第二种方案。但是，正如我们看到的那样，他们会对这种选择的结果失望，就像许多非政府组织由于拥有的空余资源较少，因而不会对某个项目造成太大影响。这很容易办到，因为当地人经常参与规划过程。他们可以将一些个体聚集起来一起对决策施加影响。对于可再生能源开发商来说，这是他们最不愿意看到的结果。

上面这个简单的例子告诉我们，如果缺少恰当的评估和最小化风险的方法，利益相关者会阻碍项目的实施，甚至会促使某些社区组织阻碍可再生能源立法。

因此，开发商可能会为地方利益相关者提供足够的资源以确保他们能够提出独立的建议。这可能会使利益相关者不太愿意追逐预先防范方法。如其不然，独立的专家顾问或组织的看法很容易被当地人和开发商接受，它能够避免环境评估的重复。

4.6 行动的基本原理：风险管理

一个将开发商和利益相关者关系概念化的方式是评估每一方所面临的风险。

在图 4-5 中我们可以看到利益相关者所面临的风险与既定问题区域中可再生能源开发所带来的影响有关。开发商所面临的主要风险集中在项目被拖延、耽搁或由于出现一个或多个影响规划一致性的问题而需要做出后期改变的风险。这些中的任何一种因素都会给开发商带来额外的成本——财务风险。

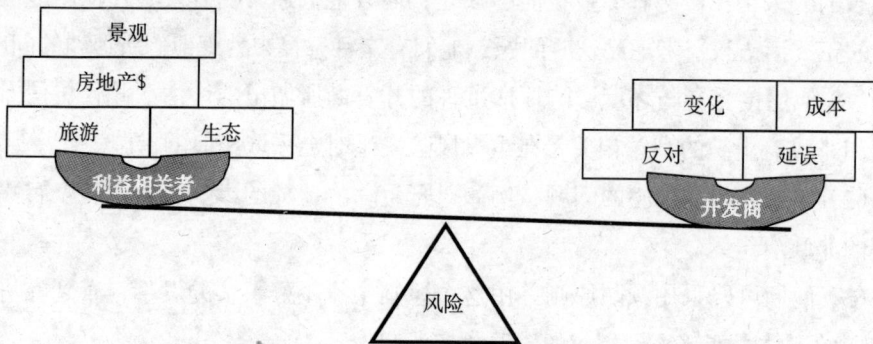

图 4-5 利益相关者与开发商的风险样本显示两者之间的重叠很少

与开发商不同，利益相关者虽然得不到任何回报，但也会面临着风险。例如，在没有更好理由的情况下，私人房屋的所有者为什么要把他们的地产价值置于风险之中呢？如果对其采取强制措施，他们会通过不同的反抗方法来保护他们的利益："想法很好，但是地点选错了"等诸如此类的抗议。风险的责任由谁负担取决于开发商与所有者谁是最直接的潜在受益者。

有两种中肯的解决方案。第一，量化利益相关者所面临的风险，然后将其转移或最小化（以最小成本）。第二，最大化利益相关者得到的利益（以最小成本）。

第二种解决方案被认为是德国和丹麦风能开发取得成功的关键因素，前文中"平衡成本与收益"已经讨论过这一点。第一种解决方案暗示着有某些实现利益相关者与开发商之间风险的转换方法；利益相关者风险最小化的程度越大，由延误或反对所产生的风险就越小。在项目周期中，利益相关者对风险评估得越早或风险被缓和得越早，由变化或调整产生的成本就会越低。

4.7 有效参与和积极影响

如果存在一个能够识别所有利益相关者的完美方法，那肯定是单独地看待所有利益相关者，了解他们所拥有的资源及他们所关心的问题。

在地方层面上，参与下游的可再生能源开发可能是一个常用的解决方案。它可能是一个迎合规划局的特定研究，但是它迎合当地人了吗？如果没有，那会怎样？为了解决他们所担心的问题他们应该了解些什么？例如，风能开发商委任的野生动物专家会得到行业和社区的信任而不是开发商雇用员工的信任吗？

对于非地方性的利益相关者来说，将参与方式从自下而上转换成自上而下是为了获得多个项目、区域或国家在指导原则、实践、专家等方面的一致性。除了野生动植物专家之外，我们或许会选择一个能被所有利益相关者接受的个体，他将确定动植物的监控方法。或者我们会接受对生物燃料处理厂进行调查的结果。这样某些利益相关者提供的专家资源就会被高效地利用。与此同时，无论对开发商还是对利益相关者，干预一个项目接一个项目所必需的人力资源和时间资源都将得到减少。

4.7.1 让利益相关者在战略层面上参与进来

无论是产业规划系统还是指导原则，通常会做出这种假设："参与"会从项目开始。但是，就像我们所看到的那样，这种假设与很多利益相关者所拥有的资源并不匹配。或许应该考虑所有的方面，就像专栏4.2描述的那样。

专栏4.2 战略利益相关者参与：丹麦的预规划系统

克罗恩（2002）基于丹麦在该领域的政策经验很好地解释了高水平的可再生能源项目需要哪些因素：

随着像风力涡轮机这样的技术高度可见，处理公共规划（分区）问题的模型的开发对许多国家的技术接纳度越来越重要。在丹麦，公共规划程序最初是在地方层面的不断试验和不断失败中开发出来的。1992年，更系统的规划程序在国家层面被开发出来，对地方上的规划也有指导意义。此外，来自环境和能源部的行政命令强制要求市政当局在全国范围内为风力涡轮机寻找合适的定位地点。这种为公众所了解的"预先规划"走在了任何为风力涡轮机定位所实施的实际应用之前，这在很大程度上促进了公众对后来风力涡轮机定位的接受。德国也引入了一个与此类似的规划模型并取得了巨大成功。其他国家也开始学习这些经验并对自身的规划程序进行了大范围的修改。

在任何项目实施前，丹麦对离岸风能开发所进行的讨论为利益相关者从战略层面上的参与提供了有用的例子。如对人们所关心区域水的不同应用功能的评估包括：渔业、油气田、军事用途等。而来自不同行业的利益相关者也将受到这些讨论的影响，包括环保组织、生态组织和旅游产业组织在内的组织，这些组织会被邀请来参加这种评估。经过对某些问题如选址等的漫长和激烈争论之后，很多区域被确立为可以进行大型（几百兆瓦）离岸风能开发的区域。这样一来，利益相关者就能够从战略层面上（准项目）参与进来并在选址问题上达成一致，而不是一个项目接一个项目地向他们介绍。克罗恩（2002）对这些经验进行了概括：

大约在1997年，规划方面的其他规章制度得以建立和完善。同时，国家中央机构——丹麦能源机构——负责听取所有利益相关者团体的意见，无论是公共的还是私人的。这种"一站式购齐"的方法极大地方便了规划过程，而且也在全球范围内得到广泛推广。

4.7.2　推动利益相关者参与上游活动

就像克罗恩在专栏4.2中描述的那样，这种"一站式购齐"的协商方法要早于任何项目开发活动，很明显这也将它推入到政府主导的过程中去。但是在项目进行的早期，行业或开发商可以独立与某些利益相关者进行沟通和协商，甚至不需要政府的指导。

许多专家利益相关者集团在计划阶段就加入到了这个辩论当中，通过参与计划过程来介入到整个项目中，正如图 4-6 所描述的那样。很明显，这对所有问题的解决都是一个无效率的对话，因为这种方式使项目不断发生变化，而变化会产生巨大的成本，同时这也是由计划缺乏弹性导致的。人们在制定行业指导原则时也经常探讨这类问题，同时也会列出那些缺席地方讨论会的利益相关者名单。

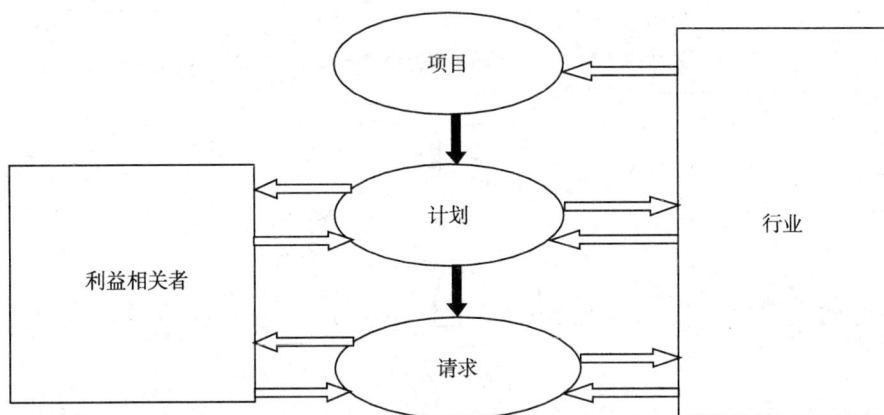

图 4-6 通过参与正式的规划过程，那些没有得到很好协商的、被忽略的或不满意的利益相关者能够与开发商联系起来

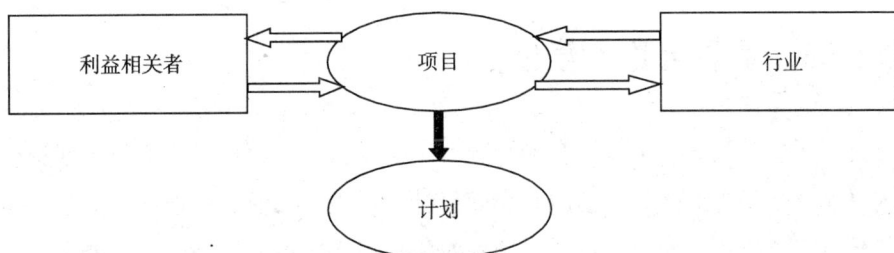

图 4-7 当前在项目层面上的最佳实践——协商——已经得以建立

图 4-7 展示了典型的行业指导原则所建议的利益相关者介入位置。这或许是大部分在政府主导的"分区"规划过程中缺席的地方居民、私有房屋所有者和土地所有者介入的唯一方式。

然而，许多利益相关者可能会通过更有效率的方式参与进来。就像之前我们讨论过的那样，很多对专家利益相关者资源的限制使他们不能够逐个对项目进行咨询。相反，他们更愿意从战略层面上参与行业的咨询，或者更愿意为多个项目制定一个大型投资者满意的过程或实践与评估标准。因此，从一个项目层面上来讲，他们的加入可能仅仅是为了核查大型协议是否依附于开发商。如果最好的专家利益相关者并没有在战略层面上参与进来，开发商可能会发现与他们共事的人更可能是局限于地方的人或更少的专家团体或自作主张的专家——这种局面不大可能对开发商有利或者说十分危险。

图4-8展示了一个可能更适合地方或国家利益相关者组织介入的模型。

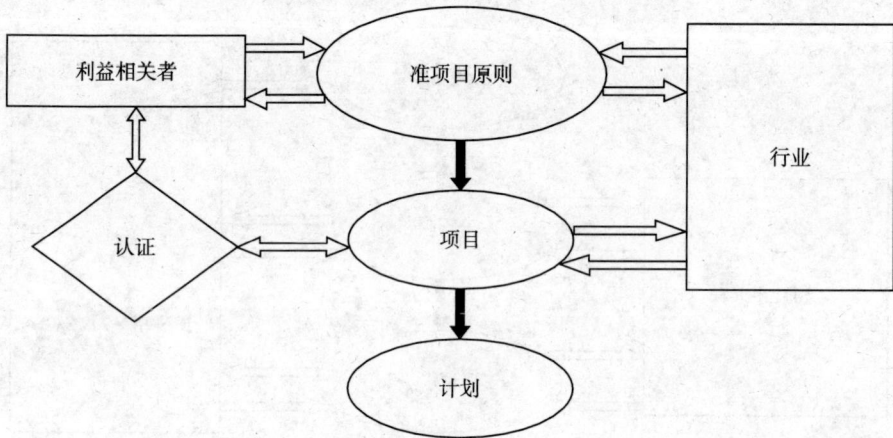

图4-8　许多利益相关者可以（或应该）被转移到一个预备项目、多项目或战略层面上以实现他们在未来项目原则上的一致性

4.7.3　基层风险与信任

大多数地方利益相关者都会参与到实际的项目中，而且绝大多数对能源政治不感兴趣。如果有一个为他们的兴趣而设计的过程，那他们就很有可能愿意承担一些环境影响评估方面的责任。尽管这对规划者和决策者适用，但可能由于不够严格或独立而不能满足利益相关者。

例如，如果一个生态方面的非政府组织打算接受一个由项目开发商雇用的商业咨询公司做出的环境影响评估的表面价值，很多人可能就会质疑这个非政府组织是否在履行自己的责任。类似地，对于土地所有者来说，信任一个由开发商雇用的咨询公司所做出的可能会影响土地价值的评估是很困难的。

这是一个常见的问题。尽管专栏4.3提到的行业是一个完全不同的行业，但是它提供了一个有趣的案例：缺乏对大型石油开发环境影响评估的信任。

专栏 4.3　油页岩利益相关者对环境影响评估的反应

在澳大利亚昆士兰州的格拉德斯通，有一个油页岩炼油厂，这个炼油厂计划扩大规模，而当地的房地产利益相关者担心这会影响他们的房屋价格。由 ACIL 咨询公司对"斯图尔特油页岩项目"做出的环境影响声明（草案）中的第 2 页这样写道：

对 9 个教区 10 年间的土地销售价格的分析显示，迄今为止，本地区的农村土地价格没有任何下降的趋势。事实上，在过去的 10 年间，土地价格一直呈与地区价格趋势一致的上升趋势，这使水果农场获得了很大利益。

然而，当地居民和农民担心这并不是事实。雅文·塔基尼水果农场和蔬菜种植者协会共同资助了一个本地区的战略规划，这个规划包括了油页岩开发对房地产价格的影响评估。这个由 ImpaxSIA 做出的研究调查了 190 个乡村和许多城镇：

截止到现在，大约 30 个住宅公开在售，而其他更多的住宅由于潜在的购买者缺乏购买兴趣已经被从售卖中撤回……一个知名机构报道了塔基尼的 17 个在售住宅，没有任何将被卖出的迹象。许多乡村地产商报道说，开车去塔基尼竖立一个"在售"的广告牌是在浪费时间和汽油。

有意思的是，油页岩项目的开发商南太平洋石油公司和中央太平洋矿物公司也曾向这个协会的研究资助 7500 澳元。我们假定开发商对 ImpaxSIA 所提供的咨询意见的独立性和完整性很满意，如果两个评估机构在一开始的时候就相互信任、相互宽容并达成一致，那么就能够节省大量的时间和金钱。

尽管利益相关者的参与十分关键，但他们对环境影响评估的接受也很重要。如果他们不接受，他们会通过介绍自己的评估而在环境影响评估中争辩，从而阻碍整个过程，或者通过其他方式或问题直接反对评估过程。

让利益相关者接受的最有效途径是协商以及同利益相关者在环境影响评估和评估机构方面达成一致。

4.8　仔细分析某些关键参与者

你能放入表格中的就这么多！之前讨论过的矩阵是一个对利益相关者进行分类的重要工具，而且它能确保我们知道利益相关者将要出现在哪里，即使他们现在还没有出现。然而，对一些关键的利益相关者进行仔细研究很有必要，这可以给我们的行动提供一些一般性的建议。

4.8.1　公民

单个公民可能是最小的社会单元，但是他们也可能成为最有影响力的一员——特别是在他们投票或写信时。他们之所以能与可再生能源开发联系起来是因为他们可能会受可再生能源开发项目的影响（如环境方面）。

能否与受项目影响的个体公民很好地合作就看社区协调的艺术了——要么通过政府，要么通过行业协会——而且要完成得尽可能彻底和专业。人们之所以愿意合作是因为行业、非政府组织或政府会遵守一个准则，而且会给他们提供一个能够获取他们意见的途径（见图 4-9）。

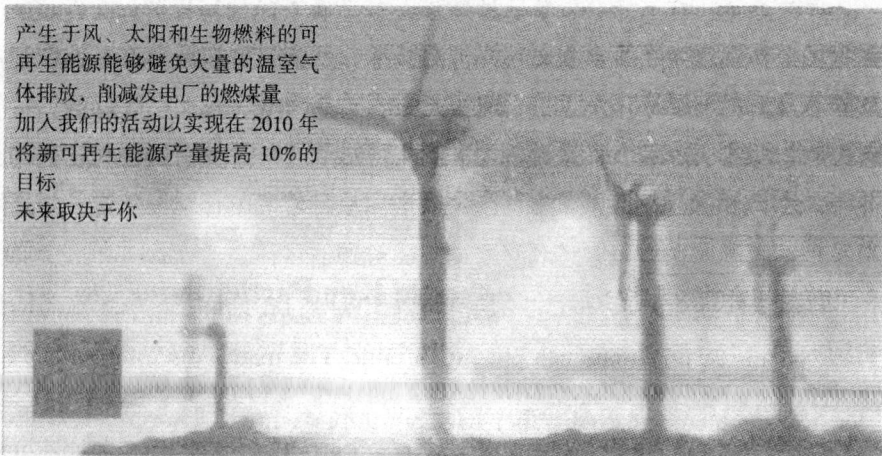

产生于风、太阳和生物燃料的可再生能源能够避免大量的温室气体排放，削减发电厂的燃煤量

加入我们的活动以实现在 2010 年将新可再生能源产量提高 10% 的目标

未来取决于你

图 4-9　一个公共推广网站过去经常鼓励公众参与可再生能源活动并鼓励他们采取行动
资料来源："强制性可再生能源目标"政策审核期的澳大利亚公益广告。

在采取行动提高可再生能源开发带来积极影响的概率时，积极主动地和公民站在一起这点很重要。

4.8.2　个体投资者

个体可能会投资可再生能源公司，进而会与可再生能源产业在财务上发生联系。这些投资者的数量很有限，因为无论是全球范围还是地方范围，只生产可再生能源的公司的投资机会都很少。那些通过特别努力寻找机会并投资可再生能源的人更倾向于有更高的原则与更强的动机。他们受到过很好的理性教育并得到了合理的授权，因此，会形成优秀的联盟。但是，他们很难定位。

如果其所投资的公司拥有持续不断的合约，那么他们会一直待在这个公司中。对于那些更高调且不断上升的公司来说，这也为公司与他们的投资者进行积极、有活力的合作以使他们能够从沉默的合作伙伴中"脱颖而出"提供了理由。

4.8.3　可再生能源技术制造商

这些公司倾向于支持那些他们认为政治上可行的最高可再生能源目标。如果可再生能源产量的提高对某些大公司其他投资区域的利润不利，那么这种支持将会被破坏。

就像我们在前一章里所看到的那样，可再生能源产业需要以指数增长为目标。但是，如果许多小公司对他们的未来很不看好，那么高目标将受到破坏。对可再生能源的双重要求会为小型国内制造企业带来巨大的成功。但是，这类产业通常从小规模开始，而这种不大的规模可能带来很大的环境利益。同样，它也不会建立一个能够扩大制造业的规模和提高制造业国际竞争力的产业基础。因此，总的来说，如果这类型的行业利益相关者没有得到很好的协商，他们将面临风险。

很多大公司都是国际化的，它们的活动都是自上而下展开的，但是这种模式会限制它们参加某项活动的自由，特别是在一个既定的国家中。这或许是由利益相关者的敏感性或他们国家中的披露制度造成的。如其不然，许多跨国公司都对那些会在新市场中产生的可再生能源问题持坚定的立场。

这类公司不会对政府进行公开批评和讨论，以防未来政府在帮助制造厂商等方面抱有偏见。但是，这些大公司确实有通过进行大量投资而打开一个新市场的能力，而且也能够帮助他们的那些做游说和竞选活动工作的产业组织。

尽管从原则上来讲，这些公司会成为可再生能源开发的支持者，但仍然有必要采取相应的措施来把它们聚在一起以确保他们言辞和谈判前后统一。规则1：不要试图通过批判另一种可再生能源来推销你自己的可再生能源。

4.8.4 可再生能源燃料供应商

诸如农民或农产品公司这些控制风能和生物燃料资源的团体，经常在早期的政策辩论中缺席——这意味着这类团体不能自我识别而且也很难被调动起来。事实上，当建立一个新市场时，大部分这些资源的持有者并不会意识到他们持有这些资源，也不会意识到这些资源的价值。例如，一旦某个人购买了一个太阳能热水器，他们就变成了可再生能源的使用者——他们也变成了可再生能源产业的一部分！如果有合适的策略能够把这类利益相关者调动起来，那么这类利益相关者的数量可能非常巨大。

一旦确立和体验到可再生能源带来的巨大实际或潜在收益，这些持有资产的利益相关者的影响力就会变得非常强大，尽管土地所有者和种植者经常有非常传统和保守的政治忠诚观念，但作为企业主，他们有非常好的经济头脑而且会认真考虑任何一个真正的经济机会。

为了使这类团体变成能够很好地代表他们自身利益的利益相关者，其他团体必须采取措施来识别、教育这类利益相关者并且在政策形成过程中为这些利益相关者提供便利。项目开发商也可以利用这类利益相关者和潜在的利益相关者。他们可以通过适当的协会来进行协商。

4.8.5 可再生能源开发商

有两种类型的开发商：单利益型开发商和多利益型开发商。我们认为，单利益型开发商是那些只关注或主要关注可再生能源开发的开发商。而多利益型开发商，我们认为是在可再生能源之外有其他多种利益（投资）的开发商。例如，在许多国家，现有的化石燃料或核能开发公司也正在进入可再生能源产业。

尽管单利益型开发商有可能明确支持高的可再生能源开发目标，而多利益型开发商可能会面临阻碍可再生能源市场快速增长的内部利益冲突。国有企业经常循规蹈矩，与他们的政府所有者保持一致。

另一个敏感的话题是市场控制。许多企业并不希望可再生能源部门发展过快，因为这样才能保存它们自己的市场优势或规避会动摇它们地位的市场不稳定阶段。例如，在"澳大利亚强制性可再生能源目标"政策的审核中我们看到许多可再生能源开发商故作姿态地将他们所倡导的目标水平定到 2% 到 10% 不等。

在条件允许的情况下，采取必要的措施以确保可再生能源意见的一致和产业的可靠性这一点很重要，考虑到"多重利益"的问题，可再生能源开发商不要把责任推给大公司，让他们游说以代表其他利益相关者而不是可再生能源的利益，这一点很重要。

4.8.6 金融公司

许多大型金融公司也开始进入可再生能源产业，包括一些欧洲、北美和亚洲的知名公司。许多大型跨国金融公司精通并活跃在对可再生能源提供金融资助方面，而且它们也正在寻求新的市场。

金融公司也往往是"提前行动者"，如果可再生能源政策恰当的话，他们的行动或许会早于国内的投资者。它们在商业领域和政府圈内有重要影响。尽管它们的代表可能参加过许多会议，但是很难让他们变成可再生能源问题方面的活跃的说客，除非市场已经起步运行了。

这些人是有很大影响力的参与者。即使他们还没活跃到在特定国家提到他们的名字与国际可再生能源产业联系时会使决策者受到启发或感到惊讶的程度。

4.8.7 机构投资者

机构投资者分布很广泛，从低调的大型投资商到有"责任心和道德感"的投资集团，再到那些潜在的、非常好战的联合投资者。如果他们投资可再生能源，那么这类投资公司所做出的决策将传达出一个非常有用的信号。

机构投资者的能力取决于他们的财富及财富的地位。他们经常与政府联系，例如，没有任何一个机构投资者在澳大利亚强制性可再生能源目标审查中被提到过，即使许多机构投资者在他们的贷款政策中有永续标准。

尽管如此，机构投资者在政治和政策中富有经验，而且可以为其他可再生能源产业的投资者提供有用的建议。机构投资者也越来越被环保组织认定为道德仲裁者，因为他们是一个能够对个体负责的强大团体。

尽管他们的影响在企业层面上并不显得那么直接与明显，但是那些被鼓励参与到可再生能源产业中的机构投资者可能会提出一个能够得到政府和有影响力团体同意的意见。他们也有可以直接把他们认为重要的问题传递给他们成员的能力。在行动上，他们能够提供与这个产业有关且有价值的经验和观点。

4.8.8　竞争者的燃料和能源供应商

任何市场都有许多竞争者。仔细研究他们中的一些重要竞争者可能非常有用。

4.8.8.1　煤炭行业

煤炭行业规模巨大、成熟、资金雄厚同时污染也严重。尽管引入矛盾修辞法比如"洁净煤"，但从根本上来说，煤是由碳组成的，燃烧就会产生二氧化碳。虽然通常会有一些能够提高少许效率的方法，但煤逃脱不了它是造成温室气体排放严重的一个重要元凶。

煤炭行业无论是在一个已建立的市场还是在一个新市场中都会受到其他燃料资源的威胁。在那些已经建立的煤炭市场如在欧洲市场，煤炭的价格由于受天然气和风能的影响而不断降低。德国的煤炭产业是由欧洲委员会无休止的补贴支撑的。其他国家的煤炭部门并不希望这种事情发生在它们身上。

至于新的煤炭市场，国际能源供应产业会把注意力集中在那些在世界上仅用20年的时间就能把地球上已建立的能源生产能力增加1倍的工业化国家。这种成长是许多产业如煤产业和核能产业的生命线，而为了保护这些市场，大型能源被不断地消耗。这意味着气候这个定时炸弹并不是它们首要考虑的问题。

因此，全球煤炭产业似乎要面临一个不可调和的问题。整个世界都想清除碳，而煤却也是一种碳。美国和澳大利亚，两个煤炭生产的大国，现在却都把注意力集中在地质隔离技术方面，而地质隔离技术却是一种"管末"捕获和长期储存二氧化碳的方法。从原则上来讲，这对可再生能源产业的威胁不大，因为地质隔离的成本非常高而且隔离二氧化碳的地点也非常有限。但是，我们永远也不要低估人或产业在面临生存威胁时所能做出的努力[2]。因此，可再生能源的支持者会发现他们不可能与类似煤炭产业的这种产业进行一场光明磊落的竞争。

4.8.8.2 天然气和石油

天然气产业对能源部门来说算是一个相对较新的能源产业了，当然可再生能源更是，它们的发展往往需要能源政策的改革和准入障碍的清除。欧洲的例子展示了天然气和可再生能源的发展是如何减少温室气体排放和提高能源管理效率的。天然气涡轮机可以快速地提高和降低产量，这使它们能够完美地弥补可再生能源带来的不稳定。

在许多地区，天然气有很多可再生能源不具备的优势，尽管成本和可用性也不总是具有优势。但是，正如我之前开的玩笑——两个被猎豹追赶的人所暗指的那样（我没有必要比猎豹跑得快，我只需要比你跑得快就行了），天然气产业可能会把可再生能源产业看成竞争对手，而不是盟友，并会据此采取相应的应对措施。天然气产业可能会为市场准入而与可再生能源产业竞争，并且，如果可再生能源的发展受到了限制，它会认为这对它们的发展更有利。如果某些电力市场根据短期边际成本（如燃料成本而不是资本成本）而使可再生能源最终取代天然气而不是取代煤或核能，这将是一个很糟糕的结果。这很明显是一个市场结构的失败，必须把它看成可再生能源产业和天然气产业共同改变这种状况的一个机会。

在澳大利亚的天然气产业中，政策制定者做出的决策会传递给他们的说客并让这些说客反对可再生能源的开发以支持排污权交易，这是一个天然气产业认为短期内更具有成本效益的政策。类似的问题也出现在生物燃料与石油供应产业之间，人们将看到对石油驱动型产品的替代将对石油供应商产生巨大的威胁。

4.8.8.3 大型水电

大型水电可以根据需求来提供能源，对应付高峰值负荷有很大作用，而且它也因此具有很大的经济价值。就像我们之前讨论的那样，需要对大型水电与可再生能源进行区别，这有两方面的原因。第一，它被当作传统能源的时间已经够久了；第二，不能再认为它具有环境可持续性了。

在许多国家，新的大规模水电开发由于它们对社会和环境的影响而变得越来越困难。而未来的任何大型水电项目很有可能被建立起来并将不受可再生能源立法的影响。但是，尽管如此，大型水电生产商也有可能将他们能够带来奖金收入流的现有或计划建立的项目纳入可再生能源的立法中。大型水电项目的规模——已建立或计划建立的——意味着，如果它们被包括在可再生能源政策措施中，它们将在很多市场中占据规划方案的主要部分和占用主要的资金流。

4.8.8.4 核能

核能产业的未来很依赖新的项目。欧洲、西欧和北美项目的缺乏意味着这个产业正在为它的生存艰难打拼。在英国的媒体中，核能产业通过其联合创办人——已参与到核能产业的伯纳德·英厄姆，与英国的反风能组织媒体"国家监护者"联系了起来。而且我自己也在像"联合国气候变化框架公约"这样的国家论坛见证了该产业对可再生能源技术的严厉批评。它是一个实力雄厚的产业，不应该被摒弃。

由于核能发电要比传统能源和某些可再生能源昂贵，因此，它必须用其他优势来弥补这种缺陷。在许多开发核能的国家中，核能产业把它们自己吹嘘成解决气候变化问题的重要途径。尽管核能产业的支持者相信核能是解决气候变化问题的一个好办法并且能在技术上得以证实，但是仍然有许多人贬低它。核电站确实能够生产供人们使用的能源，但是长期的废物储存并没有得到解决而且确实到现在也没有一个解决方案。一个更加迫切的问题是亚洲和其他新市场对那些更适合制造武器的钚的利用问题，这是运行核电站产生的一个直接结果。

4.8.9 传统能源生产者

从原则上来讲，人们希望能源生产者能对燃料的来源保持中立态度。例如，如果使用生物燃料能够带来竞争优势，那么这些利益相关者更有可能降低对化石燃料供应商的忠诚度。拥有多种燃料来源的能源生产商更倾向于采用可再生能源和参与准可再生能源政策的制定。然而，拥有单一燃料源的能源生产商必须认识到这些机会，否则他们会把可再生能源当成一种威胁。他们与已经存在的燃料供应商联系十分紧密，这使得这种转变变得很困难。

4.8.10 能源输送/电网管理

如果一个管理电网的组织从能源中分离出来，那么，从原则上来讲，他们应该对投入电网的能源保持中立态度。但是，事实上，他们通常对断断续续的能源供应无动于衷，反而会在可再生能源开发的道路上设置许多障碍。

在采取行动应对这种挑战时，早期的建设性参与是关键。许多极具开创性的国家已经做了很多这方面的工作，这可以给电网运营者提供管理可再生能源方面的经验。

4.8.11　能源零售商

能源零售商是将能源带给最终消费者的供应链的最后一步。能源零售商会根据他们是否处在一个竞争的环境中和是否得到垂直整合而对可再生能源做出不同反应。

在一个不必为争夺消费者而竞争的市场里，能源零售商不会对新能源敏感，即使这些新能源会提高它们的价格。毕竟，他们的消费者不会离他们而去。

如果能源零售商处在一个竞争的环境下，那么他们所关心的主要问题是可再生能源政策是否会把他们拉入一个不利于竞争的环境中去。这种事情就曾发生在20世纪90年代的德国，当时的能源零售商被放置在一个竞争十分不利的位置上，直到成本负担在政策调整后得以分摊之后才有所缓解。

一个允许垂直整合能源零售商的市场可能会给某些企业在保护他们的上游传统能源资产和阻止市场向第二方可再生能源生产商开放时带来某些压力。在这种情况下，他们可能会沿着上面我们讨论过的能源生产商的路线走下去。

另外，这些利益相关者也会不断涌入到能源企业中来，这意味着他们对特定燃料的来源或能源的类型越来越不关心。这也意味着能源企业对能源来源持有一个中立的态度。在那些能够争夺消费者的市场里，一些利益相关者可能会尝试加入"清洁工"队伍或者把更多的精力集中在可再生能源方面。但是，他们会对价格很敏感，而价格提高意味着销量的减少。

这些力求为可再生能源创建一个新市场的人必然会受到零售商与现有能源生产商的挑战。零售商可能会被游说以遵循传统能源供应商所走的路线（下面要讨论的内容）。

4.8.12 一般能源用户

在所有的国家中，从 8 国集团（8 大工业国家集团）到 77 国集团（主要发展中国家联盟），能源使用与能源开发之间的关系牢不可破。因此，大多数政府会努力降低商业性能源和燃料的价格。能源通常被以较低的价格提供给大多数居民消费者和产业部门。一般来说，能源的安全性与可靠性要比价格更重要。

由可再生能源本身导致的成本的微小变化不大可能导致消费量不是特别高的消费者的流失。通过获取工会或公司的支持能够进一步地减少消费者的流失[3]。

4.8.13 能源密集型用户

那些对金属如铝感兴趣的企业对能源的成本非常敏感。重型制造企业如汽车制造商通常是能源消费大户。这些产业通常拥有特殊的能源供应商业安排或政府安排，这使得它们缴纳较低的税款或者被排除在正常的消费者征税范围之外。

那些把电力当作一项巨大花费的公司往往会反对任何会对能源价格造成影响的政策。尽管从原则上来讲，他们会反对任何形式的价格上涨，但是他们最根本的敏感性是竞争劣势。因此，公司的运营环境将非常重要。

在一些大型市场如欧洲或美国，大多数商品在内部被消费，因此，可能会存在一个是应该采用对所有竞争者都会带来相同影响的政策框架，还是应该采用通过使用恰当的贸易关税以保证这些企业在进口时拥有竞争优势，从而不会遭受损失的政策框架的争论。在很多情况下，放弃对可再生能源成本税的征收可能是避免与能源密集型公司或产业正面交锋的最理想方案。

4.8.14 工会

很明显，不同的工会对可再生能源通常有不同的定位。但是，所有的工会都会对就业水平和任何就业流失风险非常敏感。它们会受任何由它们产业中的主要雇主传达给它们的就业风险的影响。它们也会对成立新企业工会感兴趣。此外，工会通常持有先进的环境政策。然而，一个部门的紧张情绪会传递给工会，比如煤与可再生能源之间的紧张情绪。

而在行动方面，采取必要的措施消除工会的紧张情绪，或消除可再生能源对能源部门影响方面的意见冲突这一点很重要。

4.8.15 农民与土地所有者

农民的思想可能非常独立和先进，比如丹麦、德国和以色列的那些欣然接受可再生能源的农民们。但是，他们也可能非常保守和谨慎；并且通常不会意识到他们是气候变化的最主要受害团体。此外，没有从可再生能源中得到经济利益的农民会非常愤恨能够得到利益的人。

在采取应对这些问题的措施方面，如果可能的话，同农民和土地所有者在项目层面和组织层面上建立相应关系很有必要。当然，同那些能够提供环境变化对农业影响信息的环境组织建立关系则更好。

4.8.16 非政府组织

4.8.16.1 可再生能源非政府组织

可再生能源协会理所当然被认为是准可再生能源政策的最有力支持者。但是，在一些新市场中，它们将面临一些挑战。它们的规模可能非常小，或者更糟糕的是，根本就不存在。在某些情况下，可再生能源会发现它们的立场是由一些其他协会来代表的，而这些协会会存在一些与推动准可再生能源政策冲突的计划。这些协会很有可能在它们内部产生冲突——通常是因为它们都想争夺有限的资源。

所有的这些问题会严重损害可再生能源协会的影响力。因为没有产业来展示，也没有劳动力来显示力量，投票人的影响力也小，因此，这些协会传达的信息有时听起来就像一个许诺清单。实际上，它是一个不加"大棒"的"胡萝卜"承诺。

在这些协会发展的初期，它们需要采取措施与已经在社会上有影响力的天然盟友建立战略关系。我们将在下一章对这个问题进行详细讨论。

4.8.16.2　可持续能源非政府组织

尽管表面上看起来仅仅存在语义上的差别，但我们这里所讲的可持续能源非政府组织在处理除可再生能源技术之外的能源效率和天然气（可能包含或不包含联合生产的天然气）使用量增加问题时有些不同。

可持续能源非政府组织也有其他可能会绝对支持可再生能源的考虑——或者至少意味着他们有其他考虑。一些更成熟且资金雄厚的非可再生能源方面的行业成员或组织可能会加入到可持续能源非政府组织中。这会扩大整个非政府组织的影响力，但也可能导致这些强大的成员对决策的影响力超过可再生能源成员。

因此，必须认识到可持续能源非政府组织很有用，而且是潜在的倡导者，但也可能会出现内部利益的冲突，这些冲突会影响他们对可再生能源产业和政策改革的支持力度。

4.8.16.3　地方性商业/经济非政府组织

许多地方社区有自己的组织，或者是大型组织的分支机构，这使得地方商人或专家可以与它们联系以帮助更广大的社区。

可再生能源通过安置、可再生能源技术的持续运行或燃料收集以及借助制造业生产能力为地方社区带来了极大好处。除非有项目正在实施，否则地方商业非政府组织不大可能意识到社区的可再生能源及其对经济的影响。

在行动方面，一个能够时刻与地方经济非政府组织保持联系的程序能够帮助我们克服可再生能源不稳定的难题，同时它也能够为在政策实施过程中的可再生能源提供重要且有影响力的地方合约和盟友。

4.8.16.4　化石燃料非政府组织

行业协会的立场通常要比资助他们的企业的立场更坚定。这些公司要维护它们在线上的信用，或许还要保护品牌。行业非政府组织没有这么多束缚，因此，它们不必在相关运动中大喊大叫以限制可再生能源产业的开发。

化石燃料行业协会从它的名字上来看并不允许多样化。然而，大量的公司会看到可再生能源多样化和敞开胸怀接纳机会的优势。总的来说，化石燃料非政府组织只会看到对化石燃料行业的威胁，而它们成员的其他利益则不在它们的考虑范围之内。

化石燃料企业对政府有极大的影响力，因为它们的产品往往主导着经济。它们也拥有雄厚的资金，这样就可以通过聘用公关公司、说客以及雇用有影响力的咨询公司来写相关报道以协助它们处理问题。但是，说客这类团体站在可再生能源一边或者保持中立态度的可能性很小。

这类组织同样会对它们的成员负责。成员（在社区中有名望且更有见解的人）可以号召协会采取更积极或更中立的态度。

总的来说，在大型传统能源产业的游戏中，没有任何方法能够帮助可再生能源产业超过传统能源产业。但是，这些小型产业能做的是采取行动进行最基本的游说以确保政客们能够意识到有一个不同的观点，同时向他们提供与问题有关的正确资料和真实信息。提早行动同样能够帮助我们在争论洁净能源时设立相应的标准。最后，如果必要的话，非政府组织可以由它们的成员控制化石的燃料。

4.8.16.5　能源生产者非政府组织

能源生产者协会可能仅限于燃料源，或者它们的燃料来源是多样化的。前者被期望用来阻止市场份额的减少，后者可能更倾向于中立。

在行动方面，可再生能源生产者作为成员或产业同行应该为建立健康的工作关系而努力奋斗以鼓励它们采取进取或中立的态度。

4.8.16.6　能源零售商非政府组织

任何能源零售商协会的状况都会反映出它们成员的状况——原则上来讲，这些人没必要依附于任何特殊燃料源。如果可再生能源零售商能够得到某些诸如绿色能源供应等现有可再生能源方面的利益，那么可再生能源就会有更多的零售商方面的支持者。

可再生能源零售商必须采取必要的措施获取成员资格或这些非政府组织的代表资格，以确保这些协会不会持有一种抵制变化的防卫态度。

4.8.16.7　商业非政府组织

商业会所或其他基础广泛的国家产业和商业组织的定位往往倾向于保守而且也往往持有一个大的目标。在气候变化的问题上，它们倾向于在辩论结束时把注意力集中在《京都议定书》或碳交易上而不是特定的技术上。

事实上，由于在气候变化的行动中不仅会有赢家也会有失败者，因此，这类团体通常不能只持有一个立场或其他立场。例如，如果它们由于商业成本不断提高而持有反对可再生能源的立场，那么它们可能会对政府有很大影响力。那些代表环保企业的组织是个例外，它们当然会在环保行动中持有前瞻性的立场，而且它们也希望在选定立场时能被其他人看见。

尽管从原则上来讲，它们应该是中立的，但这些非政府组织的影响力很大。可再生能源产业应该尽可能早地为这些组织提供相关信息并与它们建立良好关系。

4.8.16.8　环境非政府组织

环境非政府组织可能是最有活力的可再生能源政策的支持者。较大的与气候问题有关的环保组织总是以一种积极的方式来支持可再生能源，而且通常会有准可再生能源政策。要注意的是，它们是想通过使用可再生能源来解决气候和污染问题，不是为了自己的利益而建立可再生能源产业。小型非政府组织在关注那些可能会导致反对可再生能源开发的生态问题时或许会更具有地方特色。

绿色选票和环保信用在许多国家变得越来越具有影响力，而这些非政府组织掌握着绿色选票和环保信用核心。此外，环境非政府组织通常是通过建立一个可能会是可再生能源产业的巨大财产的公共支持基础来起作用。

不能认为环境非政府组织对可再生能源的理解与支持是不应当的。采取必要的行动与这些团体建立良好的工作关系很重要。

4.8.16.9　社会与保护性非政府组织

这类非政府组织处理影响人们及他们的社会空间的问题，它们包括景观和文化遗产非政府组织，教堂和地方社区组织。他们是不受气候变化影响但也没有完整政策的关键性利益相关者。他们可能要比环保组织的对抗性与积极性要低，或许只是和政府一道起到倡导的作用。

保护性非政府组织倾向于把任何开发都看成是有害的（比如某些东西被改变而不是被保护）。但是，这并不会消除他们对均衡利益的接受。积极与他们进行对话可以使他们更容易接受这些内容。

至于行动方面，在被忧心忡忡的地方居民邀请来提建议时，提早与这些关键性利益相关者进行联系和合作对促进项目的实施有重要作用。

4.8.16.10　专业非政府组织

诸如医生、律师和工程师这些专家组成的协会受到社会的广泛尊重。民意调查显示，环保意识会随着收入水平和教育水平的提高而提高，因此，专家们应该是社会上最具有环保意识的人。其中，某些人——如医生——由于现在或预期的健康问题而会与气候变化产生直接的利益关系，他们的非政府组织可能会拥有一些活跃的环保子团体。其他专家可能会对产业方面感兴趣。

专业非政府组织不大可能依靠自身来支持可再生能源，因此，让专业非政府组织支持可再生能源通常需要一个过程。但是这样做对可再生能源项目的实施很有用，因为专业组织能够为一个新产业创建一个强大的公共和私人联盟。

在行动方面，这类团体会被要求来对一些关键问题做特定的支持，比如一项立法。

4.8.16.11 反可再生能源非政府组织

组成这一类型的非政府组织有三类团体：

（1）真正关心特定问题的社区成员。

（2）智囊团或由行业资助的在能源和环境问题方面反对可再生能源的组织。

（3）拥有较少关注问题、更多关注原因的混合目标的团体。例如，许多反风能组织声称它们会在适当的地点支持风能，但是它们几乎在任何场合、任何地点都批评风能；因此，在风能开发真正得到人们关注时，这种行为都会自行消失。

不幸的是，这三种类型的团体可能会相互联合或相互掺杂，这使得处理那些真正基于问题的事情就变得非常困难，而同样，确定它们的第二动机也将十分困难。

这些都是我们要考虑的问题，提早采取行动彻底解决社区所关心的问题很重要。而通过正常的媒体纠正来改正这类组织提供的错误信息同样重要。当然，如果它们变得异常顽固、谨慎或恶毒，也可以通过法律途径来纠正。确保洁净能源支持者的意见能够在地方层面上得到听取也十分关键。

4.8.17 政府

我们将政府利益相关者分为两类：政治家和官僚。

4.8.17.1 政府——政治机构

这一类型的团体包括政治家、顾问、政党和他们的传统盟友。这些利益相关者倾向于关注民意、边缘席位、选民的情绪以及不同族群或传统盟友的态度。这些团体的观点直接与他们的任期并因此与他们的决策权有关。他们会对技术建议和官僚主义进行权衡。

这些团体有一个极具特色的特点那就是他们关注诸如就业创造或环境保护方面的问题；同时，在他们将要处理一些新问题时，他们会对这些问题进行筛选。

政治决策在初看之下可能会显得不那么合理。因此，必须从政治角度——而不是从技术或经济角度——来理解决策的过程。

4.8.17.2 政府——官僚机构

在许多国家，官僚机构与政府机构原则上是无党派的。他们的候选人会在他们的问题领域向选民提供最好的结果，如产业发展、能源安全或环境保护。

尽管政府原则上会持政治中立态度，但是政府内的每一位雇员都非常清楚他们的领导喜欢听什么信息或不喜欢听什么信息。官僚们喜欢听到的信息中可再生能源方面的信息要远少于其他能源。尽管如此，让官僚们掌控技术水平或技术知识不应该被认为是理所当然的。这依赖于行业说客的游说，这些游说能够确保他们了解可再生能源开发的最新情况。

在行动方面，坚实的网络和良好的信息流是确保这些团体能够向决策者传递正确合理信息和建议的重要保证。

4.9 结 论

本章我们介绍了可再生能源作为一个新型、昂贵的产品在进入一个高度竞争的市场时所拥有的潜在朋友和一些顽固的反对者。尽管担心一个势单力薄的公民只拥有一台笔记本电脑来武装自己，或者全球性的化石燃料巨头拥有无限制的资源，但是可再生能源产业必须寻找与利益相关者建立联系的有效方式以最大化利益相关者对它们的支持，最小化对它们的反对。

我们看到可再生能源开发通过不同的方式对利益相关者产生影响——直接经济影响、间接经济影响、环境影响和社会影响。我们将这些影响与不同的利益相关者——公民、公司、非政府组织和政府联合起来构建了一个利益相关者矩阵。我们也发现利益相关者可以通过不同的方式来确认：使用基本原则（如通过弄清可再生能源项目开发带来的影响来确认利益相关者）；利用媒体确认利益相关者；或者在决策形成过程和决策影响过程中寻找自我识别的利益相关者。

我们不止一次地看到在利益相关者识别他们自身前对他们进行确认以及与他们建立关系的重要性。提早参与会对决策过程产生影响，尽管它是通过向公民提供正确信息和再保证，或者通过在强大的化石燃料说客反对可再生能源时，建立辩论标准来影响决策过程。

我们详细讨论了利益相关者团体的主要类别，进而以此来评估他们不同的人力、财力和专家资源。我们看到了在一个更高和更具战略性的项目层面上与利益相关者建立联系，并参与政策制定以避免可能存在浪费的项目接项目的方法的重要性。我们也学到了如何寻找双方都满意的方法以避免成本、中立嫌疑和冲突。我们论证了选择权的缺失是怎样使某些利益相关者阻碍项目实施和项目立法的。

我们阐述了最小化利益相关者风险和最大化利益相关者利益的重要作用，论证了在项目周期中提早采取行动能够降低变化或调整成本。我们也看到了诸如丹麦这样的国家是如何让所有利益相关者参与到规划中的。

最后，我们仔细讨论了不同类型的利益相关者并提出了与他们进行合作时的建议，这些利益相关者包括很有可能意识不到可再生能源利益的农民及土地所有者和诸如核能或煤这类会极力反对可再生能源的威胁性行业。

注 释

[1] 当然会有一些藐视这个简单目录表的利益相关者，如军事部门、交通部门、航空部门和电视传输公司。

[2] 例如，在澳大利亚，力拓矿业集团的首席科学家曾对政府说地质隔离技术能够弥补它的实际成本，甚至会低于预期成本的几倍。

[3] 例如，在可再生能源供应中，如何提高成本，可参考《提高强制性可再生能源的成本》（里尔登和马伦，2003），澳大利亚风能协会的一篇报道。详见www.transitioninstitute.org。

参考文献

1. Beder, S. (1998) 'Public Relations' Role in Manufacturing Artificial Grass Roots Coalitions, Publi, Relations Quarterly Vol. 43, No. 2, pp. 21-23; also available at www.uow.edu.au/arts/sts/sbeder/ PR.html.

2. Country Guardian (2003) 'TV Botanist Opposed to Wind Farms', reproduced from Western Morning News, 26 November, on the website of Country

Guardian, the UK's National Campaign which opposes many wind turbines, available at www.countryguardian.net/Bellamy.htm.

3. Krohn, S. (2002) Wind Energy Policy in Denmark: 25 years of Success-What Now? Danish Wind Industry Association, Copenhagen.

4. Mallon, K. (2002a) 'WindPower the brand', conference paper to the Australian Wind Energy Conference, Adelaide, July.

5. Mallon, K. (2002b) 'Issues relating to stakeholder interaction with wind power development', issue paper for University of New South Wales Energy Policy Group, 17 July.

6. Reardon, J. and Mallon, K. (2003) The Cost of Increasing the Mandatory Renewable Energy Target, AusWEA, Melbourne.

第5章 政治上实现立法

卡尔·马伦

> 一旦你知道自己想要什么，你就会去追求它，
>
> 而实际要得到它则是另外一回事。

5.1 引　言

在展开本章之前，我们必须注意我们即将走进一个新的宇宙。当然，我们正在告别属于牛顿的宇宙，在这里事物是确定的且行为以一种已知的、可以预知的方式存在着，而对于量子领域的政治学而言，任何事物都不确定并且一切皆有可能发生。我们现在唯一可以确定的是哪些政策会起作用，哪些政策不会起作用。我们知道我们想要什么，但是当我们探索实施这些政策的措施时，我们的思想陷入了极度的混乱之中，即我们的影响力只是众多力量的一种，我们所面临的问题也只是其他星系所面临的一种问题而已。

在政界，尽管任何事物都有不确定性，但是我们能够通过努力使事物最大限度地向积极方面发展，并最大限度地降低其负面的影响。这就是我们的任务。

本章阐述的是"口香糖是不是美食"的政治理论，但这对于本章写作目的而言却是一个很好的开始。我们从与战略家和专业人士的彼此交流、沟通中收集不太合适的战略与战术的组合，而在许多国家这些人从事于可再生能源政策变革的

工作。

　　大多数情况下，政治运动的挑战当然是，也必须是审视并懂得利益相关者的策略和各种政治力量背后的影响因素。这就使得我们很难描述一个没有直接参与的运动。因此，在本章中，将通过举例论证每一个观点，这些观点是我在从事澳大利亚风能源协会（Aus WEA）的国家可再生能源强制性目标（MRET）的工作中所获得的经验。这的确是一个非常有用的例子，因为这是以可再生能源产业为主且运行时间超过 18 个月的运动，在这场运动实施期间，它迎接了重大的挑战并排除了重大的障碍。然而，对于大多数国家中的产业、政府或非政府组织所发起的运动而言，本章的基本论点将会是有根据的。

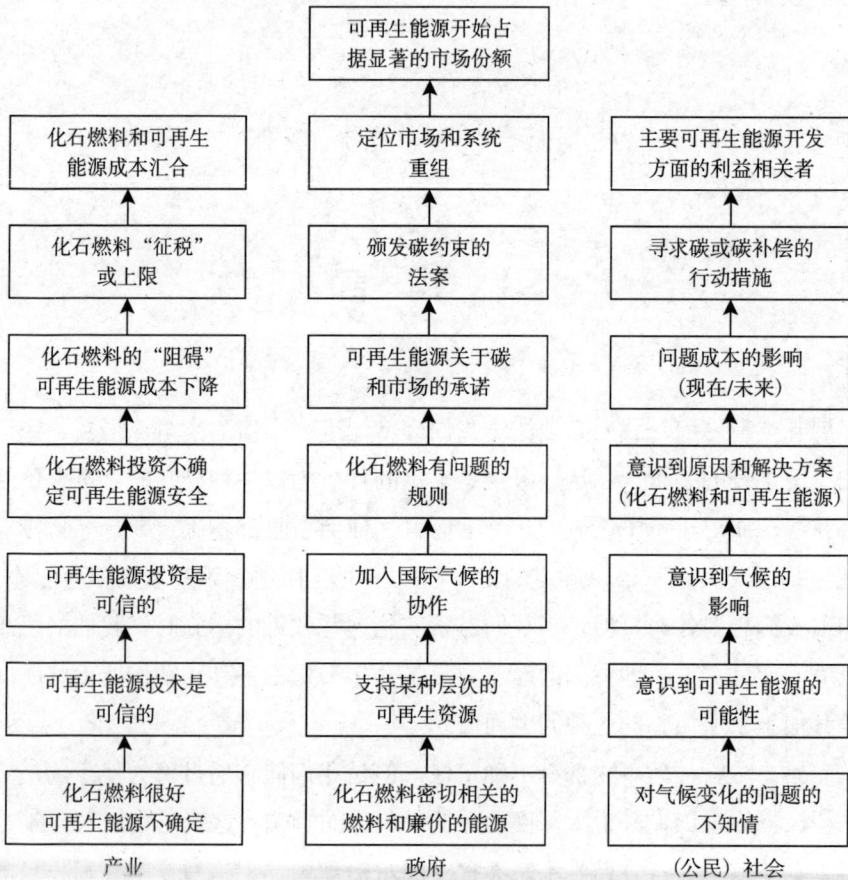

图 5-1　产业、政府和民间社会发展主要可再生能源所走的路径

5.1.1　三大支柱的变革

只有得到政府、产业和社会三方的认可，才能实现可再生能源政策立法。如果其中的任何一方没有准备好每一步骤，就很难实现变革。因此，它要求三方的行动保持一致性。例如，一个政府可能热衷于从事本土的能源生产，但是产业型的人力资源很少而且社会理解也很弱。在这一案例中，我们可能会看到政府会发起运动。

5.2　说"可以"比说"不可以"更难吗？

如同我们将会看到的西班牙和英国的案例研究一样，反对可再生能源的实例已经出现。尽管成千上万的研究人员、工程师、科学家、活动家和政客三十多年的工作都是为了寻找能与环境和谐相处的能源资源，但是就像生活中的大多数事情一样，说"不可以"要比说"可以"容易得多。与之相似，阻挡一件事物的发展进程要比厘清路径并找到解决方案容易得多。

在能源立法改革运动中，具有讽刺意味的是环保运动发现它自己就处在解决问题的新形势中。有时候这能够让活动家无所作为且没有能力去迎接挑战。随着反对可再生能源组织的出现，一些环境组织或政党能发现他们自己纯粹出于习惯而站在"不可以"的阵营。

然而我们能成功地做好活动方案。相对于进展来说，如妇女的投票权或者公民权利等运动是世界上最著名的社会运动。我们习惯于看到发展，特别是产业发展，因为它通常会对当地环境带来重大的损害。毫无疑问，可再生能源会影响当地的环境，但是它更多的是为了在环境方面取得更大的成功。

在本书中，关于西班牙案例的研究提醒本位主义的群体全球性风险会对地方造成影响。因此，这一问题就成为大型群体组织与小型机构的根本——与气候变化问题及其影响相似，这就是支持解决方案的原因。解决方案也必须领导、指导较小的环境群体，这一环境群体是指那些无法拥有同等水平的技能或揭示能力。

在方案运动中，关键性的字眼是领导力。

方案运动必须是任何运动的"试金石"，它会在问题上会激发强烈的感觉。而冷漠或不关心不会促使事情的成功。就像专栏 3.6 描述的那样：为澳大利亚风能源协会制造的影片是感性的而不是技术性的。

5.2.1 政治就像一场足球赛

最终，政客们在新型立法及新型立法通过的选票中做出实际的决策。所以，我们最终必须走出概念与战略的象牙塔并进入短兵相接的现实政治生活之中。

在上一节中，我们注意到各种政策需要为实用的可再生能源产业提供安全保障。我们同样也认识到了不同的社会阶层和各部门在过渡时期将如何影响可再生能源，以及在一个国家中，为了让人民接受可再生能源的重要作用，必须坚持走政府和产业相结合的道路。

实现立法变革可以看作是一场足球赛。球是我们的"一揽子"政策。球门是实现可再生能源的立法。然而，在这场比赛中有一个拐点。每个队能够召集到尽可能多的球员，这些球员可以随意离开比赛或加入适合自己的比赛。甚至在更加复杂的情况中，球员可以根据自己意愿加入另一支球队。

专栏 5.1 审视政治幕后的力量

这是来自澳大利亚一个称为"PM"的广播节目上的一个副本，它于 2004 年 9 月 7 日在澳大利亚的地方和国家公共广播上播放。它展示了被遗漏的议案是如何揭示化石燃料对政府所颁布的重要能源白皮书产生影响的。这个附录如下所示：

马克·科尔文：记得 6 月的时候，联邦政府颁布了能源白皮书，可再生能源产业会对此很失望吗？

白皮书建议发电站和其他地面污染工厂在地面隔离泵抽取二氧化碳排放量方面投入大量资金。

除了其他生产商，风车和太阳电池板的生产商所获得的收益很少且他们认为这些行业已经过时了。

现在澳大利亚广播公司的调查单位已经接受了被当作被遗漏议案的纪

要、电子邮件和备忘录，这些被当做幕后的力量。而化石燃料产业在白皮书内容方面有着巨大的话语权。

随着支持者和反对者都在环境方面拉选票，在当时，议案也赋予了政治性的意义。

调查单位成员安德鲁·福勒报告道：

安德鲁·福勒：政府为了组建低排量技术咨询小组，钦点了12家企业。

化石燃料生产商——埃克森·美孚股份公司、力拓集团、必和必拓公司，高水平的化石燃料用户和发电机公司——美铝公司、霍顿汽车公司、Boral公司、Amcor公司、Energex公司，Origin Energy和Edison Mission成为政府独家邀请小组的一部分。

克莱夫·汉密尔顿是澳大利亚研究所的执行董事并且是该联盟的能源政策评论家。

克莱夫·汉密尔顿：被遗漏的议案提供了显著的洞察力去探析政策议程是如何在霍华德政策下真正建立的。现在相当清晰的是：首相需要新型政策的指导来处理气候变化问题，他决定呼吁澳大利亚最大的污染者召开一次秘密会议并在会上询问"告诉我需要做什么"。

安德鲁·福勒：能源白皮书——"确保澳大利亚未来能源安全"将会于今年颁布，并且批评者会立即指责以化石燃料作为重点的计划。

化石燃料用户与生产者在低排量技术咨询小组成员方面占据绝对优势。他们直接和政府一起开发能源计划，而政府却不怎么热衷于宣传。

在低排量技术咨询小会议期间，根据其中的一位高管所做的记录，工业部长伊恩·麦克法兰强调了绝对自信的需求。该部长称如果在这里建立可再生能源产业，那么将会引起大家的强烈抗议。

直到今天，风能源协会的首席执行官利比·安东尼仍没有意识到该小组的存在以及这样的会议已经召开。

利比·安东尼：严格地说，风能产业对这些正在召开的会议很失望，在这些会议上也没有我们的一席之位。风能产业失望的是在这一会议过程中没有涉及可再生能源，一般情况下，他们可能不理解风能源特别是可再生能源的优点和机会。

安德鲁·福勒：尽管政府的确迎合了可再生能源产业的需求，但是他们从未被邀请出席这种关键的政府咨询小组会议。

在 Gary Wall 期间，我们也获得出席低排量技术咨询小组会议的机会。行业的分支机构 Energy futures 公司的总经理声明政府正在寻找机会调整政策以让以自己支持和适应行业的方向。但是伊恩·麦克法兰反对咨询小组的成员构成。

伊恩·麦克法兰：他们这些人曾经是使用、生产或涉足能源的人，我的意思是他们太过广泛。我们曾与可再生能源部门一起开展一项并行进程，大卫·肯普和我曾定期于可再生能源部门会面。而政府居然没有对协商行业所有权利而感到一丝歉意。

安德鲁·福勒：风能源生产商表示他们不知道正在举行的低排量技术咨询小组会议。

伊恩·麦克法兰：我们没有意识到他们是否了解低排量技术咨询小组会议，事实可能是低排量技术咨询小组不知道我正在迎合人们对风能或太阳能的需求。我的意思是政府要与所有群体一起召开会议。这样的会议属于商业机密，在这里，人们对我公开而坦率地讨论事情，我也以同样的方式对待他们。

马克·科尔文：工业部长伊恩·麦克法兰结束了安德鲁·福勒的报告。

资料来源：澳大利亚广播公司（广播于 2004 年 9 月 7 日）。

5.2.2 团队分析

我们正在审视我们经常思考的抽象问题：优势和劣势、威胁和机会。但是在现实中，变化总是归结于人。所以，哪些人站在我们这条战线上而哪些人不站在我们这条战线上？我们对竞争对手的影响有多大？如何使得重要的人降低他们的底线以及认真对待一个问题？怎么激励政客们相信一件事情？为什么人会向报社投稿？

在上一节我们看到了转向可再生能源产业的潜在利益相关者可能出现的问题以及他们对资源存量的回应。这些群体以及在他们背后的人成为可再生能源的支持者和反对者。

无疑，可再生能源团队由可再生能源产业、从事气候变化或能源问题的大型环保团体及部分政府部门构成。

确切地说，其他团队是纯粹的化石燃料、核能或大型水电的供应商（这些不是可再生能源的兴趣）、能源密集型产业和政府其他部门。

能够通吃的玩家是能源公司、能源消费者、不从事气候变化工作的小型环保公司、偏好单一的环保组织（鸟、森林）、工会、农民、土地、财产所有者、保育团体以及地方和州政府。

而大众、金融部门、保险部门、医疗卫生组织、教堂、科学家、教育者和商业游说团则坐在法官席上。

5.2.3 到目前为止，效果如何？

同样，作为在赛场上的比赛团队，可再生能源要取胜，其成功的可能性似乎很小。每个团队都有两个队员。伴随着环境运动，可再生能源部门在新市场上还处于幼儿时期（我们假定还没有适当的且有用的法律），而对方是两大产业——统治传统能源市场的供应商和生产重要产品如汽车或钢铁的能源密集型产业。

与此同时，由于能源的安全问题与气候变化问题上采取行动的需要，一些政府部门才出现在球场上，然而政府的其他部门关心的是经济、产业以及通过廉价能源可能会巩固人们健康的问题。

在这场比赛的初期，各类企业之间可能存在着小冲突。大型能源公司在可再生能源方面有一点改善，如在学校里安装太阳能电池板，调查风力发电厂或者两者都做。然而，一旦可再生能源产业开始渴望市场份额或者立法，竞争对手的真实面目才可能暴露出来。一些企业可能喜欢可再生能源权利游戏，而其他一些企业可能会抵制。

能源密集型产业将会被迫充分利用任何使电价增加从而引起相关产品价格增加的事物。如果这些变化同样会发生在他们的竞争对手身上，他们可能会感到舒服。但是，如果看到能源价格侵蚀他们的竞争地位，他们可能会认为这是一个生存问题。

也许最糟糕的是，反对可再生能源的团队成员利益都有相当程度的交叉重叠。所有相互对立的群体想完成大量的销售以及实现低价格，就会在一起紧密地工作。例如，在澳大利亚可再生能源强制性目标的数据库中，澳大利亚的铝业协会、煤炭协会以及矿业协会一同向政府提交了关于可再生能源政策的联合意见书并且委托价格不菲的顾问批评可再生能源市场研究。

5.2.4　我们需要一项计划！

如果我们观看这场游戏比赛而不进行干涉，最可能的成就将会是一套有用的政策，这些有用的政策会产生一些引人入胜的可再生能源项目，但是系统基本不会改变。这就是可再生能源一方将要损失的。

所以可再生能源一方必须有比赛计划，无疑，这将会在赛场上获得更多强大的队员来支持自己的观点。很明显，这里也可能寻找一些新的优秀队员，但是我们必须记住，反对派可能不会坐视不管。

在项目审查方面和政治运动中，现在我们需要的标语是"沟通策略"。

5.3　可再生能源运动策略

随着决策者越来越有能力进行立法，我们必须使得我们的机会最大化。为了实现这一目标，我们必须努力去提升决策者做积极决策的空间，减少做消极决策的空间。这是运动的基础。

当国际绿色和平组织开始在北海从事海上风能源开发这项很成功的活动时，一位富有工作经验的新闻工作者传给我了一份包括十项问题的报纸。"回答这些问题"，她说，"而且我们已经制定出了沟通计划"。出于我们的目的，我略微地重新排列了这些问题。

（1）项目目标：我们需要实现什么？

（2）目标受众：我们要达到的目标对象是谁？

（3）形势分析：我们必须听取的背景噪声是什么？

（4）战略：我们如何达到实现听众的目标？

（5）关键信息：哪些方面需要我们沟通？

（6）战术：我们实际上将要做什么？

（7）进度：我们还有多少时间，什么时间我们做什么？

（8）预算和资源：需要何种人力、财力及其他资源？

（9）测量标准：我们怎么测量进程？

（10）动力：我们如何使步伐与变化的事物保持一致？

很少有人针对以上问题进行沟通训练，也很少有人把这些问题变成他们每天工作中不可或缺的一部分；在这里，我不想进一步传播不成熟的沟通理论。然而，对于不熟悉这一领域的人们来说，懂得如何发起这样的运动以及发起运动的原因是很重要的。对于专家们来说，我希望该讨论能够洞察出可再生能源沟通战略的特点。为了尽最大的努力提供实际的例证来解释这些观点及概念是如何在现实的世界里获得额外生命值的，我将很大程度地依赖澳大利亚风能源协会的可再生能源强制性目标运动，并把它作为一个变化的案例来研究，就像本章开篇时我们所描述的理由一样。

2002 年，澳大利亚风能产业发现自己处于尴尬的地位。MRET 作为联邦政府可再生能源政策的驱动力已经促进了产业的显著增长，尽管该产业的起点很低。一年以后，澳大利亚风能源协会委托的民意调查让我相信首相约翰·霍华德的政府有必要引入立法，因为在公众之中支持可再生能源的人很多（例如，80%的被调查者认为，与签订"京都议定书"相比，首相会在实现更多的可再生能源装机容量方面做得更好；如表 5-1 所示）。

然而，法律所设定的 2%的低目标将会成为在以后数年里阻碍风电产业增长的"短板"。而且，与 1997 年的水平相比的，此目标已经转化为 2010 年的 9500GWh，再加上总体能源需求的不断增加，实际上，这一目标将不会增加所有可再生能源发电的整体份额。许多组织包括澳大利亚风能源协会都认为 2003 年 MRET 立法的审查会成为促进可再生能源发展的一次机会。

同时，社区正通过媒体逐步提高对风电场的关注，以及在其他国家可以看到的问题——鸟类、噪声、景观、房地产价格——和风电场的目标一起正初显端倪。这些都是好消息。此时，正当我想要开始介绍澳大利亚风能源协会时，风力发电作为标志性的清洁绿色的形象已经变成了一种品牌。环保组织和具有社会责任的商业组织经常使用风电场作为更美好未来的一个象征（如图 5-2 和图 5-3 所示）。然而，没有人拥有控制权或责任以保护、开发这一共同的商标。

总的来说，这一形势对于任何产业都是危险的。同时，我也被要求拟定一种解决其中某些问题的方法，由此产生的从 2003 年到 2004 年期间的运动由我本人以及后来的澳大利亚风能源协会副总裁里克·马多克斯先生实施。伴随着这种方式，许多斗争的胜利与失败将为可再生能源产业赢得有利地位提供有用的例证。

表 5-1　委托澳大利亚风能源协会的一项民意调查，结果显示公众对
可再生能源行动的高支持率

行动	性能影响程度的感知					不知道	平均
	不太可能	有点可能	没有区别	有可能	更有可能		
	（1）	（2）	（3）	（4）	（5）		
增加无污染能源的发电量如太阳能或风能	<1%	1%	18%	53%	27%	1%	4.06
增加对煤电厂温室气体减少的研究	<1%	3%	30%	53%	12%	2%	3.76
签订国际上达成共识以减少温室气体污染的"京都议定书"	<1%	3%	34%	45%	14%	4%	3.73
减少工业或住房用地	1%	3%	54%	29%	9%	4%	3.42

电力选项	支持率				不知道	平均
	强烈反对	反对	支持	强烈支持		
	（1）	（2）	（3）	（4）		
建立风电场	1%	2%	27%	68%	1%	3.64
建立燃气发电厂	11%	29%	43%	7%	10%	2.52
建立新型的燃煤电厂	34%	39%	17%	4%	5%	1.90

资料来源：澳大利亚风能源协会。

5.3.1　项目目标（我们需要实现什么？）

5.3.1.1　确定目标

确定正确的目标是重要的。目标的选择必须切实促进可再生能源发电的持续增长。我们总是努力去建议"我们的目标是提出一个关于……的辩说"或者"我们的目标是提出关于……的轮廓"。然而，它们没有自我终结，而是通过运用战术来实现真正的、可以测量的目标。在可再生能源案例中，我认为目标应趋向于自我设置。鉴于到目前为止本书所涵盖的政策，我们现在对于从事什么工作和不

从事什么工作有了一个非常清晰的目标。任何运动的目标必须与这一认识保持一致。

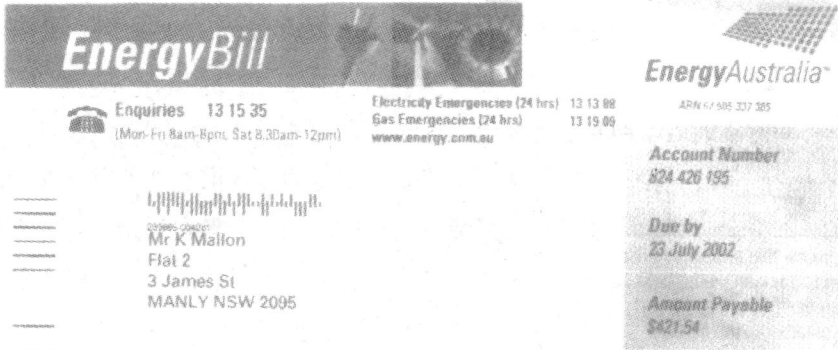

图 5-2 澳大利亚能源法案

注：唯一的发电形式是风力涡轮机，它所产生的能源总量相当于煤炭的 98%。

Body Shop 国际股份有限公司许可复制

图 5-3 在全球范围，我们能够看到 Body Shop 公司挂在其商店的展示牌

尽管这可能看起来像是持续成功的升级，但事实上有一个关键性门槛要跨越：政策创造了或没有创造一种自我维持的环境以促进可再生能源增长。如果到位的政策能跨越这道门槛，那么我们完全可以相信主要目标可以实现。有一点，如果我们无法一气呵成地实现主要目标，那么我们的工作仍存在缺陷以及最终目标仍需要实现。

在一到两年的运动期间或者在给定的预算之内，可能无法实现由起点到看见颁布所需要政策的过渡。然而，我们可能会以坚定的步伐沿着这条道路继续走下去。也许你将会目睹允许消费者购买绿色电力的立法，或者看到允许第三方进入电网的立法等。但是如我们会看到的一样，支持可再生能源的资产和联盟参与公众活动是至关重要的。因此，为了获得产业政治方面的资本并获得支持者，必须以某些方式接触公众。

专栏 5.2　确定 MRET 运动的目标

MRET 运动以两个主要目标为起点。第一个是扭转风能源日益增长的负面影响，并培养包括风力发电项目利益相关者及更广泛的社区组织在内的个人或机构对风能的强烈支持。第二个是确定 MRET，然后实现其目标和效用的显著增长，以实现具有国际性竞争力的可再生能源产业的增长。

如何实现这些目标呢？在准备这场运动的时候，两个问题隐隐约约地浮出水面，第一个是对 MRET 立法的重新审视，这一立法使得提高立法目标成为可能。第二个是在媒体中反对风力发电项目的增长数量，且这些数量是可以衡量的。

实际上，这两个目标存在着千丝万缕的联系。我们需要获得坚决反对风能源公众的支持，我们也需要支持可再生能源的决策者注意公众的需求。事实上，这两个目标是相辅相成的。因为当他们的决定与行动很相关时，就会很容易赢得他们的支持并让他们参与到我们的行动之中。对于公众来说，最明显的因素是切实支持增加 MRET 的投标。

在政府重新审视能源产业重组之后，第二个目标即最初只是寻找增加MRET目标已经得到拓展。但我们担心的是，这一目标却建议取消所有的MRET 方案以支持碳交易。该建议反映了以碳汇、能源效率形式的短期性廉价减排选择。如果这项建议能够使得 MRET 被接受，那么在澳大利亚能源产

业下，所有的废料将会不复存在。因此，第二个目标已经更新到包括拯救濒
临破产的 MRET 需求的目标。

5.3.2 目标受众（我们的目标对象是谁？）

现在随着诸多目标的确定，推断谁将有能力去实现已承诺的目标是很有必要
的。就像我们所说的一样，对于政治运动中的可再生能源，最终衡量成功的因素
是立法的变革。因此，政策的决策者——政客们是最终的目标受众。然而，政治
上的问题很少直接起作用，许多个体和团体会以他们自己的方式影响这些决策者。

这里我们试图假设可再生能源能够大力拯救地球，如果政客们仅仅知道这个
关键因素，那么他们将会明确地做出正确的决策。然而，不变的是管理者正在平
衡很多不同的意见和外部压力，以及尤其重要的是铭记保持他们的权利地位，这
种地位需要一系列不同的意见。因此，为了影响这一层次的决策者，必须了解这
些政客的情况、压力，所采取的战略、信息和战术。

5.3.2.1 决策制定者

当然，关键性的行政决策包括能源、经济、环境和产业的组合。所有的这些
组合都是关键的。很显然，可再生能源有环保效果，因为劳动密集型行业创造大
量的工作，可再生能源立法同样也能影响能源生产的成本，而原则上会影响整个
经济。

既然已经确定了决策者，那么我们能够开始确定与我们的目标相关的决策
者。我们能考虑他们是谁以及他们所感兴趣的领域或者身份。我们能知道什么是
平衡类似于组合的力量及我们将需要解决的关键问题的力量。所有这些都将有助
于我们获得信息，这些是我们将需要开发和传播的关键性信息。然而，当决策者
开始建立所需的法例时，我们同样也需要识别决策者在将来是否会面临阻碍，这
将形成各种可再生能源支持者所需的运动。

在一个完美的世界里，可再生能源支持者将会走进首相办公室，那里将聚集
财务、产业、能源和环境的各部长以等待一项全面的介绍。可再生能源产业的代
表将会让他们信服可再生能源的所有方面并展示衡量政策成功的完美集合。这些
需要毫不犹豫的立法，可再生能源光明而辉煌的明天将会很快实现。然而至关重

要的是，产业的发展先于决策（人们将会对决战者许久不做决策感到惊奇），但是实际上，行业先进的形式只是这些部长们所考虑投入的一部分。下一步是了解其他建议的来源。

5.3.2.2 决策者将会听谁的？

那么这些个体或者团体，谁会位于这神秘的影响路径上呢？也许，影响最容易从中心向外拓展。第一，我们拥有政治内部或者官僚体制的影响者；第二，我们有来自外部政治的影响者；第三，我们拥有公众。

5.3.2.2.1 来自政治内部的影响者

政府机构与部长级的顾问

请记住当我提到政府的议会系统时，其结构和位置与政府其他系统在逻辑上是处于平行的。

各部长征求来自顾问和部长级人员以及任何能源、环保、产业和经济政府机构的意见。因为这些人为他们的部长解释和过滤信息，而从本质上看他们有机会修改信息并了解关于可再生能源行业和民间团体相关问题的观点。

这些职位是重要的且必需的，然而人们能够以他们自己的世界观来看待这些职位。有时候这意味着任何自下而上传达的信息都会伴随着积极的或消极的偏见。

当然这些顾问和机构可能也从可再生能源立法的反对者那里感受到游说的压力。

选出的代表

政府部长们同意并提议立法，然而，从立法的修改、讨论到最终的通过，这将需要长时间的议会。这将包括执政党的代表及其他党派或无党派人士。很明显，在立法方案正式提交到议会之前，他们的观点影响着立法的形成。权力的平衡和问题的权衡能够使得在野党或少数党派有影响力。

最后可能最重要的是，我们必须承认那些决策者不能单独地在科学和政治功绩上做决定。然而原则上，他们正在对公众的意愿做出反应，他们同样也要确保自己能够继续掌权。

这对决策者产生了全新的影响。决策者在政府内部的地位以及他们的政府在公众投票中的地位是存在问题的。在旁边的席位上也可能坐着后座议员（议会非内阁成员），这些后座议员因为绿色选民而担心失去他们在议会中的席位。这些政客准备向制定决策的官员施压以证明政府的绿色许可证书。小党派的成员也商治完全不同的立法来获得政府权力。

而且，在这些国会议员之间，可能会发现强烈支持可再生能源的议员。如果我们足够幸运，那么这些议员甚至可能会成为内阁成员。这里同样也将会存在跨党派委员会及在各种问题上提供建议的议会。通常这些议员形成于如热衷问题的委员会之中，因此这些人会得到潜在的支持。

政治上的优胜者

研究显示，社会上大多数受过良好教育和成功的人有极强的环保意识——不是我们所想象的长发绺和手鼓式环保主义者的刻板印象。因此，在政客之间极有可能存在着能够自下而上地帮助、建议和传达消息的盟友。更好的情况是，在这些政客中可能存在优胜者：人们准备在立法的变革运动中充当政治领导者。在系统中优胜者的地位越高，他们就拥有更多的权利、更重的分量实现目标。一个优胜者的例子是丹麦能源和环境部长斯文·奥肯，他主张用足够的立法支持丹麦的风能制造商转变成主要的经济动力（如图5-4）。

图 5-4 政治优胜者：丹麦能源部长斯文·奥肯和后来的英国环境部长迈克尔·米切尔支持海上风能源进入绿色和平组织，因为它与 Turno Knob 地区的海上风电场相分离

资料来源：国际绿色和平组织。

找出优胜者是运动的重要组成部分。一旦能找出他们，这场运动就会得到支持并最终培养与人民相关的一切关系。然而，一个优胜者仅仅能够帮助领导一场变革的运动，而不能经营整个运动过程。更广泛运动的规则是建立变革的外部压力，然后为"运球冠军"创造空间。优胜者在政治上的分量越重，他们越能独立做事情；他们在政治上的分量越轻，这场运动必须做更多的工作为他们清理道路并保护他们的地位以免被推倒。

5.3.2.2.2 政治外部的影响者

在本章开篇，我们指出了可再生能源支持团队可能只是由可再生能源产业（规模依然很小）、更大的环保群体和一些政府机构构成并组织出来的。这一团队在说服政府实施主要能源部门改革方面似乎没有太大的作用。他们的呼声可能也不是需要聆听消息的源头。一个环保组织被认为是可信的评论员，以评论促进经济发展最有效的措施了吗？所以我们需要找到决策的个体或团队以及他们能够直接影响的因素。

我们能在哪儿找到这些人呢？这样的地方将会始终存在对决策者很重要的作用或者因为其他因素而具有影响力。如果我们能够说服他们相信可再生能源的优点与论据以支持可再生能源，那么这些人或组织将会有助于我们影响决策者。像气候变化的问题，个人或组织可能会感到忧虑，但是他们从未向影响者诉说这一问题，这些影响者包括医生和健康专业人士、教堂和国际救助组织、科学家和学者、行业团体和工会、农民和创新者、大型公司或流行的零售品牌、金融机构和保险公司。当然，我们能看到在本章正在识别的影响者和前章已经识别的利益相关者之间存在着很大的重叠。

团队或个体不单会自下而上产生影响，他们同样也能够在范围更大的社会里和媒体中产生相当程度的影响。例如，如果大型石油公司的首脑说出气候变化的危害以及需要支持可再生能源，他的言论将被报道在商业页面中而不是在环保的页面中，他将实现支持可再生能源的目标，并有可能使得不同意见的听众放弃自己的主张。英国风能源协会的"拥抱风能"运动已经高调地使用"明星"来支持风能源了。

硬币的另一面是个体和团队，如果他们反对可再生能源立法，那么他们极具影响力。大型的能源公司具有很高的水平，拥有能够直接访问部长的权利并能够聆听到在其他地方听不到的消息。因此，很有必要把可能会反对可再生能源的立法的目标听众团体争取过来。

5.3.2.2.3 公众

在运动开始时，考虑到方程的一边即支持可再生能源这边缺少显著的影响力，提升公众在这些问题上的认识以及听取他们支持安全能源的声音，意味着动摇反对可再生能源的进程以支持我方的一个关键机会。只实施政府的决定将不会取得成功。通过游说，政府的决定不仅会产生很大的影响力，而且还将接触到地方选民的公众。

最终被挑选出来的代表，其权利取决于公众投票。当然，我们可能会在新市场中发展可再生能源产业，而这些新市场所在的国家可能缺少传统的民主。然而，政治终归是政治，无论它的结构是什么样的。我们需要在更大的社区内及与它相联系的其他社区内建立对可再生能源的支持。尽管梦幻般的立法很到位了，但是这仍然存在着一个需求即呼吁公众接受可再生能源方面的变革。这种呼吁同样也延伸到以公众意见作为参考的组织。

然而常言道，人民才是最重要的。对于任何可再生能源运动来说，重要的公众都会成为利益相关者，以及成为政治社会的重要组成部分。在上一章中我们谈论了利益相关者，所以现在让我们研究一下社会的重要部分。

很明显的是，局部社会影响者所采取的形式因国家的不同而不同，当然，执政党也是如此。持续的能源问题一般作为无党派的财富并具有广泛的吸引力。然而，执政党可以从某些人口统计资料中获得信息。这可能是中等收入的年轻人家

表 5-2 澳大利亚对可再生能源的支持

2000 年，霍华德政府设定了一个目标，这一目标是在未来 10 年增加可再生能源如风能和太阳能对清洁能源的贡献。你认为这一倡议是好的还是坏的呢？

		很坏		坏		介于两者之间		好		很好		未知		平均
		1		2		3		4		5				
总计		7	1%	22	2%	17	2%	332	32%	636	62%	13	1%	4.55
性别	男性	4	1%	12	2%	8	2%	161	32%	317	63%	4	1%	4.54
	女性	3	1%	10	2%	9	2%	171	33%	319	61%	9	2%	4.55
年龄段	18~29	1	1%	6	5%	3	2%	46	35%	73	56%	1	1%	4.43
	30~39	2	1%	4	2%	3	1%	69	34%	125	61%	2	1%	4.53
	40~49	1	0%	4	2%	3	1%	65	32%	127	63%	2	1%	4.57
	50~59	0	0%	2	1%	3	1%	68	31%	139	64%	4	2%	4.62
	60+	3	1%	6	2%	5	2%	84	31%	169	62%	4	1%	4.54

2000 年，霍华德政府设定了一个目标，这一目标是在未来 10 年增加可再生能源如风能和太阳能对清洁能源的贡献。你认为这一倡议是好的还是坏的呢？

		很坏		坏		介于两者之间		好		很好		未知		平均
		1		2		3		4		5				
家庭收入	<$20000	4	2%	6	3%	5	2%	84	35%	132	56%	6	3%	4.45
	$20000~40000	1	0%	8	4%	2	1%	68	31%	135	63%	2	1%	4.53
	$40000~60000	0	0%	3	1%	1	0%	65	32%	132	66%	0	0%	4.62
	$60000~80000	0	0%	2	2%	2	2%	39	33%	74	62%	2	2%	4.58
	$80000~100000	0	0%	2	3%	0	0%	17	26%	45	69%	1	2%	4.64
	$100000+	0	0%	0	0%	1	1%	33	34%	63	65%	0	0%	4.64
投票目的	劳动	2	1%	5	3%	5	3%	61	36%	97	57%	1	1%	4.45
	自由	1	0%	5	2%	3	1%	93	29%	220	68%	3	1%	4.63
	国家	0	0%	1	6%	0	0%	5	29%	11	65%	0	0%	4.53
	环保	0	0%	1	1%	0	0%	16	22%	55	75%	1	1%	4.74
	民主	0	0%	0	0%	0	0%	5	28%	13	72%	0	0%	4.72
	自主	1	3%	1	3%	0	0%	10	32%	19	61%	0	0%	4.45
	其他	0	0%	1	7%	0	0%	3	20%	10	67%	1	7%	4.57
	未知	1	3%	6	2%	7	2%	118	35%	192	58%	7	2%	4.50
孩子	没有孩子的	0	0%	4	3%	3	2%	47	36%	76	58%	0	0%	4.50
	打算要孩子的	1	1%	2	2%	0	0%	38	32%	77	64%	2	2%	4.59
	已经有孩子的	6	1%	16	2%	14	2%	245	32%	479	62%	10	1%	4.55
	孩子已上学的	2	1%	8	3%	4	1%	108	36%	176	58%	3	1%	4.50
所在地	城市	2	0%	9	2%	6	1%	154	29%	351	66%	6	1%	4.61
	农村/地区	5	1%	13	3%	11	2%	178	36%	285	57%	7	1%	4.47
州	新南威尔士（包括澳大利亚首都特区）	1	0%	13	5%	2	1%	91	36%	142	56%	6	2%	4.46
	维多利亚	4	2%	3	1%	4	2%	62	30%	130	63%	3	1%	4.53
	昆士兰	1	1%	4	3%	1	1%	48	32%	98	64%	0	0%	4.57
	西澳大利亚	0	0%	0	0%	3	3%	33	32%	67	64%	1	1%	4.62
	南澳大利亚（包括北领地州）	0	0%	0	0%	5	2%	60	28%	145	69%	1	0%	4.67
	塔斯马尼亚	1	1%	0	0%	2	2%	38	38%	54	54%	2	2%	4.44

注：关于支持可能生能源人口统计资料的图表能够有效洞察公众的关键意见。实际上，对可再生能源的支持存在着惊人的一致性。

庭、年轻人的选票或农村选票。许多国家现在正在目睹绿色选票的上升，而这些绿色选票是从左翼政党和右翼政党中过滤出来的。

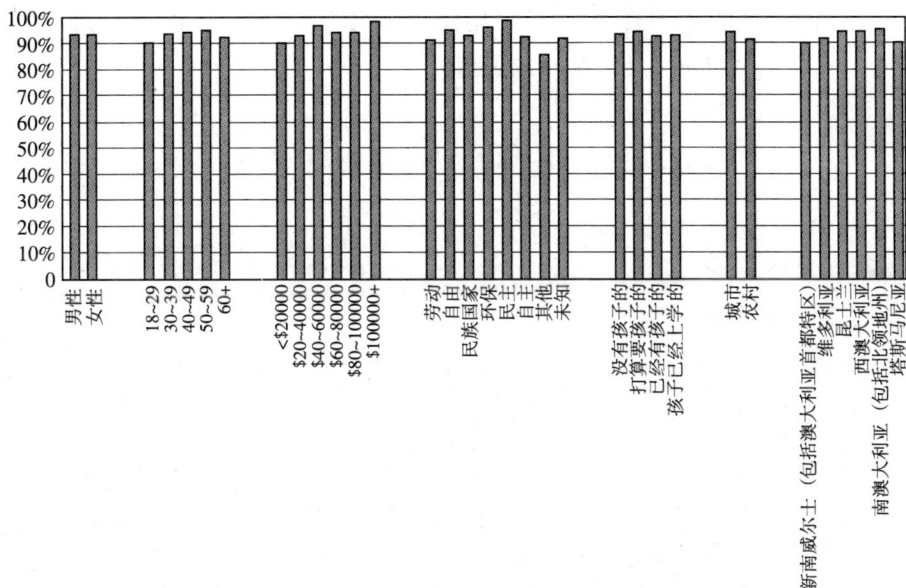

图 5-5 在 33 种人口统计类型中支持可再生能源政策的一致性
资料来源：澳大利亚风能源协会（2004）。

5.3.3 形势分析（我们必须听取的背景噪声是什么?）

如果目标听众能聆听并理解我们的关键信息，那么我们必须确保这些信息能够和公众产生共鸣。一些信息与问题将会很自然地出现在处于支配地位的媒体和公共区域（如选举与战争）的高层管理者中。而其他信息与问题必须和正在发生的一切进行竞争以争抢空间。如果我们挑选出不会被其他问题所主导的适当时刻，或者随着其他问题的出现，如果我们设法增强我们的信息，那么我们就会提高信息被接收的机会。简单地说，我们正在尽力地绘制关于媒体和问题的图纸，而这必须建立在实施沟通计划的基础之上。

我的一位朋友是位优秀的运动战略家，她最近正在申请国际特赦组织的一份工作。在以美国为首的国家入侵伊拉克的一个很早的清晨，她接受了电话面试，她被问道："考虑到伊拉克战争，你认为特赦组织如何能够更好地管理好良心犯的工作？"她的回答是："告诉工作人员他们的年假。"于是她获得了这份工作。

我们需要观察影响目标受众的形势。我们能够把这一形势分为三个部分加以分析。第一个是更普遍的形势（例如，全国媒体的焦点），我们把它称为外部形势。第二个是现在能源或环境部门讨论的焦点，我们称其为内部形势。第三个是我们每一个听众所处的形势，即目标形势。

专栏 5.3   各种类型的 MRET 公众

在 MRET 运动期间，我们注意到在公众之间存在着几个社会群体，我们认为他们的意见会与政府的意见产生共鸣，而且我们认为有好消息要传达给他们，这些社会群体为：

● 澳大利亚中等收入的家庭，也就是有工作而他们的孩子在家的人

● 从事商业或金融工作的人

● 农民

这例证了如何根据特别需要、关注和期望而有效地把普通公众分成具体的公众。因此，这能够让运动战略家裁剪和集中关键的信息（及媒体）。

5.3.3.1   外部形势

很明显，媒体和大众支持可再生能源的强烈呼声能够影响信息传播的时间和速度。如果运动涉及公众和媒体，那么信息传播的时间和速度就成为关键。

在大规模运动中，运动本身会变成噪声、新闻中心、意见和争论。由于环境因素而"抑制"运动进程已经发生了一次又一次。然而，以我的经验来看，我从未见过以解决方案为导向的工作。最接近这种水平支持可再生能源的强烈呼声已经传播到了可再生能源中心，而德国可能已经开展了示威游行以拯救可再生能源购电法。这种一般的解决方案是好消息，但好消息却很少是大新闻。然而，通过呼吁"停止封锁可再生能源"，这一消息很可能让我们曾经错失的冲突复生。

我们已经说过，有时候其他新闻能够为可再生能源提供一个平台。也许我们能讨论关于石油的短缺、高价格或水资源的短缺、火电厂每千瓦时消耗 2 公升水的事实、气候变化的文章等。

5.3.3.2   内部形势

对内部形势的分析以最简单的现状声明为起点。谁会站在何种问题的立场上？与其他能源或环境问题相比，我们面临的问题有多重要？这些问题对决策者重要性如何？

我们同样也考虑能源的争议以及未来可能会引起新争议的问题，例如，停电

与燃料价格的上升的关系如何？环境争议的立场如何？像热浪和洪水这样的气候影响可能会掀起新一轮的推测吗？任何人发布报告或者召开的议会会引起媒体的关注吗？

随着可再生能源普及并暴露在公众面前，我们看到了许多国家反对可再生能源开发团队的增加。尽管他们可能会关心简单的项目、进攻性战术及真实的欺骗，这可能会引发使整个产业受损的运动。在一些情况下，支持这样的团体已经和竞争性产业产生联系，据此，我们必须警惕太多的阴谋。竞争者可能会参与竞争，但他们需要的是培育竞争能力的沃土。似乎越来越明显的是，反对可再生能源开发的团队可能会成为形势的一部分，他们需要在任何可再生能源计划中做准备。本书第9章关于丹麦可再生能源政策中将提到这些问题，而且这些问题值得作具体的考虑。

专栏5.4 通过对当前问题的使用充分利用媒体的报道

温迪·弗鲁

澳大利亚的环境保护团体——世界自然基金会的一份简报上所发布的信息称：上个月，卡尔政府为更多燃煤电厂清除路障的决定将会加剧新南威尔士州水短缺的紧张局势，并进一步破坏这个州的"奋斗之河"系统。

相对于家庭用水和农田灌溉来说，燃煤电厂是大量使用水的用户。世界自然基金会呼吁停止建立更多的燃煤电厂。

世界自然基金会气候变化主管安娜·雷诺兹认为："新南威尔士州因过度依赖煤电，已经变得极其脆弱。"

"对一种燃料的高度依赖，且令人难以置信的是，这种燃料正在污染并抽干水资源，直到我们州陷入缺水的危机之中，这完全不符合现代且精心计划的城市形象。"

新南威尔士州几乎完全依赖于煤炭作为它的发电燃料。

《先驱报》在政府能源白皮书的草案上公布了应对不断增加的电力需求的计划，它分析了电力需求不断增加的原因即空调的普及、更新厂房及打开了为私营企业建立更多燃煤电厂。

电力消费预期每年上升2.2个百分点，最高电力需求（因为高温或寒冷使得电力需求激增）的增长每年可达2.9个百分点。

该州四家最有分量的淡水用户——Mount Piper 发电厂、Wallerawang 电厂、Bayswater 和 Liddell 火电厂，这四家企业每年约消耗 840 亿升水，约等于悉尼居民用水需求的 1/5。他们所用的水来源于考克斯地区和亨特河。

世界自然基金会认为从煤炭中获得一千瓦时的电量至少需要 1.5 公升的水。"例如，为了发电以供每个家庭使用，一座发电站每年需要使用约 20000 升的淡水。"

可再生能源如风能和太阳能都不会使用水，而用于非高峰期的电力需求——天然气发电站，其每单位发电量所使用的水约是使用煤矿发电的一半。

公共事业部长弗兰克·萨特认为《先驱报》正在努力解决电厂用水问题。

资料来源：《悉尼先驱晨报》（2005 年）。

5.3.3.3 目标形势

决策者如何审视我们面临的问题？现在能引起决策者注意的事物是什么？什么样的链接或巩固能够引起决策者的注意？我们的每一个其他类型的目标听众情况又是怎么样的？

我们需要深刻理解什么事物能够与我们的信息产生共鸣。例如，农民可能关心能源作物的前景或者干旱的威胁。对于光伏生产商，他可能关心光伏成本的增加与增值能力。

目标形势分析必须将运动结果的重要性包括在内。比如，我们会注意到有可能反对可再生能源立法的行业和组织。随着这些问题的增加，我们期盼特殊的目标形势发生变化并使得以上目标团体对这些目标形势越来越敏感，然后这些团体就会作出相应的回应。

5.3.3.4 分析工具

现在我们知道了哪些形势是我们所要分析的，那么现实中我们如何分析呢？如果他们只是读读报纸，就会发现这里有许多适用的工具，而且这些工具也同样适用于可再生能源产业。其他有用的工具包括媒体分析，它利用媒体监测公司进行具体的评价以收集信息。

专栏 5.5 国家通过咨询澳大利亚风能源协会的 MRET 运动而获得一项感知审计，从感知审计中挑选出下列在 2003 年的澳大利亚风能源法案上提交的文本资料

引言

● 国家主持了有 12 位关键参与者参加的感知审计。

● 我们的调查具体体现在：

— 在可再生能源争论中的风能源处于何种地位；

— 推动能源部门改革所需要的政策和政治；

— 推动风能源开发的机会。

● 国家已经总结了所收集的反馈意见并提供了进一步促进澳大利亚风能源协会目标的建议。

必须清楚煤炭产业的重要性，但要降低对煤炭产业的依赖性

● 最大范围地降低煤炭产业的影响：

— 很少人承认这不再是零和博弈。

● "如果你的发展不得不以牺牲煤炭为代价。"

● "煤炭产业把可再生能源视为真正的威胁。他们将想尽一切办法保持自己的市场份额。"

— 经济收益对地区产生很大的影响力。

● "让政府相信风能产业能够创造工作岗位而不会损害到煤炭产业，这才是真正的归宿。"

● "在社区中支持可再生能源开发将会是关键性的"。

业界必须继续建立风能的商业案例

● 尽可能多的政治需要和政策推动决策的程序：

— 煤炭利用；

— 成本负担；

— 开发风能源所获得的收益成为解决问题的方案。

● "12 个月以前，风能源甚至不会出现在雷达的屏幕上，但是对其真正潜力的重新认知正在加深。这种做法是明智的。"

● 随着时间的流逝，可再生能源缺乏清晰度使得它更具有竞争性。

> ——"他们要求一个没有'日落'条款的开放式的补贴。我们需要看到我们的退出战略。"
>
> ——评估成本范围。
>
> 为了获得普遍的支持，应当采取双定位运动
>
> ● 第三方及必须识别的倡议：
>
> ——10位支持者×10个职位；
>
> ——听取政府的意见。
>
> ● 政府所采用的两条意见：
>
> ——环境定位。
>
> ● 对联邦政府工作人员的影响很小但对国家很有帮助。
>
> ● 参议院听证会与跨议员席的支持。
>
> ● 争取第三方的支持：
>
> ——经济影响。
>
> ● 重要区域的选民。
>
> ● 乡村的影响。
>
> ● 后座议员和关键支持者。
>
> 资料来源：《理想国》（2003）。

感知审计同样也是有效的（专栏5.5）。这里的公关公司将从一个给定的目标群体中号召约20位具有重要影响力的人，这些个体将会同意以匿名的方式谈论一个问题。小组讨论是另一种工具，与感知审计相似但它代表着公众（或者一部分公众），即通过挑选小组成员来详细地讨论他们的看法以及对这些信息或观点做出反应。另一个工具是投票。作为活动的一部分，这是一个比较侧重于"一刀切"的方法，它能够在组织内部、外部使用。

5.3.4 战略（我们如何实现听众的目标？）

战略把战术（实际上我们做什么）和目标（我们要实现什么）连接起来。到目前为止，我们已经确定了目标，确定了能贯彻执行实现目标的法律的人，并且找出了哪些人对目标具有影响力。我们已经对形势进行了分析，目的就是绘制出

所有参与者都在变化的图纸。通过使用这张图纸，现在我们必须开发出战略。在这一战略上历经锻炼是非常重要的。因为以直接的方式做事情尽管很诱人，但是它很快会失败。

我在很早的时候就提到我们的基本战略必须最大限度地增加正面决策的机会，最小限度地减少决策的负面愿景预期。我们的运动战略完全是为了这两个效果来展开工作的。另一种思想互动的方式是运用政治空间的想法，即我们在一个给定的问题上绘制出图纸以供决策者使用。

接下来，我将会讨论理论和战略，并在用以后部分讨论贯彻执行以及提供具体战术的示范。

5.3.4.1　政治空间的概念

一个决策者不会有无限次机会去选择立法。相反，他/她正在权衡有限的选择而做出决定。一位政客可能不得不权衡在其他投资组合如经济和行业的竞争利益这一特殊问题上的技术性建议。他们政党内部的政治压力可能来自于特殊的选民或其他党派，同样也有来自社会和媒体的压力。我们能绘制出在创造或减少决策者能够接近给定问题的空间里所有影响力的图纸。

因此，我们的战略必须减少负面决策的空间，确保积极的决策，并重新开放过去可能已经关闭的积极决策的空间。

让我们利用一个场景使这一问题具体化。我们的参与者想带着他们以前的立法包裹（球）穿过立法线一路走进球场。但是道路中间设着一个很大的障碍，以"可再生能源的价格很昂贵，所以经济将会受到影响"为标记。另一个障碍即"消费者必须支付更多"同样也阻碍着可再生能源的发展。与此同时，环保组织已经放置了一个拦球网："气候的变化正在列入公众日程中，而无作为不是一种选择（确保积极决策空间）。"然而，这为碳交易而非正在发展的可再生能源提供了选择，那么我们如何解决这一问题呢？为了跨越这一障碍，我们必须拓展一条路径。我们可能需要呼吁更有利的论据或更强大的联盟铲除障碍、把竞争对手抛在一边。

所以在这一简单的案例中，我们的战略可能包括证明成本的少量增加，或者是消费者愿意支持任何增量（重新开发封闭的空间）的需要。我们同样也展示了在没有可再生能源的情况下，对于远期中的经济来说碳交易价格将会更加昂贵（屏蔽负面决策的空间）。我们可能会选择一种战略，这种战略是在政治上运用强大的力量为农村创造就业机会，其目的是抛开对经济不利影响的争论（确保积极作用的空间）。

这将会使战术不起作用，所以我们必须实施战略。例如，我们的战术可能是正在委托一项关于成本立法建议的报告或者是询问消费者是否准备在清洁能源上支持更多的民意调查。

5.3.4.2　两害取其轻

决策者通常处在尴尬的局面，即作为或者不作为他们都会受到谴责，或者换成另一种方式，空间决策在两个方向都会受阻。在这些情况下，政治环境通常是优先的，这意味着政治上受损的路径是可以选择的。处在政治生活中的大多数人是为了有所作为以及创造积极性的变化，并且为了实现上述的行为他们不得不获得他们的同僚、竞争对手和选民在政治上的支持。如果他们在一个特殊区域里对以上情况造成了严重的破坏，那么就会反过来腐蚀他们在那里所行使的一般能力。

因此，支持环境保护与可再生能源的公众是可再生能源部门最大的资产之一。如果政客们准备被说服决定哪些是已知的且潜在强大反对者，那么关键是利用公众及选民的情绪。决定如何更好地利用这一资产是活动的关键挑战，这将会在战术中讨论。

5.3.4.3　形势分析及 SWOT 分析

为了真正地绘制出蓝图和战略，首先，我们必须确保形势分析能充分地反映我们所处的形势；其次，对于蓝图，识别出潜在的变化以便我们能够避免尽可能多的不期而遇。我们能够同时使用 SWOT（优势、劣势、机会和威胁）分析法，如表 5-3 所示。

5.3.4.4　自上而下、自下而上和自中间向两极

因为我们能在上述分析中找到的战略，因此需要怎么做以及在什么地方做的想法由此产生。然而，为了实施这一战略我们必须寻找有能力做的人以及确定如何做。例如，学术性报告可能证明了可再生能源产业能够创造比煤炭产业多 6 倍的在制造和装机方面的工作岗位。然而，这一事实将不能确保其政治上的空间，除非各个部分的目标听众能够理解这　情况。例如，工会需要了解可再生能源的制造和装机是劳动密集型的，所以威胁就业的问题不能成为减少对可再生能源支持的因素。

表 5-3 任何可再生能源运动都将需要考虑使用 SWOT 分析法

优势	劣势
• 大多数国家有变革的压力，这些压力可能包括环境、能源安全和就业问题。 • 环保群体通常强烈倡导清洁能源并且能够对社会行业产生重大的影响。 • 可再生能源产业产生很少的污染，所以其他组织没有理由拒绝它。 • 可再生能源的门槛很低，当地的制造业能够轻松地跨越门槛而进入可再生能源产业。 • 可再生能源技术与其他技术相比，有更高的就业创造率。 • 许多可再生能源包括生物质能、风能和小型水电集中在农村地区，这意味着投资和创造的就业也同样集中。 • 许多可再生能源是高科技的但是很容易转移到新市场。 • 现在可再生能源成为一些市场的主流，它的优点和功能是经过证明的且已走进成熟阶段。 • 可再生能源通常会接受能够引起教育者注意的很多事物。	• 在生产能力方面，可再生能源产业规模与现存的发电机相比通常是很小的，因此它不会拥有同样的经济地位满足其政治上的需要。 • 金融部门视新市场中的可再生能源产业为高风险的。这就为决策者的观点提供了诸多借口。 • 如果不考虑外部性，可再生能源的成本要比传统能源高得多。 • 许多可再生能源供给的不稳定性使得电路管理者很紧张。 • 行业的形象依赖于所有的项目，因此对于特定技术的"豆腐渣"项目会使整个产业形象受损。 • 工业生产很容易在其他国家出错。 • 可再生能源被视为无关紧要的或不关键的。
机会	**威胁**
• 气候的变化产生了意义深远的影响，这意味着与利益相关者有联系的大部分人能够接受可再生能源。 • 对可再生能源感兴趣的公司有很高的知名度和商业影响力，它们积极从事可再生能源开发。 • 清洁能源和环保行动的高普及率可能使得它对政客们而言有政治上的吸引力。 • 社会和环保群体的上层成员能够提供访问个人参与性问题的大量机会。 • 全球性产业的规模巨大，一些行业拥有着具有显著意义的资源来开发市场，而这些资源能够从海外市场引进。	• 受到威胁的行业规模很大、资金雄厚且具有影响力。 • 对行业的大规模威胁被视为对经济和就业的威胁。 • 低价格的能源被认为是促进经济增长的关键。 • 能源价格的增加削弱了可再生能源的竞争力。 • 未来降低价格的承诺能够引起争论即最好推迟贯彻执行可再生能源政策直到它的价格更低。 • 好事不出门，坏事传千里。 • 社会性群体能够发现"面对"问题比"中止"问题更加困难。 • 环境和社会的支持可能不会被决策者视为可信的。 • 地方环境问题可能已经和它的潜在联盟相脱离。 • 实际项目可能会引起绿色或环境保护小组对地方问题的关注。比如，生物质能的运输或者风电机组对景观的影响。这意味着可再生能源会丧失环境的道德制高点以及创造对绿色的现实或感知冲突。 • 反对可再生能源群体能够获得海外群体的支持。 • 脆弱的立法被用于拒绝公众关注，而公众却无法看到这种立法是脆弱的。 • 其他环境措施比如保护森林或野生动物——被用于打破统一的声音并"迷惑"环保群体。

　　考虑到三种目标群体（政治内部的影响者、政治外部的影响者和公众），这里存在着三种相辅相成的方法，即我们可以采取直接影响并定义环绕在决策者周

围的政治空间的方法。第一，我们能够直接面对决策者或他们的顾问。第二，因为我们的战略在关键区域所显示的分量和影响已经被识别，所以我们能够利用人民和群体的援助。第三，我们能够参与并获得公众舆论的支持。

对于任何可再生能源活动的战略路径，有许多可能的方式可以采纳。一种可能是通过物料和决策者、顾问和代理机构直接参加的会议，建立积极的信息、解决负面问题。有影响力的第三方如财政和商业部门或工会运动可能在建立积极的空间和解决负面问题上受益。

另一种战略路径需要为现存的联盟创造一个共同的平台，然后教育、吸收其他有天然联系的盟友，最后与复杂的利益相关者一起工作以解决他们的忧虑，建立相互的支持。通过盟友间的关系，赢得上至政治阶层下到基层的支持。

我们同样能够采用战略路径以获得公众的支持，找到他们的行为方式及被当作行为的方式并代表活动的因素。我们通过审视关注的原因而不是分析所关注的形势来审视公众所关注的问题。

5.3.5 关键信息：我们需要沟通的是什么？

当你要表达信息时，你总是会尽力表达被权威人士左右的信息。可悲的是，沟通并不能对这起作用。

我曾经说过：人们在展示过程中会保留约3%的细节，但是他们主要会对介绍人保留深刻的记忆。通过交流专家所讲述的关于智能的介绍而不是非专业性的听众（如媒体），可以强化信息。为了使信息保留下来，信息要经历11年的漫长岁月才能被充分理解。

复杂信息的底线没有被跨越。仅有一条或两条信息能够被特定的观众所理解，而这些信息一定是单一的但能够很快被理解的。这些消息也应当一次又一次地被强化！

5.3.5.1 公共信息的需要

为了找到信息标记，信息必须一次又一次地被重复，并通过尽可能大的群体影响者得到更好的强化。我们也必须牢记可能有许多支持者，每一个支持者都有不同的理由去促进可再生能源的发展。因此，我们不能期盼单一的协调性活动信息的集合。

我们需要考虑两个层次的公众。一方面，重要的是所有的可再生能源支持者能够朝同一个方向努力，尽管他们开始于不同的起点。他们可能在"为什么"方面的信息存在差异，但是"我们想要什么"的信息必须是相同的。

然而，伴随着可再生能源反对者能够利用没有差异的观点，在一个行业或一个产业中，匹配并强化"为什么"的信息更加重要。

专栏 5.6　作为沟通战略一只手臂的媒体反应

一个有组织且有效的媒体战略有助于确保聆听到可再生能源的积极方面，同样当问题第一次出现在媒体中时，媒体能够很容易地做出反应。

顺便举一个例子，考虑以下战略以尽可能多地利用积极的媒体空间：由小型印刷公司、无线电和电视媒体发起，并使用一个提供覆盖你所选择主题的媒体监督服务；分析关键性问题并关注在媒体报告中所传讯的关键性评论员；同样关注跟踪并记录这些问题的记者。

同时，建立媒体数据库以接触关键的记者和媒体，确保这些接触能够获得媒体报道。准备已经产生的关键问题的简报，并把这些简报传播到记者们的那里。除此之外，建立系统以应对媒体的问题或报刊媒体的意见，或者对广播媒体做出口头回应。通常对一个为期半天的大型节目如大型全国性日报迅速做出反应将会是重要的。

专栏 5.7　确保欧盟可再生能源指令

我们不能低估和谐地位的需要。尽管信息之间不相互排斥，无所作为的决策者和官僚们能够使用这些不同的信息集合。就个人而言，我目睹了欧洲委员会拖延制定被认为是"可再生能源白皮书"之春的"可再生能源指令"。委员会的官员告诉我，他们之所以不能完成指令的草案是因为不同的可再生能源游说群体的政策需求是完全不同的。他们似乎甘愿使用这一借口来为该进程的拖延提供辩解。然而，所有的党派一致认为他们想让委员会促进可再生能源在欧盟的快速发展。他们同样一致认为要实现这一目标存在着巨大的障碍，这些障碍是委员会不得不解决的。在过去的两个月里，主要的可再生能源游说团和他们的环境部门支持者联合协作，互相接受这一主张。他们的解决方案仅仅是识别各个党派所有达成协议的领域，以及没达成共识的具体政策机制！本文建议使用辅助性原则——这是欧盟经常使用的术语，意味着每个国家利用政策来实现适合自己的目标。

随着删除不可调和的需求，该指令的进程回到了正轨上来，最终该指令通过了立法（以辅助性原则为基础）。

下面是可再生能源产业的首页和非政府组织的一系列统一的原则。第一，它证明了支持可再生能源所有的关键参与者以适当立法为基础达成共识；第二，在欧洲，他们都想要一项立法以提高可再生能源的目标。

欧盟可再生能源指令的原则

1999 年 4 月

目前，欧盟的电力市场正在严重地歪曲可再生能源发电机的不利条件：进入电网受到限制；可再生能源过高的传输成本；仍然没有实现环境、社会成本的国际化；嵌入式发电机没有实现节约而获得利润报酬。这些因素以及对常规发电部门约 150 亿欧洲货币单位（ECU [1]）的直接补贴造就了市场的歪曲，在欧盟，这种歪曲将继续阻止可再生能源的利用。

为了保持市场的平衡性并实现可再生能源包括该产业、就业和能提供的环境保护在内的有序发展，签约国相信在提出的十项原则基础上的欧盟指令是必需的。这将提供如下两条：

（1）因为法律约束力的最低目标适用于每一个成员国，所以该指令呼吁促进欧盟加速提升可再生能源的发电量。

（2）实现的可再生能源比例的最低目标已经被证实是一项有效的机制，该指令必须允许以最适当的机制来实现单个成员国（辅助性原则）所选择的最低目标。

5.3.5.2 选择关键信息

无论您的意见是什么，对于一项活动来说，关键性信息具有不确定性。他们确实可能会在运动的过程中产生变化。然而，回答以下这些问题有助于过滤出起作用和不起作用的信息。

● 这些信息是简单的且能够容易理解吗？

● 这些信息会被决策者审视或能够促使他们做出决策吗？

● 它们会与目标听众产生共鸣并让目标听众参与到其中吗？

● 它们将会提供一个广阔平台吗？而且这一平台包括个人、群体、影响者和决策者且他们可以利用这一平台发表自己的看法吗？

专栏5.8 转基因生物数据库

关注欧洲集中在健康方面的转基因生物数据库是有趣的。因此，我们推断其目标群体是消费者。仍未标有转基因信息的食品处于危险之中，不仅如此，这些食品也可能是不安全的。这是一个简单而普遍的概念，也是任何第三方很容易采用的立场，因为我们不能假设消费者抵制任何新产品。至于决策者，影响健康和安全的事项几乎囊括了其他所有的考虑因素，这严重限制了决策者行动策略的运行。

相比之下，非洲转基因生物的关键问题是关于控制种子的问题。农民早已成为目标听众，信息也已经变成：如果你种植转基因生物，你将无法控制种子的来源；然后你各方面的能力决定着你的农场中会发生什么。对于完全不同的目标听众，两条完全不同的信息来自于两个不同的运动——但这两个不同的运动在遏制转基因生物生产上有着相同的目标。

5.3.5.3 信息以传达为什么我们需要可再生能源

对于可再生能源，我们能挑选出积极的信息。为了强调为什么我们必须继续促进可再生能源的发展，表5-3中SWOT分析的优势被阐述如下。

（1）可再生能源的优点和功能已被市场所证实。代替化石燃料的使用，可再生能源技术和资源能够安全地实现温室气体的大幅度（60%~80%）减排，科学家认为这能够解决气候变化问题。

（2）成熟的可再生能源技术。许多可再生能源技术已经被证实技术成熟性及商业价值性，这些可再生能源技术包括风能技术、太阳能技术、小水电技术、地热能技术以及生物质发电和燃料。而在发电设备方面，可再生能源与非可再生能源有着相同的生命周期、适应性和可靠性。

（3）可再生能源促进能源安全。在一个国家中，可再生资源通常是丰富的，合理利用就能够满足能源供应的大部分需求。

（4）可再生能源对社会和环境的影响是有利的。从主要方面说，与化石燃料和核能发电相比，可再生资源及其成果对环境和社会更加有利。然而，任何项目、技术都存在差异性，所以我们不能理所当然地认为它们一定会对社会和环境有积极的影响。

（5）这是一个正在增长的产业。可再生能源技术正成为尖端技术，但是对于提供一个已经建立的充足市场的国内制造业来说，这些技术通常也是容易转移的。

（6）可再生能源可以促进投资。当地的条件和服务使得可再生能源在产业内具有投资吸引力，这意味着与其他投资来源相比，更多的能源投资将会发生在国内。

（7）可再生能源创造就业机会。可再生能源技术是劳动密集型的，特别是在其建设和安装期间，同样在运营和保养阶段也需要劳动力资源。在同样的情况下，可再生能源技术所创造的就业是化石燃料厂所创造的几倍。

（8）可再生能源的成本在减少。可再生能源成本已经得到根本的削减并继续下降。在一些市场里，可再生能源与（新型的）传统的煤炭、核能和大型的水电站竞争，甚至还在健康成本和环境的外部性上与其他能源竞争。

专栏 5.9　几个关键信息的例子

以下是 2003~2004 年澳大利亚运动期间被用于增加可再生能源目标（MRET）立法时所使用的信息的例子。

首先，媒体发布的一份摘录显示了澳大利亚风能源协会（Aus WEA）的报告，它高度强调了风力发电将会给国家带来经济利益。

今天在堪培拉，澳大利亚风能源协会发布的促进投资、创造工作的报告展示了澳大利亚的地方、农村已经从风能源中收获就业与财务收益的果实。作为硕士研究生、博士研究生及能源专家，罗伯特·帕西做了一份报告，这一报告显示了到 2010 年 10% 的 MRET 实现的总投资约为 70 亿澳元，包括：

● 投资在澳大利亚 54 亿澳元的直接资本

● 2.1 亿澳元的额外运营资本和保养方面的花费

● 3500 个制造和建设工作岗位加上 280 个额外的运营和保养工作岗位，等等

接下来的摘录来自媒体发布，它公布了在风电和传统火力发电的价格范围内的报告。它的标题为："在 2020 年之前，在成本方面，风能将会挑战化

石燃料：可再生能源行业需要更大的市场。"

墨尔本：今天，澳大利亚风能源协会公布了一份报告，这份报告显示，在2020年之前，澳大利亚风能发电成本将会与化石燃料成本相互竞争。然而，该协会已经声明如果风能源行业能够有足够的空间去提升强制性可再生能源目标，上述情况才会发生。

图5-6 10×10简报，转型研究所和里克·马多克斯为澳大利亚风能源协会准备的一份简报
资料来源：澳大利亚风能源协会（www.thewind.info）。

5.3.5.4 信息以表达我们想要什么

显而易见的是，我们所挑选的信息同样也必须包含"询问"——实现可再生能源的潜力所需的变化。这些询问必须来自所需求的"一揽子"政策。我们可能有一系列可能的政策要求，当然我们也已经在前几章具体地谈论了这种政策要求的本质。

然而，从这些综合性的政策来看，我们必须提炼出关键信息，这些关键性信息体现了使决策者和利益相关者所信服的本质事物。在MRET运动中，详细的信息包括修订后的目标、时间表、基线、逐步采用的价格和惩罚价格，所有的这些信息将在2010年变成可再生能源10%的目标。对于整个运动而言，这又反过来成为更加简单的"10×10"的口号。

继续讨论MRET的例子，我们要获得的关键信息如下所示：

● 风力发电以一种影响很小的方式让以后几代人或几十代人不受气候变化的影响。

● 澳大利亚的风力发电是成功的——风能产业创造了工作岗位、建立了厂房、利用了数十亿美元的投资。风力发电背后是商业领域，这里也存在着可以看见的产业和就业成果，政府能够宣传政策的成功。

● 产业活动和投资都集中在农村。在一些投资和就业有很大的困难的重要地区实现可再生能源行业项目建设。

● 依赖于 MRET 的提升方面的成功仍在继续。

注意这些信息直接与我们的目标听众相互关联——有工作且孩子在家的人、商业和金融部门和生活在农村的人。

可能令人奇怪的是，澳大利亚风能源协会所推崇的运动没有过多地集中在以风能行业为切入点的气候变化问题。有两个好理由能说明这点。第一，它已经由大型的国内和国际环境群体实施。第二，行业不是最好的信息来源。事实上，欧洲的一些调查显示，与政府、企业和科学家相比，人们更多地相信非政府型环保组织的言语。因此在环境和社会问题上，公司和行业组织显然不是最可信的评论员。"他们会说，难道不是吗？可再生能源只是让他们赚更多的钱。"所以，如果这是金钱和经济的对话即讨论人们期望从行业中获得的东西；如果那的确是他们的专长，谈论金钱和经济要比谈论环境和社会问题好得多。因此，诸多信息主要集中在投资、工作和工厂以及政治上重要的农村地区的行业活动。

5.3.6 战略与战术（我们实际上要做什么?）

现在我们正在准备实施战略。我们知道我们需要什么；为什么这样做；我们需要与谁对话；以及我们需要说些什么。下一步是为战略建立实际的行动方案。如果我们需要通过一个特别的人获得信息，那么我们需要一种方式去聆听、理解并把我们的信息展现在展示板上，包括部分行动的信息。

对于运动，总有一种不制定战略而只实施战术的诱惑。也许这是因为战术比其他任何事情都容易想出来。然而，如果战术未能和战略相联系，那么就是在浪费时间。

大多数沟通战术是很容易被制定出来的，但是在一个信息超载的世界里，通常有更多的创新观念帮助决策者制定战术。有时候，提出实施战术最好的方式是把一些聪明的人放入一个自由畅想的空间里。

战术注重的更多的是行动，所以我已经陈述了关于挑选例子的事情，这些例子有助于找到关键的信息，并给出了一些耐人寻味的且每个人的反映都相同的信息，不管这些例子是否来自产业内部、非政府组织或政府。有时候，这同样适用于在确定的国家中去寻找能使其他运动起作用的东西。如果以上所有的战术都失败了，你就直接去接触权威消息并在目标群体内找一些朋友问他们何种工具对他们有效。

5.3.6.1 可以让政治空间最大化的战术

这有一个排除负面影响的例子。在 MRET 运动期间，我们进行了一次民意调查，这项民意调查是审视公众对不同能源意见的支持程度。调查结果显示，95%的人支持可再生能源，如风能源和太阳能，50%的人支持煤气，约21%的人支持煤炭。一个巨大的且囊括全国各地政客的数据库吸纳了这一民意调查。该民意调查显示的消息是：可再生能源是受欢迎的，支持增加可再生能源的使用也是受欢迎的。妨碍可再生能源发展是不受欢迎的并可能会造成严重的政治后果。

下面是一个尝试确保就业问题的有利空间的例子。随着新能源供应的出现，我们不由自主地联想到新能源可能会减少其他能源领域的工作。为了阐述这一假设，我们委托了一份报告，这份报告将风能产业与煤炭产业两者所创造的就业机会进行了比较；这证明了在澳大利亚，一千万千瓦时的基础风电场能创造两倍多的永久性工作岗位，六倍多的制造和装机工作岗位！这个例子说明了我们如何重新打开已封闭的空间，但要重新打开已封闭的空间是很困难的，因为这意味着要解决早已设置好标准的难题。

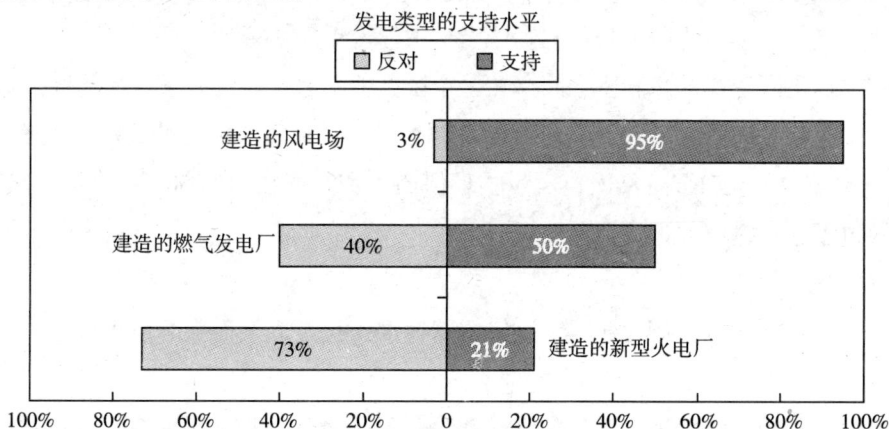

图 5-7 民意调查所显示的公众支持或反对可再生能源粗略图

资料来源：澳大利亚研究组（2003 年）。

在成本问题上，许多游说者想尽力尝试展示可再生能源的成本以使得可再生能源变得不可行。实际上，重要信息表明这与可再生能源的本来面目不相符。所以我们准备了可再生能源相关情况的介绍并组织了游说团，其目的是直接以著名的经济模型为基础说明情况。

我们接下来谈论煤炭和铝行业协会的回击，他们试图否决最初的研究。他们对可再生能源的批判在政客间广泛传播——但有趣的是没有在公众之间进行传播。所以，这要花费很长时间找到正在继续起作用的事物。我们不得不一次又一次地展示他们那些毫无根据的批判，并做更多的工作去证实我们的观点。这就举例论证了在可再生能源立法辩论中的支持者与反对者了解以经济成本为基础的政治空间对做出积极决策是多么的重要。几乎不能起作用的是，反对可再生能源的化石燃料/铝产业的游说团曾通过支付给著名的经济报告大量的资金来论证自己的观点（准确性是存在问题的）。

5.3.6.2　让公众参与的战术

把公众分为三类群体是有用的：一是支持环境倡议和清洁能源的人；二是不支持，或者是拥有更高的优先权的人；三是在该问题上缺乏主见的人——这可能是这三类群体中最大的群体。这三类群体都很重要，必须参与到我们的活动中来。

在 MRET 运动中，过去常常让公众参与的一些战术元素在这里被证明是有用的。首先，我们设定出了一个清晰且明智的目标，行业、非政府组织和政党把以前的目标改编为把新型可再生能源产量增加 10% 即 100 亿瓦（超过 1997 年的基准）。特别是风电的目标定在 50 亿瓦。就家庭的数量而言，通过陈述以上目标我们使得使用可再生能源在公众和媒体素材中显得更加明智。

我们也同意在众多联盟之间存在一个公共的平台，因为它呈现出的联盟达成共识的观点对 MRET 运动是很重要的。这是通过一系列的协商实现的，最终由医生、工会、商业和金融集团、学生、环保团体和行业在内的 50 多个组织经过协商通过了这一达成共识的公共平台。

签署人同意

Ⅰ. 世界领导人认识到，21 世纪全球气候变化是人类面临的最大挑战。气候变化会给所有人和国家带来严重的经济、社会、环境和健康问题。在澳大利亚，气温的上升和极端的天气事件如洪涝和强烈的暴风雨，将会增加森林火灾的发生率；引起农业生产的重大损失并危害自然资源如大堡礁；增加传染病的传播。这样的气候影响已经增加了财产风险，以及经济、社会结构负担的增加。

Ⅱ. 现在应对气候变化的解决方案是可用的。一个基本的解决方案是转移到清洁的可再生能源资源，如风能源、太阳能和可持续的生物质能。可再生能源资源的优点和功能是已被证实的，它成本低，并是世界上增长最快的产业之一。澳大利亚得天独厚地拥有丰富的可再生能源，并被认定为主要的可再生能源技术生产和出口中心，为当地创造了数千个高质量的工作岗位。许多国家已经能够采取政策措施以增加可再生能源的宣传。

Ⅲ. 回顾联邦政府可再生能源强制性目标（MRET），它是一个加快推进清洁可再生能源资源必要措施的机会。2010 年，10%的联邦政府可再生能源强制性目标与欧洲、美国的目标一致。它将使得澳大利亚开始走上使得温室气体显著减少的必由之路，它也将创造 14000 个工作岗位，并使澳大利亚成为提供清洁能源产品和服务的亚太中心。为了现代人和下代人的利益，我们呼吁澳大利亚政府抓住机会增加 10%的联邦政府可再生能源强制性目标。

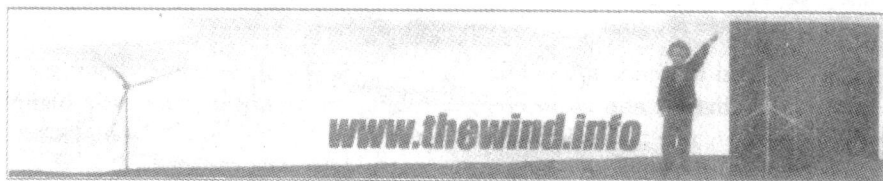

图 5-8 在 MRET 运动中使用的电子杂志为风能消息的条幅，随后它被澳大利亚风能源协会月报所采用

资料来源：转型研究所。

最后，我们呼吁全民拿起手中的武器。如果你警惕人们去战斗，当他们进入战斗中时，你最好让他们做点事情！在这个案例中，我们的要求是人们能够准备在 MRET 的讨论过程中的官方意见书，它是所有签署 10×10 联合组织的代表在一个联合运动网站上准备的。

虽然在审核过程中有 120 条实质性的意见，但如果把公众运动的贡献计入其中，这个数字爆炸性地突破了 5000。的确，秘书处有义务雇用更多的员工去处理数量巨大的意见书。

5.3.6.3　针对问题根源的战术

在从事任何类型的公众运动之前，最重要的是要包括所有相关细节——战略管理的一系列风险。在风能产业的案例中需要去审视鸟类、噪声、景观、旅游业和财产价格的问题。

这里的关键点是要打破主张与反主张的循环，而要打破这一循环需要通过在实用性问题方面引用尽可能多的信息，创造实况报道并实时更新这些实况报道。我们的目标是创造一种明确、不带任何偏见的信息来源，不管原创者的观点如何。

旅游问题带有主观性且容易受社会驱动，与其他的风电场问题相比，要使旅游产业停止营业是很艰难的。为了学习如何解决这些问题，我们找到了一个自然文化保护组织——国民信托，与这一组织在一些问题上进行探讨，就如先前已在专栏 3.5 中所描述的。当时，澳大利亚维多利亚州的国民信托分支机构正在推出一项暂停风力发电的行动，这就致使人们的参观旅游变得更为困难。然而，任何环境保护小组必须意识到环境变化的影响，我们发现我们各自负责的任务是大量重复的。这成了贯穿整个风力发电的包括景观保护在内的环保调查。联邦政府资助了调查相关问题的联合项目。

5.3.6.4 终结错误信息的战术

终止对特殊问题与错误信息的猜测可能需要更深入的分析而不是一份简单的概述。在 10×10 运动实施的第一年间，我们通过制定主题报道，如增加 MRET 的成本、工作、风能源与煤炭的收敛成本、气候影响、电网和电力系统问题应对了这一挑战。这些主题报道由目标受众发起，目标受众包括关心增加就业机会、对内投资与风险的人以及农民、农村地区。诸如此类的报告能够填充关键信息的空白。在这一场特殊的运动中，报告的使用变成了修订政府机构对风力发电定价的基础，甚至五角大楼所委托的研究也引用了这一报告。

5.3.6.5 民意调查是一种战术

如果可再生能源的反对者是高调的，并在媒体上很显眼，那么考察他们的主张和坚持任何的反诉讼可能都是必需的。这样的案例已经在英国和美国出现，在澳大利亚，一个规模小但高调地反对风能的群体正在引起媒体的注意，它看起来像是代表整个社区发言。他们提出的观点如何广泛传播呢？面对持续的批评，审视这类问题对保有政治上的支持是关键性的。为此，我们委托了一项 1000 人的民意调查以考察人民对与可再生能源相关的各种能源的态度。结果是明确的，95%的人支持建立风力发电场以满足未来能源的需求。

5.3.6.6 直接沟通以避开媒体的约束

任何运动的持续挑战都是从对的人那里获得信息。实际上，使用主要的平面媒体是非常笨拙的方式。现在电子邮件的使用当然是一个很精密的工具，但它不应当被滥用。获得一个人，如政客或工会工作人员的电子邮件地址，你就会想要给他发信息，这通常是直接的方式。在 MRET 运动中，为了使用直接的沟通工具，我们创造了每月活动的时事通信或电子杂志以宣扬可再生能源的优点，并让重要人物知道正在进行的活动的水平。

这一工具是如何变得有效的呢？其例子是达到约 2000 条在线目录的大小和对时事通信的注意，这 2000 条在线目录包括了几乎每一个州和国家联邦政府官员。我们绘制了一张澳大利亚的地图以展示每一个选区的风电投资。在第一个小时内可以下载超过 400 条目录。

5.3.7 进度：我们有多少时间以及什么时间我们做什么？

很明显，运动的进度是由目标决定的。如果目标反过来依赖于外部环境，那么外部环境将会决定进度。如果存在为立法机会敞开的窗口，那么以上情况就特别真实了。同样进度也明显受到可用预算的限制。可能决定立法进度的一些元素包括政府审查的时机、议会的开会时间以及州和全国的选举。

清晰的是，关键的生产前置时间会涉及上面所讨论的一些活动元素，如报道和网络。访问某些媒体如大型月刊，需要 6 个月的生产前置时间。如果在它的资源范围内运营的话，进度安排就变成了功能性运动的核心。

进度安排的关键弱点是了解一场运动开展时间的能力。例如，MRET 运动的原定时间为 6 个月，但是 18 个月过去了，还没有实现立法。

5.3.8 资源和预算（需要何种人力、财力及其他资源？）

评估政治运动运行所需的资源是最困难的，因为它要为一个新行业打破已经形成的行业格局。我的一位同事曾经指出：一个人、一台电脑和一部电话就可以成为一种毁灭性的政治武器。然而，我不再相信一个行业能摆脱这种一人式的途径。关键之处是促进变革而不是阻止变革，并把举证责任归于支持者以证明他们所处的环境，并且这是资源密集型的。

5.3.8.1 资金还是人?

任何运动都能通过雇用一位来自行业有名的优秀发言人,以及一位能够把消息传播出去并获得适当支持的优秀新闻官来实现其内部运营。另外,这些角色能够外包给一家能够专业从事这些任务的公关公司。然而,这种方法需要资金的支持,人的标准越高,他们的价格就越昂贵。在工业化国家,任何行业的推广预算都将投入数百万美元。尽管在其他国家里行业推广可能并不是那么昂贵,但是当地可再生能源产业的资源相关成本和服务成本将会保持很高的水平。

环保团体没有因为其流动资产而闻名,但是它通常拥有重要且技术熟练的人力资源来承担印刷工作、意见书和简报的写作及游说的任务。所以,尽管他们缺少可支配的资金,非政府环保组织却可能拥有人力资源从事政治性运动。

另一方面,新型可再生能源产业在初期时的贡献可能会很少。现实社会中存在产业协会吗?有志愿者委员会吗?有新闻官吗?有为出差、印刷及委托报告而准备的预算吗?

这是必须经历的关键性步骤。如果它想要一个短期的、猛烈的、有推动力的运动以确保有利的立法,那么该产业必须集聚短期资源。这远远超过了产业协会一般运作所需的资源——即便协会有全日制的雇员。如果没有确定的结果,明智的商人可能也不会随便投资自己辛苦挣来的钱。

然而,我们通过澳大利亚可再生能源公司表达这一问题:"如果我们成功了,开拓出的市场将会使得这一运动的投资显得微不足道。如果我们不能确保或实现立法的重大进展,那么你们拓展自己商业的能力就会受到限制,花费再多的资金也不会改变现实。因此这一运动是低风险的投资。"

我们同样也必须记住许多可再生能源生产商正在积极地寻找新型市场,他们拥有大量的市场开发预算投资于合适的地方。

除了财务资源,产业运动还可以利用其他资源。因为产业成员可能拥有工作所得的少许资产,而这些资产必须充分利用。对游说起关键作用的是产业内的工作人员,特别是产业的管理者。因为在制定何种政策的辩论中,他们自身、他们的业务及员工处于危险之中。

产业领导者能够通过就他们的工厂、员工、未来愿景与预测、海外经验及与政客的沟通来增加运动信息的分量。如果他们的员工通过写信、接受媒体采访、以公司为基础的游说等方式参与发生在媒体和政府之间的辩论,该产业也能使得运动的影响最大化。在活动的高峰期内投入人力资源也会产生同样的效果。通常，所有的这些措施都能够促进运动团队与产业之间的沟通，同样也有利于促进该部门充分利用所有活动。

就个人而言，在产业组织的保护下，我更喜欢组建半自动结构的运动。在一场激烈讨论的活动平台下，活动团队能够使他们就某些项目达成共识。这也意味着一旦发起者同意项目参数和产出，那么他们能够独立地管理运动的进展，而不会遭受产业内竞争者的影响。与他们自己的资产预算、管理部门和报告、独立于产业协会的固定预算一样，这些活动可被视为特殊的项目。

5.3.9 测量标准（我们如何做？）

政治运动很难被测量，赢或输可能都不是影响或胜利最好的标志。公共人员常常注意到以下三种方式是很容易偏离主题的：追随领袖；对重大事件做出反应；通过一致的战略和战术的延伸而筛选实际工作。因此，我建议采取两种不同类型的测量：第一，实际完成的项目；第二，项目所产生的影响。

5.3.9.1 确保项目工作的完成

测量的第一步必须包括基本项目的管理。例如，物料已按计划那样生产出来了吗？相关人员已经获得这些信息了吗？已有多少政客的简介了？在我们决定战略是否有效之前，我们必须了解战略是否已经得到了合理的执行。

5.3.9.2 衡量项目的影响

要衡量一个项目的影响需要使用外部指标以帮助评估运动过程中的关键信息和目标受众，任何沟通战略的明显（虽然简单）指标是"栏英寸"——平面媒体报道的数量。然而，我们需牢记我们正在努力影响我们目标群体的意见。

一套更加合适的外部指标需要反映并侧重于目标群体所从事的工作。有用的指标可能包括一般专业媒体和/或专业媒体（印刷、广播和电视）的总数量。我们同样也观察公众参与工具（请愿书、网站、信件和明信片）的成功，或者通过时事通信计算直接通信人员的数量。我们能够量化公开及私下抱怨或者目标受众所支持的事件。因此我们能够进一步调查报道或政务流程、评论、委员会和工作小组产生的效果。最后，我们能够实施有关公众或目标群体的民意调查。然而，这里我们必须确保问题的答案能够避免推离式民意调查或偏见。

例如，通过重要媒体的关注来判断澳大利亚风能源协会的 MRET 运动效果，这些关注通常描绘了可再生能源特别是风能源的轮廓。如以上所描述的那样，该运动也促进了相当数量的公众作出反应，包括在线提交 MRET 评论。

然而该运动无法确保目标市场的增长，尽管如此，MRET 仍然作为重大运动的目标之一被保留了下来。运动对决策者影响的衡量可能被理解为从 MRET 完成审查到决定发布所拖延的时间。实际上，专栏 5.1 描述了 2004 年 5 月秘密会议的泄露，表明政府关注公众的力量和可再生能源的产业前景。然而，拒绝提高可再生能源目标表明澳大利亚的化石燃料和能源密集型行业的游说团有着强大的政治力量，这一游说团显然有较强能力进入政府的政治决策者行列。

通过报道、积极主动和被动反应的媒体等方式，运动同样也能克服有关风力发电项目的错误信息，并重新获得相当数量的媒体空间以为公众提供一张有关风能源开发更加真实和均衡的图纸。高水平的倡议，就像景观项目那样是解决就股东忧虑和防止未来潜在冲突。

专栏 5.10　两个知名度很高的环保主义者关于风电的辩论

下面是澳大利亚联合新闻社新闻故事的新闻摘录，它阐明了反对风力发电的活动家是如何捕获媒体关注的：

两大著名的国际环境保护者在澳大利亚是否应当建立风电场奋力辩论。著名的英国植物学家大卫·贝拉米坚定反对风电场，他谴责风电场是无意义的、昂贵的、丑陋的且对鸟类是危险的，他把风力发电的倡导者称为骗子，最近他还在澳大利亚的新闻中把风电场描述为"大规模毁灭性武器"。

现在，加拿大的基因学家、广播员和环境专家大卫·铃木已经回击了贝拉米的立场，他认为贝拉米的观点没有任何意义。"称风电机组为大规模毁灭性武器是不科学的，不负责任的且错误的。"他在一份声明中说："风电场几乎是我们所拥有的且对环境最有利的能源资源，从字面上可以看出，它们是从清新的空气中产生电的。"

铃木认为到 2010 年，风能源所产生的电量能够供数百万澳大利亚家庭的使用。"这一重大贡献是人民所迫切需要的，因为澳大利亚 84% 的电量来自燃煤，"他说，"发电产生的温室气体污染是巨大的，大约是澳大利亚全部温室气体污染的 1/3。"

> 铃木和贝拉米关于澳大利亚发电的争论是更加广泛的国际争论中的一部分，而这一国际争论是指绿色群体之间关于风电场优点的争论。
>
> 被称为反对风电场的游说团 NIMBYs（别在我家后院）的其他环保主义者更加担心当地财产的价值，而对出现的气候变化威胁却不那么担心。
>
> 资料来源：澳大利亚联合新闻社（2004）。

5.3.9.3　运动会适得其反吗？

当问题似乎事与愿违时，会发生什么呢？例如，倘若使用不断增加对某一可再生能源产业的描述来作为负面教材，那又会是什么结果呢？更多如此负面的报道真的是运动不起作用或起副作用信号吗？这产生了事与愿违的效果。

这一问题不存在唯一的答案，因为它们依赖于具体的问题和具体的产业。在一些案例中，行业也许能确定它无法通过这类公共交流平台来期待公众的显著支持，产业的兴趣也因此通过使这些问题远离媒体而受到最大的关注。这一效果可能在核能产业中看到，在一行业里，关于项目的新闻越少，该行业拥有的机会就越好。

然而，可再生能源产业能够期望得到公众的显著支持，因为它能够满足环境的关键需求。而且，这一产业必须积极开发、培养公共商誉与认证以实现立法的支持。

因此，可再生能源支持者不应当逃避公众对可再生能源的争论，尽管它是负面的。也就是说，当争论真的发生时，可再生能源产业必须确保它有资源和材料以善处难局。

尽管专栏5.10描述的争论可以说是抑制了人们对风电的批评，但是它没有指出在气候变化背景下风力发电的影响，以及风电场并非单纯是对农村的工业入侵。

5.3.10　动力：我们如何与变化的事物保持一致的步伐？

最后，我们必须期望外部事件将会改变我们已绘制好的有关运动历程的蓝图。我们可能发现不同目标群体的环境已经产生了不同程度的变化，这些环境已与我们的期望或者计划不同。的确，运动越成功，支持者和反对者的反应似乎越强烈。因此，为了确保资源的使用是明智的，运动战略循环必须定期回顾与更新。

　　表面看来，这样的进程似乎很容易，但实际上运行起来却很困难。一旦运行，运动就会很快得到拓展以占有所有可用的时间和资源。然而，一项强大的战略和执行计划能够帮助维持原计划的重点，遵守必要的纪律以坚持商业的核心，并帮助衡量要抓住哪些机会，要放弃哪些机会。为了实现运动的动力均衡，必须不能让太多的动摇运动的声音环顾其周围以至于让战略无法进行下去。然而，同样必须避免太过呆板而不能促进事件发展的运动。

专栏 5.11　法国桑泰克：运用虚构强调事实

　　由英国石油公司领导的团队于 20 世纪 90 年代公布了一项关于欧盟的研究，这项研究显示了光伏较低成本的技术进展所面临的挑战更多是在于规模经济，而不是技术的限制。这与认为太阳能需要的是技术突破的传统型观点有着本质的区别。

　　这方面的知识有着显著的政策后果，因为它指出政府的支持应当集中在市场开发而不是研发上。很明显，这也会对已存在的和即将成立的公司、能源领域的投资者、电力部门产生反响。

　　考虑到这些已识别的目标群体，下一个问题是如何把这些信息以一种可信且可以理解的形式传达给他们。第一，荷兰绿色和平组织委托了毕马威会计事务所利用音乐调频电台的研究结果计算在欧盟市场 [2] 中，与现存的电力传输成本相比，扩大的光伏市场是否会导致成本的增加。

　　该结果是引人注目的。如果屋顶太阳能电池的产出水平能够每年产生 500MW 的峰值，每年能为约 200000 户家庭提供充足的电量，那么使用现有技术的屋顶太阳能电池将会比常规发电有竞争力。作者是以北欧的条件为基础分析的（注意这里是缺乏阳光的）。他们也注意到在一个小国家如荷兰的任何一年里，这一数字没有超过所建设的屋顶数或者更改成适合屋顶的太阳能电池。从商业视角考虑，毕马威会计事务所认为光伏太阳能能够被当作移动电话技术；光伏太阳能以很昂贵的产品和很小的市场为起点，但是基础技术市场将会增长，成本也会随之减少。

　　该报道在国际范围内公布，并且它是从商业和金融媒体的报道中获得的。它所接受的关键方面是来自毕马威会计事务所的消息，这是在商业领域一个可信的名字——他们自己这么说。这一报道也因此传到了金融部门的基层，各种类型能源公司的投资者可能出于各自目的而行动，成为最终的决策者。

该报道推出了以伦敦为基础的名称为 Cosmonaut 的营销公司，它被委托帮助概念的沟通。该概要为："一个新型的能源公司即将推出竞争性的屋顶太阳能发电。它为投资者和第一次做广告的公司而设计。"一些结果展示在图 5-9。

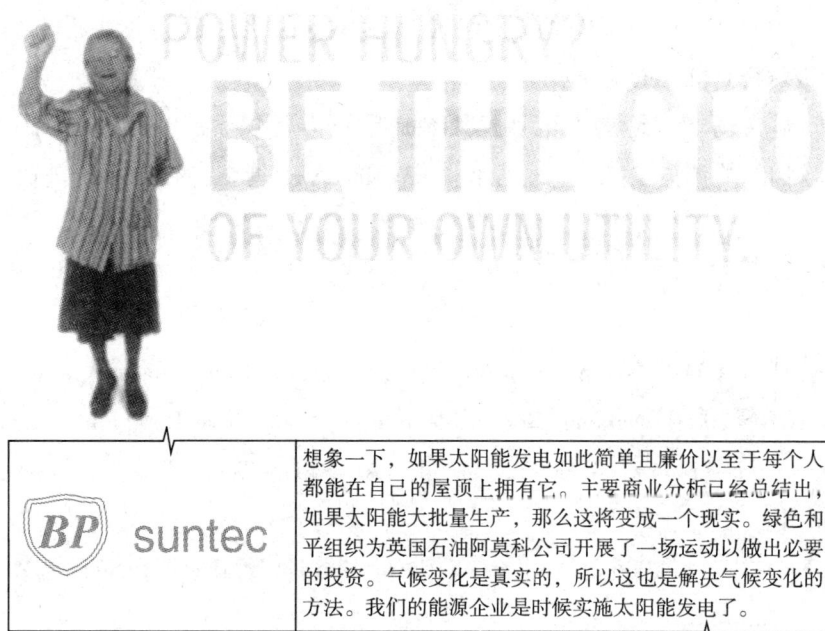

想象一下，如果太阳能发电如此简单且廉价以至于每个人都能在自己的屋顶上拥有它。主要商业分析已经总结出，如果太阳能大批量生产，那么这将变成一个现实。绿色和平组织为英国石油阿莫科公司开展了一场运动以做出必要的投资。气候变化是真实的，所以这也是解决气候变化的方法。我们的能源企业是时候实施太阳能发电了。

图 5-9 虚构公司 Suntec 的宣传材料（向阿莫科公司的股东展示该公司可能会支持什么，如果公司拓展它的光伏业务）

资料来源：绿色和平组织（1999）。

5.4 结 论

本章开头时我们认识到在政界工作和在其他领域里工作是完全不一样的，为了理解它的基本原理，我们必须知道政治的动力和压力、他们如何受影响、我们如何能影响这些程序。本章我们使用了一些用在任何政治或市场活动上的问题，这一问题被用来指导开发一项战略以促进可再生能源的立法，并通过澳大利亚一项运动的实际例子来说明了这些（成败皆有）。

从某种方式来看，本部分理论在此结束，而不是在经历过政策演变的专家的言语里寻找实际的经验。

注 释

［1］1979年，ECU（欧洲货币单位）作为共同的欧洲货币被构思出来，回顾过去它被认为是欧元的前身。

［2］硅、薄膜太阳能电池和模块制造数百万瓦规模的扩大（APAS RENA CT94 0008）。协调员 T.M.Bruton 博士和 J.M.Moodcock 博士，BP 太阳能公司。

参考文献

1. AAP（2004）'Green gurus row over wind farms', Australia, 11 May.

2. ARG（2003）National Renewable Energy Quantitative Research, Australian Research Group report on polling for the Australian Wind Energy Association, September.

3. Frew, W.（2005）'Full steam ahead a threat to rivers', Sydney Morning Herald, 4 June.

4. Greenpeace（1999）Suntec Investors Brochure, Greenpeace International.

5. Republic（2003）Perceptions Audit of Industry and Government Attitudes Towards Wind Energy in Australia, text slides presented by Republic Consulting, AusWIND conference.

6. Sydney Morning Herald（2005）'Full steam ahead a threat to rivers: WWF', article by Wendy Frew, June 4.

第❻章　恶劣的环境：非化石燃料公约和英国可再生能源产业

戈登·艾吉

6.1　引言：英国可再生能源政策的诞生

6.1.1　待开发资源

英国是世界上拥有质量最好且最丰富的可再生资源的国家之一，它拥有着欧盟15国（最近的扩张之前）全部风力资源的40%，开发利用了波浪发电的庞大商机，使用森林资源和其他生物资源的潜在机会，拥有和北欧国家相同的使用太阳能的制度。尽管拥有这些相对丰富的财富并且历届政府很早就实施开发这些资源的计划，但是英国在建立可再生能源产业，特别是制造业方面仍落后于其他欧盟国家。如果能制定诸多政策并提供财政资源，那么目的与结果之间的不一致又是如何产生的呢？

应对气候变化的迫切需求仍未消退，英国人兑现气候承诺的决心已经使得国家在相关环境方面有所改善。实际上，在欧盟国家中，仅有两个国家以兑现自身气候变化承诺为目标，而英国是其中的一个——尽管无论它的可再生能源目标是否达到，它将只能这样做。然而，20世纪90年代的英国错失了可再生能源开发的良机意味着丹麦、德国以及西班牙的制造商是现在乃至将来开发英国风能的主要工业受益商。而且，尽管我们仍非常需要其他可再生资源，但是它们仍处于萌芽期。如果这些资源不能循环利用，那么我们会从先前犯下的错误中吸取更多的教训。

6.1.2 文化背景

可以说，英国无法充分开发可再生资源仅仅是众多不愿意开发本国学术资源以让制造产业获益的国家之一。在英国，一个通俗的所谓"事实"是：大学中的创新理念是由国家或者发明者和企业家所发明的，而这被政府和企业所忽视。然而，正如我们所看到的，因追溯早期欧洲诸多可再生能源技术的开发，可再生能源才被发现。在英国，问题不是可再生资源被忽视，而是它们所接受的政策支持没有按照预期中那样有效地起作用。

我们同样也应该看到政治环境是可再生能源驱动力的核心要素。可再生能源政策在电力部门解除管制的第一阶段期间建立，这曾经横扫整个工业化世界。因此，自可再生能源产业的开端起，在管理权和经营权二者最基本的改革期间，可再生能源产业的胚胎已经形成。卓越的财政效率与证券市场的使用不仅局限于电力部门，而是在众多不同的产业区域发挥作用——甚至在自然垄断行业如铁路服务业和自来水业。所以，一个以市场为基础的模型，即使未经考验过，也将为可再生能源的驾驭者所使用，对于这点是不足为奇的。

最后，在英国法律文化下，个人的地位、权力与可再生能源产业的发展高度相关。在地方，土地所有者和居民的合法权利在阻挠国家的计划和扰乱国家的环保重点方面被证明是很有力量的。对这一问题缺乏认知和提供股东参与的框架，以及缺乏预期计划的解决方案在过去可能已经成为重大疏忽之一。

6.1.3 政策压力和非化石性燃料公约的诞生

在1990年的英国电力供应行业私有化之前，中央发电局已经与能源部一起从事可再生能源发电技术的研发。这就促进了风能产业中众多创业公司的兴起，同样也促进了英国部分大学院校的改革创新。一个相对小但能够促进产业繁荣的种子已经在英国的产业部门内播下。

然而，可再生能源的发展问题却没有在政府的日程中得到高度重视，而这时英国政府把注意力主要集中在抛售英国的电力行业上。保守党热衷于贯彻他们在电力部门竞争的计划，政府也在实施包括兜售核能发电方面的计划。然而，金融部门分析了政府的计划，显然在一个相对较晚的阶段，私有金融部门不会接受核电的风险和负债。

政府被迫使得核能发电商业被保留在公众手里的同时也兜售其他电力资产。然而，正如财务分析总结出的那样，核能发电是一种金融负债，所以政府不得不寻找一种方式去支持负债的成本。因此非化石燃料公约的观点应运而生。

为了确保核能产业能够继续生产运行，必须有足够多的金钱去支付其退役成本，发行公司将会被迫进行核输出。因为核能发电比传统能源发电要昂贵得多，这就迫使经销商去购买反竞争行为的能源，因此这就损坏了正在建立起来的市场基础。答案就是为了支付上述核能源市场成本需对所有化石燃料征税——化石燃料税。这是世界上第一个有效的碳税。

这种税收强加在以化石燃料为基础的电力之上，并由独立的电力管制机构掌管。因为核产品的"优点"可以在其他产业部门实施广泛的税收，所以通过这种途径，政府可以让所有的消费者支付额外的成本。当然，该体系忽视了核电的浪费、风险问题。

在 20 世纪 80 年代晚期，随着这场戏剧的落幕，环境问题被列入政治议程之中。臭氧层第一次遭到破坏和气候变化被认为是紧迫的全球问题。玛格丽特·撒切尔，一名训练有素的科学家，在关于环境危机方面作了一次演讲，这次演讲对于 1988 年 9 月 [1] 的皇家学会是尤为特别的，而且这次演讲使得环保组织感受到十足的压力。我们可以看到政府内部通过非化石燃料公约拓展资金以利于开发技术而非核能的机会，也就是指开发可再生能源，因此减少了对政府环境方面的批评。

起初，用在可再生能源上的非化石燃料资源比例是很少的：20 世纪 90 年代，核能源从化石燃料税收中获得 78 亿英镑，同时可再生能源获得 4 亿英镑。当它支持核债务时，化石燃料税约以 10%的规模运作，但是一旦只让可再生能源获益，这一比例降到了 1%以下。然而，非化石燃料公约对小规模行业的发展有重大的促进作用。在 20 世纪的最后十年，核电却没有占优势，诸如风力发电等行业在增长方面甚至在价格方面都侵蚀着核电。随着可再生能源技术的发展，有越来越多的资金为可再生能源的投资所用（见图6-1）。

非化石燃料公约概念的关键因素可以从以下几方面确定：

● 从理论上讲，英国政府以确定的成本来确保最大限度的可再生能源发电量。

● 通过与开发商签订长期的合同，融资将变得相对容易，利率也相对地减少。

● 每项技术的价格都公开化并通过连续性竞争把价格降下来。

● 对于每五项可再生能源技术，技术联合机制会给其中之一拨发预定数量的"非化石燃料公约"资金。在商业完善和定价方面不同的可再生能源不会使其受到排挤，但需提供一个确定的资源分享方案。

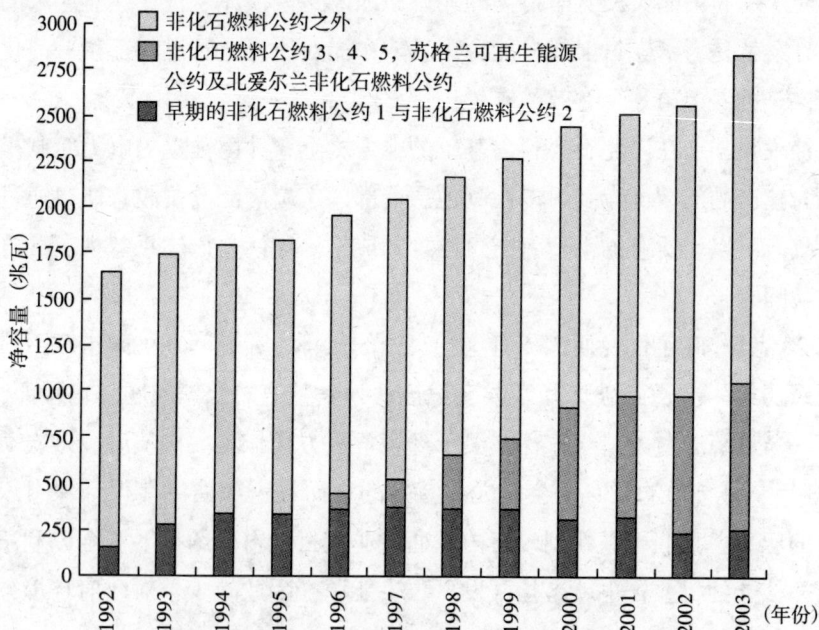

图6-1　1992~2003年可再生能源发电量，包括早期的非化石燃料公约合同
（与苏格兰和北爱尔兰的相同）及非化石燃料公约以外的量

资料来源：英国工业贸易部。

6.2 非化石燃料公约：政策和应用机制

6.2.1 机 制

在非化石燃料公约的机制下，为了挑选要支持的可再生能源项目，政府呼吁项目开发商们竞标。以每一单位能源产出量的项目价格为基础，直到每一项技术的分配量被耗尽，标价最低的方案将成为首选。

在非化石燃料公约的寿命周期内有五次投标过程。第一轮投标（非化石燃料公约 1）发生在 1990 年，以后几次分别发生在 1991 年、1995 年、1997 年和 1998 年。两次竞标轮次之间隔着很长的时间，后面我们将继续讨论。

竞标取胜者以竞标的价格获得一定规模的电力收购合同。然而，作为通往单一的欧洲电力市场途径的一部分，欧洲委员会推出一项方案，在这项方案中，国家将结束对能源部门的补贴。欧洲委员会规定：非化石燃料公约作为对核工业的国家补贴，在 1998 年已经被终止。因此，任何在前两次可再生能源招标轮次中获得非化石燃料公约的开发商都将获得合同，而这仅仅持续到 1998 年。在可再生能源项目能够补偿他们的投资额期间，这种效果在大多数时间内起作用。当然这导致了更高的竞标价格。随着竞标价格的下降，后来委员会允许英国政府拓展可再生能源方案。而后来，合同的期限为 15 年。

6.2.2 非化石燃料公约进程

非化石燃料公约，遵循相应的苏格兰和北爱尔兰公约的轮廓，其进程描述如下。

首先，英国工业贸易部（工业贸易部：在能源部关闭后成为对能源负有主要责任的政府机构）呼吁在非化石燃料公约投标轮次内竞标。英国工业贸易部将会指明每一技术带的潜力。

项目开发商将会在这些技术带里为装机容量提供建议——大型/小型的风力发电项目、水电站、废物气体的填埋、废品转化能源和生物质，以及能源作物项目。第三次苏格兰可再生能源义务投标轮次同样包括波浪发电。英国工业贸易部将会重新审视这些投标，并把它们在每一种技术带内以成本和价格最低进行排序，直到数量约等于竞标轮起初宣布的数量。最终总量没有必要和指明的数量相匹配，这依赖于每一种技术带的数量和质量。

成功的竞标者会签订合同，而这些竞标者仅有益于首次竞标中所声明的项目。一旦这一进展结束之后，可再生能源电力开发商将把他们的产量出售给非化石燃料采购机构。这一机构曾首次拥有 12 家地区性的电力公司，在英格兰和威尔士，这些电力公司是后私有化的配电公司。为了弥补销售价和合同成本之间的差额，非化石能源采购机构曾向地方电力公司所在的地方出售电力。在这里，项目地点的确定以监管机构所设置的价格为基础，并且能够在化石燃料税下获得可再生能源筹得的款项。

6.2.3　合同产量

起初，非化石燃料公约仅仅适用于英格兰和威尔士，由于英国独特的自然环境结构，苏格兰和北爱尔兰需要独立的法律法规。这在 1994 年开始贯彻执行，随后，苏格兰可再生能源义务的三次投标轮次分别出现在 1994 年、1997 年和 1999 年，而北爱尔兰的非化石燃料公约的两次投标轮次分别出现在 1994 年和 1996 年。表 6-1 显示了项目数量和承包能力。

表 6-1　非化石燃料公约竞标轮次各阶段下给定的非化石燃料公约合同的项目总数和生产量

	项目数量	生产量（MW 已声明的净容量 [2]）
英格兰和威尔士		
非化石燃料公约 1（1990 年）	75	152.1
非化石燃料公约 2（1991 年末）	122	472.2
非化石燃料公约 3（1995 年）	141	626.9
非化石燃料公约 4（1997 年）	195	842.7
非化石燃料公约 5（1998 年）	261	1177.2
非化石燃料公约总计	794	3271.1
苏格兰		
苏格兰可再生能源义务 1	30	76.4

续表

	项目数量	生产量（MW 已声明的净容量 [2]）
苏格兰可再生能源义务 2	26	114.1
苏格兰可再生能源义务 3	53	145.4
苏格兰可再生能源义务总计	109	335.9
北爱尔兰		
北爱尔兰非化石燃料公约 1（1994 年）	20	15.6
北爱尔兰非化石燃料公约 2（1996 年）	10	16.3
北爱尔兰非化石燃料公约总计	30	31.9
总计	933	3638.9

资料来源：英国贸易与工业部。

6.3　实践中的非化石燃料公约

6.3.1　装机容量

在实践中，非化石燃料公约的合同容量和实际中完成的装机容量之间存在着惊人的差距。2003 年末，以声明的净容量为基础的合同产量仅仅实现了 30%。如果合同中所有的项目都得到开发的话，那么英国将会拥有 1154MW 的电力资源（已声明的容产量），并因此拥有该技术相当大的市场。到 2001 年 7 月 30 日，仅实现 164MW（已声明的净容量，铭牌容量约 380MW）的生产量。尽管浪费的项目也存在严重问题，但是除了风力技术以外的技术已经大大促进了合同容量的完成（如表 6-2 所示）。这显示了政策缺陷的重要方面即我们应该适时适地地开发利用资源。

6.3.2　定价

该方案最成功的地方就是它能够洞察可再生能源项目的真实定价，同样也成功实现了所声明的经济效益，并给了促进投标价格尽可能低的压力。附录 B 的图表列出了在连续性的非化石燃料公约投标轮次中投标价格是如何下降的，尽管从

表 6-2 给定的非化石燃料公约、北爱尔兰非化石燃料公约和苏格兰可再生能源义务下签订的合同以及通过技术完成的项目总数和生产量

技术	合同项目		委托项目（2004 年 3 月 31 日）	
	数量	容量（MW 声明的净容量）	数量	产量（MW 声明的净容量）
生物质能	32	256.0	9	106.5
水电	146	95.4	68	47.4
堆填区沼气	329	699.7	226	474.8
城市和工业废料	90	1398.2	20	235.5
沼气	31	33.9	24	25.0
波浪能	3	2.0	1	0.2
风能	302	1153.7	93	219.8
总计	933	3638.9	441	1109.2

资料来源：英国贸易与工业部。

非化石燃料公约 2 到非化石燃料公约 3 中太多的竞标价格的下滑得益于 1994 年后合同期限的增加。

话虽如此，我们需要注意的是非化石燃料公约本身不一定会引起这些价格的下降。连续的非化石燃料公约投标轮次的成本下降与经济规模、日益丰富的行业经验、庞大市场所驾驭的先进技术有着很大的关系。实际上，英国政府有效确保了非化石燃料公约方案能够获得花在德国和丹麦工业发展的资金上所取得的利益，在这里，追求的是不太激烈的竞争，因此，风险较低的市场驱动力促进了工业发展和投资（如图 6-2 所示）。

6.3.3 新技术的酝酿

非化石燃料公约最显著的特点是它包含技术带。它不同于可再生能源投资组合标准但又与竞争性的以市场为基础的方案相似。这刻意地确保了利用资源以促进有目标行业的发展，但没有促成最低成本的技术来开发所有的资源。

一个有趣的例子是对波浪发电开发的识别。尽管可以认为众多其他类型的技术已经或多或少地延伸到其他国家，但是波浪发电却没有引起整个欧洲的政府的兴趣，尽管作为一种能源，它的潜力已经被人们所掌握。通过把波浪发电纳入竞标轮中，政府把波浪业置于技术的快车道和工业发展之上。

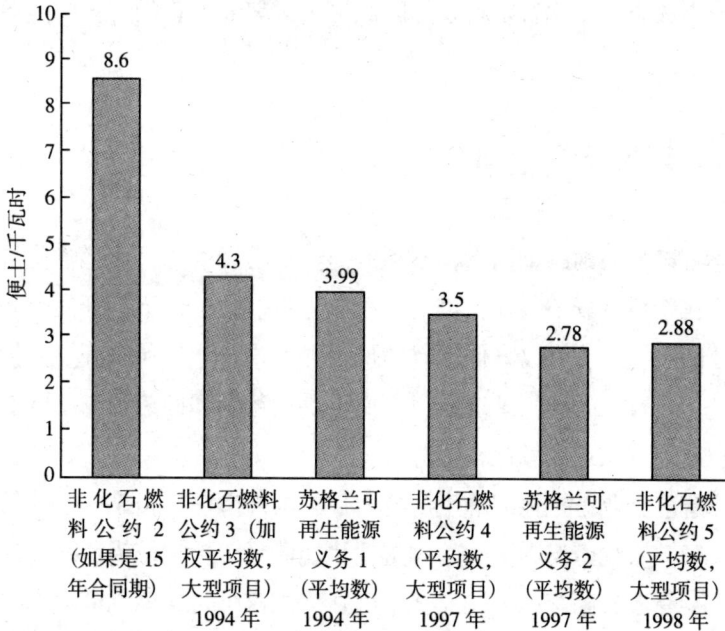

图 6-2 花费在德国和丹麦的工业发展中的资金使非化石燃料公约受益，
例如，这导致了风电价格的下降

资料来源：英国贸易与工业部。

尽管我们现在习惯于看着可再生能源购电法律系统使用技术定义来设置电力价格，但是非化石燃料公约规划体系很少以竞争市场为基础使用这一特征。现在竞争系统的流行正趋向于取代一种完全不同的技术中立原则的方法，在这里，价格仅仅被当作技术组合。

6.3.4 制造能力

以最低价格中标并带有奖励性质的合同政策对英国的工业在用新技术去开发自身制造能力方面产生了负面的影响。为了确保非化石燃料公约合同能竞争过其他项目，开发商被迫选择最低价格的技术。在这一体制内不允许一些开发商选择高成本的本土制造商或者使用内部的技术，并且在未来各种可能性的发展方面也缺乏确定性的保证。综观各种考虑，在短期内，这种环境具有高风险性。

然而，英国企业很早就在技术开发循环方面没有太大的关系，甚至与丹麦的风力涡轮机制造商方面相比，企业方面的极端价格压力使得生产商失去生产风力涡轮机的雄心壮志。非化石燃料公约因此失去了培养真正的可再生能源技术产业的机会。

6.3.5　所服务的行业

在非化石燃料公约的机制下，不利的商业环境产生的负面影响使得成功学习运营的企业在新型市场中很具竞争力。在非化石燃料公约下，开发商和咨询顾问通过增进技能、提高能力以降低项目的价格并列出类似于所有开发商的一套硬件成本。而且，在自由的英国国度中，它们也许比德国和西班牙竞争者在成功适应自由的电子市场方面存在着比较优势。

现在，这些企业正把他们的生产能力带向国外市场。McAlpine 建筑公司子公司的可再生能源系统已经和美国的大型项目相联系，旨在成为法国和澳大利亚市场上的重要参与者。国家风力发电部（现在为国家可再生能源电力部）在美国已经取得了成功，同时，其顾问加拉德·哈桑在世界范围内声名远扬。

非化石燃料公约的经验也导致了金融行业中一些专门技术的形成。从业人员对可再生能源技术慢慢熟悉，并用他们的技术去开展金融项目——通过长期的非化石燃料公约合同为资金的供给提供了有利条件。尽管非化石燃料公约的替代品即可再生能源义务法需要不同的融资结构，但是现在的银行业者和投资者至少熟悉这项技术。

6.4　非化石燃料公约政策分析：还有什么可以做得更好些？

非化石燃料公约的经验高度强调了没有准备一套整体性的政策框架而建立可再生能源驱动力的危险。这里我们考虑与整合或"联合决策"相关的若干问题。

6.4.1 行业、就业需求

创立非化石燃料公约时，英国政府和其他欧洲政府一样面临着高失业率。竞选者赢得竞选的关键条件是新行业和新工作岗位。英国技术和制造业的建立导致了新工业和新技术的产生备受争议，但是在非化石燃料公约的政策制定方面却没有表达清楚。也许这就要依靠政府在自由市场经济方面的功能。

尽管欧盟声称救助性规则可能已经把一项详尽的条款排除在外，但是呈现出的支持性政策框架似乎是无处不在的，确保制造业和就业能力的实现已经超出了政府的控制——考虑到政府掌握着财政大权，这是一个重大疏忽。这种疏忽与西班牙地区的政府形成了鲜明的对比，在西班牙，支持可再生能源的计划有效地成为传输包含当地内容、制造业，进而包含就业的稳固连线。

6.4.2 整体规划

合同很难转化为产量的原因是复杂的，但是我们首先要关注的是非化石燃料公约和计划程序之间的关系——或者它们之间根本就不存在关系。获得非化石燃料公约合同只是开发一个项目的第一步——在工程开始之前必须得到地方当局的批准。作为私有化立法补允说明的非化石燃料公约，很少有人留意潜在的问题即开发商有可能获得规划许可。不合理的竞标结构同样也使非化石燃料公约所揭示的问题进一步恶化。

因为在竞标过程中需要保密，开发商不能从地方社区获取有关他们项目计划的信息——开发商如果做不该做的事情，将被现在的社区咨询标准视为"自杀式"行为。通常，非化石燃料公约合同激励的第一个迹象就是建立风电场或生物质发电厂。在这种情形下，开发商要获得对规划申请具有决定权的地方当局或地方居民的信任是很困难的。

另外，大力强调减少成本反而会增加计划进程的困难。生产成本的减少驱动着开发商去寻找风力最强的地区——这趋向于选择景观价值较高的地区，因此这些地区关于建立风电场的建议更容易遭到反对，且很有可能被拒绝。然而，一些开发商认为这才是真正的问题，他们认为任何地点的风力规划都是困难的，但确定的事实是非化石燃料公约竞标程序留给开发商的可供操作的财政空间很小。这限制了开发商为地方当局提供服务的能力，以至于开发商要获得规划许可变得更加不容易。同样也存在一项规定即能重新定位项目，这又进一步限制了工程的按期完成。

然而，非化石燃料公约的结构使得开发商陷入了困境之中，如果从中央政府到地方规划局存在着较强的指导，那么将会生产出更多的电力资源。缺少这方面的统筹，议会就会被少数但强烈反对任何规划申请的少数派所左右。这正是国家守护组织，它拥有着最著名的撒切尔夫人的前新闻秘书伯纳德·英厄姆，他强烈反对风力发电。英厄姆也是支持核能组织的成员，他极度怀疑核工业在遭受摧残。与拒绝风电场申请相伴的是一连串规划决策，因为风电场少量的产电量不足以弥补对景观造成的破坏。这与政府政策不相符，但是如果没有一项规划政策指导说明来指导这一政策，地方官员将会很容易忽略它。

与德国和丹麦这两个国家相比，部分中央政府在规划这一问题上是缺乏深谋远虑的，德国和丹麦很早就标记出来哪些地方适合开发而哪些地方不适合开发。开发商也可以理所当然地满怀着许可不会被拒绝的自信去开发项目。

低风险、单一的固定关税，作为这些国家的支持模式同样也使得当地居民拥有众多风力涡轮机，因此同意规划许可是获得一个选区选民支持的关键。复杂的非化石燃料公约竞标合同程序仅仅适用于专业的开发人员和金融家，几乎没有一种情景可能培育信任和相互间的合作，因此英国的地方当局被公众所排斥。

6.4.3　竞争程度

强调最低招标价格所创造的高度竞争的系统，鼓励乐观的开发商在一定范围内压低他们的竞标价格，仍无法滤除过度乐观的开发商。因为每个人都能学着做，所以犯错是无法避免的。特别是在激烈竞争程序的压力下，犯错更加无法避免。鉴于中标者在合同到期之前有五年的美好时光，一些中标者可能在设备成本的减少上下赌注。如果成本未能降低到足够程度，他们的项目将不能实施。因此，激烈竞争的系统组合对不能按期完成项目的生产商不进行处罚伸得珍贵的非化石燃料公约资源得不到充分利用，同时也使得竞争力较弱的投标者无法意识到问题的严重性。

6.4.4 连续性和稳定性

同样，对于英国繁荣的可再生能源商业部门开发的不利条件已经荡然无存——这是非化石燃料公约的本来面目。每一招标轮次的发生时间都是不规则的，相比之下，当下一次招标轮次可能发生时没有太多的迹象。对在第二次招标轮次出现后三年都没有发出竞标邀请的重新审视是值得注意的，在这三年里，由于业务的缺乏腐蚀着羽翼未丰的商业，同样因为对竞标程序的不满使得开发商纷纷脱离本行业。

当标书公布时，风险都抛给了开发商。开发商将陷入疯狂的活动中，当他们不能确保是否能够按期完成项目时，他们不会计算投入在他们所做项目的资源量。他们不但不知道竞争对手提供了什么，而且也不清楚有多少项目是政府颁发的。在两次投标轮次竞标之间，企业不得不再次判断如何在不确定的情况下开发利用资源，以及下一轮竞标出现时政府官员所控制的工程期限和技术带。

6.4.5 融资

可能影响英国特别是德国的可再生能源产业相对成功的另一个因素是以合理的成本利用长期资金。在德国，德国复兴信贷银行提供了在合理的时间内低利率的贷款。慷慨的固定关税以及从生态方面激励小规模的投资者并使其受益于税收减免的一系列措施，是使德国以相对匮乏的风力资源而成为风电产业界的世界领跑者的主要因素。与此同时，在英国，开发商必须从商业资源中获得他们所有的资金，以确保在非化石燃料公约合同的基础上降低一定程度的资本成本。这是哪里出错了呢？

我们可能会重新思考上述政策的风险。非化石燃料公约是一系列竞争性的招标——从一个项目到另一个项目，最后付出的价格是不为人所知的，招标的基本情况也不确定。在一个竞争激烈的环境里，为风力项目融资的能力是远远不能保证的，所以作为一种竞争性标书，商业程序自身存在着高风险。这些招标轮次不是在以预先计划的规则基础上展开的，而是根据政府的规模和决策者的心血来潮——这又增加了更多的风险。最后，在不能按期完成项目的环境下，计划失败等因素在更深程度上增加了与工业相关的金融风险。

相比之下，需要资本密集型的可再生能源产业的大量制造业投资将寻找低风险环，如丹麦、德国和西班牙。在英国，伴随着降低投标合同价格与谨慎的委员会拒绝许可，金融风险问题使得大量的风力资源仍未得到大量的开发，生产基地也未能按期完工。

6.4.6　改革的压力

最后一轮非化石燃料公约下的招标轮次发生在 1998 年，最后一轮苏格兰可再生能源义务法下的招标轮次发生在 1999 年。在保守党制度下所引进的政策被 1997 年大选中获胜工党新政府沿用。甚至有人仅仅因为海上的风力谈及特殊的第 6 次非化石燃料公约招标轮次。但是改革压力的形成是因为堆积如山的非化石燃料义务法存在着严重问题的证据。

政府着手于咨询程序以定义一个非化石燃料公约的替代物。然而，这是一个漫长的、旷日持久的程序，特别是在能源部长海伦·李戴尔的管理下，他很少把优先权放在可再生能源产业上。同时，开发商不得不遭受第一届任期的工党政府管理下的政策和市场的真空。反过来，这就不能给开发商太多的激励。

6.5　可再生能源义务法

考虑到工党政府在 1997 年换届选举中关于环境的承诺，我们可能会期望一个新型的工党政府，将会迅速出台新政策来激励可再生能源市场的政府。然而，最终领导可再生能源义务的程序被拖延，并以不断协商为特点。

新能源部长约翰·巴特尔一经上台就开始着手重新审视可再生能源。尽管他保证政府希望大刀阔斧地发展可再生能源，但是直到 1999 年 3 月——几乎是第一届工党政府的两年任期将要结束时，对可再生能源的重新审视才公布。这囊括了一种普遍的结论：作为未经考验的定额—贸易系统（作为可再生投资组合标准在美国被人所熟知）形式，应通过让供应商履行购买绿色能源的义务来实施，流通证书的使用被作为衡量承诺的工具。这正好与英国政府以市场为基础方案的偏好保持一致。

在 2000 年公共事业法引入行使权之前，大量的协商工作讨论可再生能源义务的一般形式。然而，为了使得可再生能源义务具有可操作性，以可再生能源义务指令形式的二级立法不得不起草并被议会所通过，这需要更多的协商工作。这一指令最终放在了 2002 年的法令全书里面，同年 3 月 1 日可再生能源义务法付诸实施。

6.5.1　目标的修订

尽管非化石燃料公约是以通过单独拍卖的本质属性来发展多种技术为目标，可再生能源义务法却用最低的成本开发资源并有意地建立了技术带。最引人注目的是，这与集中在成本上的非化石燃料公约是一致的；在可再生能源发展过程中，政府经常宣传的口号是可再生能源政策所引发的成本应被消费者接受，尽管何种是"无法接受的"从未被详细地列出来。

就像非化石燃料公约对数量的界定一样，尽管对可再生能源义务法而言，数量是指生产的能源量和尚未生产的能源量，市场也期望通过竞争确定合适的价格。这两种政策在价格方面主要的不同是所要投入的资金规模：可再生能源义务法将会在可再生能源部门投入 10 亿英镑。然而，关键问题是现存的机制威胁着这些愿景，与计划相关背景的难题以及僵化的结构继续使可再生能源开发商陷入困境之中。

6.5.2　机制

可再生能源义务法是一个体系，这一体系授权许可电力供应商提供一组来自可再生能源的销售额比例。在 2002~2003 年，这一比例为 3%，到 2010~2011 年上升到了 10.4%（如表 6-3 所示），在 2003 年年末，政府做出的意见反馈是这种情况不能为开发商提供足够的激励，并建议可再生能源义务法以每年 1% 的速度提升，直至 2015~2016 的 15.4%。到 2027 年，仍保持在这一责任水平上。

表6-3　2001~2011年的可再生能源义务履行的简况

时　　期	英国持牌供应商的预期销售（TWh）	全英义务总计（TWh）	可再生能源义务总和占销售额的百分比（英国）
2001/02	310.9		
2002/03	313.9	9.4	3.0
2003/04	316.2	13.5	4.3
2004/05	318.7	15.6	4.9
2005/06	320.6	17.7	5.5
2006/07	321.4	21.5	6.7
2007/08	322.2	25.4	7.9
2008/09	323.0	29.4	9.1
2009/10	323.8	31.5	9.7
2010/11	324.3	33.6	10.4

资料来源：英国工贸部。

使供应商遵守义务法的手段是使其获得可再生能源义务证书，它是一种流通工具即以产出比例奖励给有资格的发电商，而一个可再生能源义务证书等于1兆瓦时。因此，可再生能源风力涡轮机有两种收入来源：一种是以市场价格出售的纯输出功率，另一种是销售可再生能源义务证书所获得的收入。

为了确保供应商遵守义务，如果供应商不能或者不愿意购买所需的可再生能源义务证书，那么就不得不付出全面收购的价格，这一差额基本上定价在30英镑/兆瓦时。随着通货膨胀，这一价格每年还在上升。2004~2005年，全面收购的价格为31.39英镑。作为为全面收购的价格付款的结果，资金的增加不是消失在政府的银行账户里，而是以一种遵守义务的压力被回收。在被人熟知的"绿税盾"的筹划下，全面收购价格按比例分配到这些能够符合他们所遵守的水平的供应商手中。因为很多项目都存在着能否按期完成的问题，缺乏大量可供使用的可再生能源义务证书意味着可再生能源义务证书的价格将会高于30英镑/兆瓦时。尽管这远远高于所缴付罚款，但是它成功确保了可再生能源义务证书获得更高比例的全面收购的收益，因此这抵消了在买断价格上的额外付出。

对于遵守义务的零售商而言，回收全面收购的处罚金开创了一个二级"守约"驱动力，这是非常有趣的。这就是说，无法满足需求的零售商上交处罚金，但是这项处罚金在遵守义务的零售商之间分配，所以没有遵守合同的企业需把它所缴纳的处罚金送到竞争对手那里。回收机制的另一个影响是能够有效地限制可再生能源合同的成本——这是政府的意图——而且符合可再生能源义务证书认证标准的发电厂共享节约收益。随着可再生能源产量越来越接近义务水平，可再生能源义务证书的价格就会越低。因此，这并没有对投资者的产量产生激励作用，而且还会威胁到已经建立的工厂在利润上的回收。此外，如果义务产量得以实现，那么超出的可再生能源义务证书所需的产量将变得一文不值，在这种情形下，买方市场的低市场竞争可能导致对整个可再生能源义务证书价格的冲击。

6.5.3 非化石燃料公约和可再生能源义务法之间的桥梁

在头两轮投标中，自1998年，非化石燃料公约项目已经在自由市场上不受限制地出售他们的产量了，并且充分分享了可再生能源义务系统。直到最后一轮竞标，非化石燃料公约一直与非化石燃料采购机构在产量上进行合作。对于英格兰和威尔士，该机构现在正把权力和可再生能源义务证书捆绑在一起拍卖给愿意出最高价格的竞标者。在苏格兰，其可再生能源义务证书是分开拍卖的，但是效果却相同。对于可再生能源义务实施的第一年，非化石燃料公约项目是市场上可再生能源义务证书的主要资源。只有明确可再生能源义务法规定的产量，非化石燃料公约项目才会逐渐变得重要。

在可再生能源义务法实施的第一年，市场上可再生能源义务证书是短缺的。所以，可再生能源义务证书的价格才会如此之高，非化石燃料采购机构也从可再生能源义务证书拍卖中获得了可观的收入。这些收益要远远多于非化石燃料公约的契约生产者所要付的竞标价。因此，非化石燃料采购机构积累了可观的剩余收入。然而，当非化石燃料公约建立时，在对可再生能源发电机征收化石燃料税的情况下，它没有预见到非化石燃料采购机构将会成为筹集资金的渠道。政府（其他机构）没有合法权利去声明和花费这笔钱。下议院在修正私人条例草案之后（2003年可持续能源法），这项权力被确立下来，600亿英镑直接用在了可再生能源的花费上。然而，其他的剩余资金以及将来任何的剩余资金都被政府所占有。因此，通过把可再生能源义务转移到财政部，这些资源也被授权支持可再生能源的开发。

6.6 早期的可再生能源义务法：目前为止 我们学到了什么？

6.6.1 市场的稳定性

像所有以市场为基础来支持可再生能源的机制一样，该系统来是存在价格风险的。如果市场是稳定的，这些风险能够被统计出来并能够在愿意承担风险的市场参与者之间分担。

然而，随着可再生能源义务的实施，一个无法预期的问题已经影响到了市场的信心并引发了一个不稳定的交易环境。这个问题在这件事中得到了反映，即在完成可再生能源义务法合规程序的第一年之前，英国能源供给市场领跑者——德州公用事业公司进入了清算阶段。德州公用事业公司的顾客群被卖给了另一个供应商，但是破产公司仍是可再生能源义务法的责任方，因为这些消费者的消费已经产生。全面购买资金仅仅成了大量债权人希望从得州公用事业公司流动资产中获得的期望收益，这就使得短缺的资金要去支付回收可再生能源义务证书持有者期望的既得利益。一旦贸易在瞬间停止，可再生能源义务证书市场的流动性就会不足。在一个流动性不足的市场里，不可能去开发可再生能源义务证书的远期合同及缺少平稳运行和降低风险的金融产品。然而，政府已经归纳出了保护全面购买资金的解决方案（有义务去跟随顾客）在破产法下是不可能实现的，但它在减轻供应商破产影响的方案上起了作用。是否能够提供市场所需的信心还有待观察。

6.6.2 竞争问题

在产量方面，可再生能源义务成功的关键是在供给或者需求上是否存在竞争行为的压力。正如我们所看到的，非化石燃料公约在供给上存在着激烈的竞争。如果可再生能源义务法的目标足够远大，抬高可再生能源义务证书的价格以及在可再生能源发电方面创造更高的利润，那么这种压力是可以缓解的。这里值得一提的是，因为在计划阶段有太多的项目被抵制，所以这些成功必须赢得很好的回报以支付开发商在失败项目上的花费。

6.6.3　经济效率和产业建设

因为新可再生能源义务体系在 2002 年 3 月 1 日开始生效，所以我们不能在很短的时间内分辨出在长期中能否成功以及非化石燃料公约会在什么地方出现差错。在这种情形下，依靠交换可再生能源义务证书来减少成本，而不是通过竞争性竞标，我们可以说它是继续强调经济效率的。新政策中太多的利益将被国外厂商所获得，因此，这存在着一种危险，而需求短缺的环境恰好培育了这种危险。

到目前为止，指向更加稳定市场的各种迹象表明可再生能源义务已经得到培育，并鼓励风电制造商在英国开展业务。这里的开拓者是维斯塔斯，它在苏格兰马尔金泰尔的坎贝地区拥有一家成功的装配厂，后来被 ENG 麦康公司兼并，成为在苏格兰怀特岛（英格兰南部海岸）的叶片生产的领跑者。自从英国能源公司全国经济人联合会收购了德国的帝文德公司后，它就开始了拉夫堡地区的制造业务。瑞能和彼得兄弟也有了合资企业。丹麦的 Bonus 公司也已经在寻找可能的合作伙伴。在大多数情况下，尽管英国的经济受益于工作和投资，商业也进一步缩短了供应链，但是利润都被国外赚取了。

主张促进经济效率和寻找最低成本的解决方案的机制具有讽刺性，其中之一是它导致了高成本的融资。在可再生能源义务法下，可达成的价格是不被人所知的，任何确定性和不确定性仅仅是增加了一个看似更长远的未来而已。价格同样也依赖市场上大多数的活动水平（它影响着大量回收的资金），因为供应商的疏忽使得价格也存在着风险。伴随着银行的融资，活动的风险越高，资本的成本也就越高，许多可再生能源（特别是风力资源）的成本结构是资本密集型的，这又增加了电力生产的成本。

6.6.4　技术带

关于所有的技术（而不是一个技术带系统）在使用单一的市场并与强调以成本为重点的技术结合时，就意味着可再生能源义务法主要受益于廉价的技术。这不包括在其行业发展中进步较慢的、价格较昂贵的资源。因此，相对于其他资源，可再生能源义务法将会抑制技术的发展，而不是促进一个多样性的带有商业性质的可行技术集合的发展。英国政府已经认识到了这一问题的存在，这也成为可再生能源义务政策很明确的一部分。

因此，如果英国能够在波浪、潮汐流、先进的生物质能转化等新兴技术方面保持着领先地位，那么补充性的政策工具是必需的。有些补充性政策工具已经存在，例如波浪中的研发资金、潮汐能领域以及在第一轮竞标中的海上风力项目的资金拨款。另外一些则正在讨论，比如"备份的可再生能源义务证书"，即付给使用受支持的技术的生产者额外的固定保证金。资金拨款能否充分使用在海上风能和生物质能是有疑义的。尽管用在海上风能上的资金数量有限，但也没有停止该部门疯狂的活动。对于太阳能，考虑到高成本和技术的分散特性，可再生能源义务法在太阳能市场上将不会有太多的发展；因为自身的复杂性，可再生能源义务偏爱大型的生产商。

政策结构也需要额外的补助措施，这些额外的补助措施产生了新公司而不是偏爱现存实力雄厚的参与者。现在可再生能源义务也偏爱发展大型集成的能源公司的项目，诸如 Npower 公司和 Powergen 公司，因为他们能够从可再生能源义务证书中获得最大限度的价值。通过一种领先业务，他们能够保持整个"可再生能源义务证书"价值链并获得总收入。独立的开发商不得不把他们项目的产量出售给供应商，因为仅有六家大型电力零售公司，所以他们有足够强大的市场力量并能够榨取供应商。这使得独立的可再生能源开发商的生活变得更加艰难，这些开发商将有可能在新秩序中做生死挣扎。可再生能源义务的复杂性也抑制了地区可再生能源的发展，这已经显示出它已成为大众所接受的重要问题。

6.6.5 持续计划的障碍

尽管我们已经介绍了可再生能源义务，但是计划仍然存在着问题。国家政府已经慢慢放松了在政策水平、发展的指导方针的更新速度以及对可再生能源项目规划的严格控制。太多的搁置之后，22 号规划政策声明不愿终结大工众，与之相似的是威尔士的技术咨询预见了威尔士附加的陆上风力技术。系统的地方性目标已经在英格兰和威尔士起草出来。然而，对于地方当局，这种影响将会经过一段时间才能慢慢被过滤。与此同时，在苏格兰，政府权力的下放使得企业积极进入可再生能源行业。最近的规划指导在比较合适的英格兰开发实施，而多年来威尔士一直比苏格兰适合实施规划指导。伴随着比英格兰更开放的活动，苏格兰享受丰收的喜悦。

6.6.6 传输问题

另一个逐渐被解决的问题是网络连接的成本和公平地分享可再生能源的嵌入式利益。大多数可再生能源生产商实力相对小，并绕过高压传输电网直接与配电网相连接。如果他们的电力出售给位于自己分布区域的客户，那么其电力具有很高的价值，这是因为它节省了输电公司的传输费用，同时它也避免了传输损失。在一些情况下，这些公司同样也能够避免昂贵的传输系统的升级需要。

由于行业分布的分销方式已经形成，对于生产商就很难捕捉到嵌入式的利益。生产商通常受益于分销网络运营商，毋庸置疑，这些分销网络运营商不愿意放弃生产商。分销网络运营商的规则鼓励他们通过自身拥有的电缆最大限度地提高功率，而不是减少系统的整体成本。2005 年分销价格回顾时曾考虑这点，但是在人们的思维方式改变之前，要实现上述的转变仍需不少时日。

英国也正渐渐地反对传输网络延伸到资源被发现的地区，特别是风力资源所在的地区。大多数陆上风能技术是在苏格兰偏远的地方得到发展，并且需要大量的网络支援。同样地，与大规模的"第二轮海上风能"相关联的项目（共7200MW）需要以新型传输资产的方式投入大量的资产。在英国风电行业，这些投资如何才能支付，以及他们能否完全及时地实现可再生能源目标都是很大的问题。

6.6.7 电网连接问题

这是中央政府政策的问题，对于电网基础设施建设需要战略性的调整，对于它的管理也有必要转型到可再生能源上。

现存的系统规则同样允许分销网络运营商收取"深"连接成本——对任何巩固可再生能源发电机系统的客户都是收费的，而不是对所有的分销客户进行收费。当然这使得可再生能源变得更加昂贵，因此会威胁到市场的发展。伴随着被分销网络运营商所采用的电网工作的加强和所有使用者系统成本的普及，改变这些"吞没"连接成本（仅仅是连接到网络的成本）的行动也正在进行。同样，在2005年的分销价格回顾中，监管模式提供了变革这一模式的机会，所以分销网络运营商被激励减少整体的成本。这次行动的主要收益人应该是分散的生产商。

6.6.8　接入和优先权

要变革上述提到的监管模式需要天然气和电力市场办公室更好的合作。然而，翻开过去的历史，它们可能并不那么团结。在新型电力贸易安排的设计和应用期间，天然气和电力市场办公室在发行价格上给予可再生能源的优先权的态度是悲观的。

制定可再生能源义务的公用事业法案也提供了新型电力贸易约定的法律框架。这一系统取代了自1990年私有化就已经存在的电力池。该池一直集中在竞标系统方面，而新型电力贸易约定依赖于生产商和供应商的双边合约。这些合同的贸易最多允许"闭门"（通常比实际时间提前一小时），在系统操作者（系统操作者，全国输电线路网）组织运营的一个平衡市场之后，在它合理地支付出额外的生产或缩减需求之下，通过上交传输费用，成本才能够被抵消。一个参与者处于"闭门"的合同定位与真正效果是有差异的（比如一个生产商的产量要比他签约时的产量多或者少），那么它的收费是由系统操作者所掌管的。如果一个生产商产出的产量多于合同产量，系统操作者就会按系统的买入价收购这些多余的产量，而这种系统买入价是远远低于市场价格的。如果生产商所生产的产量少于合同产量，那么系统操作者就会以系统卖出价格收购，这要远远高于市场价格。

很明显的是，在天然气和电力市场办公室设计新型电力贸易约定时，这一结构将会惩罚不能准确预测产量的生产商。这同样适用于热电联产产业（产量由热量需求决定而不容易控制），但不包括像风能源这样的明显带有断断续续性质的资源。当天然气和电力市场办公室宣称向不连续生产并反映施加在系统上的资源成本的生产商征收不平衡费用时，另一种分析已经总结出了实际成本以及具有惩罚性质的收费。当系统被引进时，生产商的收益的确存在着抑制效应，特别是热电联产部门从未从打击中恢复过来。而现在风电部门拥有了可再生能源义务，这使得它能够收回成本。

新型电力贸易约定作为政府的一个手臂，天然气和电力市场办公室已经推行与政府目标相冲突的政策，这是因为他们狭义地理解了他们的职责就是保护客户的利益。天然气和电力市场办公室已经把持续发展考虑在内，需求已通过 2004 年能源法案得到强化。通过英国电力输送公司和贸易约定，2004 年能源法案把新型电力贸易约定拓展到了苏格兰。尽管在传输电网的拓展上一些关键性测试在遥远苏格兰的部分地方和国外实行，因为这些地区储藏着丰富的可再生资源，但是这些变革能否使得当前的局面得到好转还无法确定。

6.7 总 结

在欧洲拥有最丰富的可再生能源资源的国家中，英国是其中一个。对可再生能源的政策支持也很早就到位了。然而，充满活力的英国可再生能源产业和按期完成项目之间存在着很长时间的不一致性。有些教训可以让我们确信新技术在制造业中的未来机会或不会再错失新型可再生能源市场。

6.7.1 碳与竞争

英国可再生能源政策结构被定义为三股势力的合流：首先是碳税（起初建立时是为了支持核工业）；其次是迫使能源市场与其他市场之间竞争的政治议程；最后是迅速发展的可再生能源技术。

处于萌芽期的可再生能源产业理所当然地宣称使用碳税和非化石燃料公约中的某些资金，并最终垄断了整个计划。但是价格不仅要在世界上第一个充分放松管制的能源部门运作，还要在竞争性的可再生能源市场上运作。

6.7.2 房子就是城堡

另一个基本特征是利益相关者持续的挑战，不知不觉中，初始政策的副作用是利益相关者变得边缘化，但能力却很强大。他们不知情是因为自信，并且他们在地方规划决策中仍处于核心地位。结果，一个反对风能源的微弱声音出现了。对于整合需求、整体政府政策来说，这比其他任何疏忽都重要得多。

6.7.3 深切的渴望

毫无疑问，非化石燃料公约是发展产业的主要政策。它希望通过技术带、产业安全，通过长期合同、透明公开的价格，最终通过使用竞争性投标以最低价格提供最大数量的清洁能源。有针对性并权衡新兴产业发展的显著渴求。

然而，对非化石燃料公约的埋怨是竞争压力几乎支配并破坏着其他所有的目标。它渐渐开创了一个市场，在这一市场中，所有项目的竞争如此激烈以至于它们趋向边缘化，许多已经批准的项目也未能开发和建设。它导致了允许投机、掠夺性活动，并留下了对未能充分利用的资源分配等漏洞。以一系列任意的、不确定的和事先未作安排为基本特征的竞争性投标把繁荣—萧条周期带入了市场中。这破坏了市场的长期稳定和制造业投资根基的前景。所以，尽管存在着政治愿景，但是也许愿望和承诺不会那么强烈。

6.7.4 沙漠之花

艰难的环境激励顽强的生存者。那些在非化石燃料公约下仍在行业内经营的公司不得不磨炼其技能和竞争力，并因此能够在不断增长的世界可再生能源市场中进行有效的竞争。这是不变的事实，特别是在金融、服务和项目开发部门。

6.7.5 从碳税到可再生能源义务法的转变

为了支持把全部举证责任交由电力公司承担的方案，政府把非化石燃料公约的大量资金用在了这一方案上，这时政策发生了根本的转变。零售商需要购买可再生能源义务证书，这就创造出了一个新的可再生能源市场。

尽管这是责任上的一个基本转变，但是它维持了以竞争和低成本的方案对终端客户的冲击。它的有利条件是消除了不能按期完成项目的漏洞，并需要寻求以促进可再生能源发展的融资或是合同性障碍的解决方案。

不幸的间接损失是技术带，技术带是非化石燃料公约的一个方面，并以多种方式促进不发达产业如波浪发电产业的发展。在可再生能源义务法下，这是最合适、最具成本效益的生产方式。

6.7.6　联合决策

从英国可再生能源政策演进中我们要学习的最重要一课也许是政策框架的需求，这一政策框架把产业视为一个整体而不仅仅把它当作金融驱动力。规划、传输、电网连接和发送等问题是可再生能源市场最根本的驱动因素，但是如果对这些因素不闻不问的话，它们就会成为阻碍可再生能源的发展。

6.7.7　英国式的试验地

在许多方面，英国是最早运用竞争市场开发可再生能源产业和市场的实验者。英国作为产业参与者，一直没有捷径可走。然而，随着时间的逼近，在过去的一年里，对批准建设风电行业所生产的电力要比前 13 年（770MW）多得多。的确，批准建设的风能产业产生了 25GW 可供英国 2.5%的电力需求。所以，已有的经验教训与取得的进展是显而易见的。

也许最大的耻辱是英国无法确保本国更多制造行业的安全。显而易见，这与那些金融更加稳定的国家形成对比。因此，如果重下结论，那么英国政策已经很大程度上做了他们应该做的事——以最少的成本产生更多的能源，但是他们没有做他们所承诺的事情，就是把工人填充到工厂里。从长期来看，我们可能会问：短期成本真的能弥补长期收益所带来的损失吗？

注　释

［1］正如撒切尔夫人所说："保护环境和自然的平衡是 20 世纪末最具挑战性的工作之一。"她继续宣称："对于下一代，我们假设人类的努力将会留下世界生

态系统的基本平衡和环境稳定。但是我们已经在不知不觉中对这个地球系统做了大量的实验。"也许从演说中我们得到的最著名的引言就是："我们对地球没有永久产权，只能修复租赁它。"

[2] 声明的净容量：声明的净容量是一个项目的铭牌容量乘以容量因子，根据不同的资源类型所设置。相对于核能应用，声明的净容量可以被视为测量公司间断性来源的产量的工具，所使用的容量因子包括 0.43 单位的风能、0.17 单位的太阳能、0.33 单位的潮汐能或波浪能、0.55 单位的小型水电以及 1 单位的其他形式的资源。

第❼章　美国可再生能源政策借鉴：持续稳定的政策需求

兰道·斯威舍尔　凯文·波特

7.1　引　言

本章主要研究美国和欧洲风能源市场的发展，以及政策作为驱动因素的重要性。总的来说，美国风能产业已经见证了两种政策类型的两个生长期。然而，政策仍未稳定，因此美国的风能产业见证了庞大的风能源发展的繁荣—萧条周期，这种周期发生在经济发展很慢或停滞的期间。相比之下，可再生能源政策在风能源发展比较稳定的欧洲持续性比较强。因此，欧洲的风能产业更具有发展潜力，尤其是其制造业。

我们所描述的经验没有太多详细内容的欧洲政策背书。实际上，最成功的欧洲政策在美国不会得到政治上的支持，也不会因为各自的电力行业差异而随时转变。倘若可再生能源将会对美国电力行业作出重大贡献，那么所谓的经验更多的是指连续、可预测以及带有长期性的政策支持。比如引起不断持续增长的稳定政策对于希望在快速发展的行业里建立强大的制造能力的任何国家都是必需的。

7.2 美国公用事业监管政策法案年：首次开花

美国的现代风能产业开始于 1978 年，议会通过了作为部分公用事业监管政策法案的国家能源法案。公用事业监管政策法案是独立能源运动的基础，很大程度上是因为加利福尼亚先进的监管机构。这一监管机构在促进可再生能源技术的商业市场方面起了奠基性的作用，如风力技术、太阳能技术、生物质技术和地热能技术这些可再生能源技术。

7.2.1 接入、定价和激励

公用事业监管政策法案的两个组成部分对可再生能源是至关重要的：接入和定价。

提起接入，法律需要电力事业部门去联结小型生产者，包括依赖可再生能源或热电联产的独立生产商。

对于标准化的价格，新法律规则的制定需要公共事业部门从成为公共事业"规避成本"的独立生产商那里购买权力。如果它自身建立新型的工厂或者在市场上从别的厂家来购买它，那么公共事业公司将会承受这种代价。

除此之外，国家能源法案还包括另外两个对可再生能源有重要财政激励作用的条款。第一个条款是住宅性风力与太阳能能源系统 40% 的投资税收抵免和在风能、太阳能和地热能能源系统的商业投资 10% 的税收抵免，后者在 1980 年[1] 增加到 15%。从这些税收抵免占一般投资税收抵免的比例来看，最高可达 10%。第二个条款是在风能、太阳能和地热能能源技术投资的五年内采用加速折旧法。

7.2.2 州政府的角色

在 20 世纪 80 年代初，公用事业监管政策法案的实施导致了美国可再生能源的"首次开花"。在 1980 年公布实施细则时，联邦能源管理委员会很大程度上就把规避成本的设置委派给了美国政府。而加州反过来命令电力公司以合同的标准条款和条件签订合同。合同所提供的四项标准可供使用。对于风能这样的可再生能源生产商意义最大的是第 4 号暂行标准。如果有支付能力，第 4 号发售暂行标准合同时限为 30 年，且在前 10 年保持能源价格不变。其目的是为非公共事业开发商提供长期稳定的价格，这对于资本密集型项目获得融资是必需的。在前十年，能源的付款建立在对未来石油价格的预测上，而未来石油价格有望有新的突破（米德和波特，1987 年）。

联邦政府、加利福尼亚州的联合鼓励措施以及国家创新条例开发了美国的风能产业，使加利福尼亚短暂地拥有了世界上最大的风能装机容量的头衔。风电容量从 1982 年的 10MW 发展到 1986 年的累积总量为 1039MW，这都产生于加州（美国风能源协会 2003 年统计）。到 20 世纪 90 年代早期，其余的第 4 号发售暂行标准合同被打造出来，加州拥有了约 1700MW 的风力发电项目。

7.2.3　第 4 号发售暂行标准合同的终结：繁荣背后的萧条

第 4 号发售暂行标准合同没有持续太长的时间。石油价格没有像预期的那样增长，而是在 1985 年出现了下跌。那一年，加州公共事业委员会暂停了第 4 号发售暂行标准合同，并且规定已经签署合同的生产商在 5 年内完成项目，否则合同将会被废止。尽管有人批评第 4 号发售暂行标准合同对非公共事业生产商过于慷慨，但是实际上，根据加州公共事业委员会调查研究（加州公共事业委员会，1988 年），与同一时期内公共事业部门所拥有的资源相比，第 4 号发售暂行标准合同费用要低得多。第 4 号发售暂行标准合同在以下两个方面扮演着重要角色：有效地承担了加州的非化石资源开发的商业风险；使美国在风能和其他可再生资源发展方面占据全球领导地位。

也就是说，在第 4 号发售暂行标准合同的废止以及联邦政府在风能上的税收优惠终结的很短时间内，它们就对美国风能行业造成了重大的打击。结果，美国风能源的发展停滞不前，大多数不成熟的、容量少于 500MW 的风电机组制造商在 1987~1998 年两年间倒闭。

7.2.4 在其他州会发生什么呢？

很少州像加州这样有一个开放的可再生能源市场。尽管直到 1986 年联邦税收抵免还在美国全国适用，相当多的其他州也执行税收抵免，但是加州的监管处理机构在促进可再生能源发展上起到了独特的作用。在其他州却没有看到所有可再生能源技术有如此发达且广泛的发展。

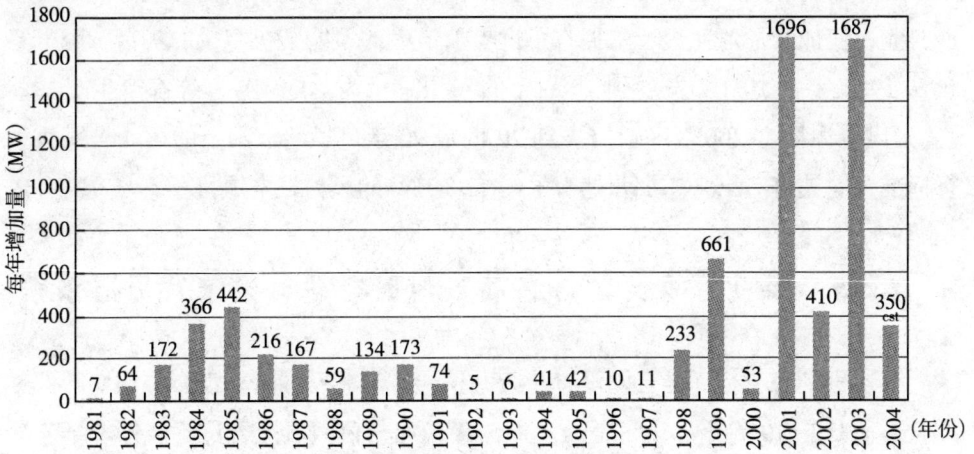

图 7-1 美国每年风能装机容量

资料来源：美国风能源协会。

纽约力图使用著名的"六美分"法律鼓励能源的独立发展，即在合同期间支付给独立的生产商每千瓦时六美分的标准价格。不幸的是，考虑到他们的新兴地位和依然很高的成本，这一价格在那个时候是不足以支持可再生能源发展的。然而，在接下来的十年里，高成本电力的产生与趋向下降的电力批发价格，导致了热电产业的负担过重以及国家的公共事业压力过大。缅因州也颁布了高规避成本价格作为鼓励新能源的一种手段。众多生物质和小型水电项目在缅因州发展起来，但是与纽约相似，从这些项目中获得的能源结果是相对高的成本而批发价格却在下降。

公用事业监管政策法案中对规避成本的规定很快就为新可再生能源开发充当了有效的屏障。事实是，可再生能源在还是新兴产业的时候，在没有摆正自己位置的情况下就以最传统的规避成本计算方式与煤、燃气发电展开了肉搏式竞赛。

因此，公用事业监管政策法案不会再有效地促进可再生能源的发展。新可再生能源项目将来发展的唯一方式是通过国家决策者的强烈承诺以达到使用清洁技术的公共事业组合多样化。除了 1983 年的爱荷华州和 1994 年的明尼苏达州之外，几乎没有州愿意推行这些要求[2]。

7.3 风电产量税收抵免

伴随着 1992 年的能源政策法案，关于风能和封闭式生物质的产量税收抵免也随之颁布，并于 1994 年 1 月 1 日生效。产量税收抵免提供了调整通货膨胀的税收抵免，2005 年，为产量合格的厂商提供每千瓦时 1.8 美分的税收抵免，持续了 10 年。

产量税收抵免仅仅在两年的时间里就因为更新而废止了两次，因此，出现了使得风能产业发展困难的繁荣—萧条周期。产量税收抵免在 2003 年再一次的废止，又一次展示了繁荣—萧条周期。2003 年，美国的风电装机容量为 1687MW，但是在 2004 年安装的 389MW 风电容量不适用于产量税收抵免（美国风能源协会，2004 年）。2005 年，议会连续两年沿用了产量税收抵免，直到 2007 年才结束。

对于项目运营的前十年内的风力涡轮机的发电量，产量税收抵免允许生产企业的应税收入为每千瓦时 1.8 美分税收抵免。税收抵免和电力销售收入一起，组成了一个有吸引力的收入流，并帮助风能项目实现融资。因为许多风电公司没有充足的应税收入来充分利用产量税收抵免，他们通常把风电项目出售给有充足的应税收入并能充分利用产量税收抵免的公司。

7.3.1 利弊相当的产量税收抵免

许多实体企业对风能资源开发项目感兴趣，但是很难充分利用产量税收抵免。大多数风能开发商不能从使用税收抵免中获得足够的利润，甚至许多大型营利企业也没有长期明晰的税务责任。市政公用事业部门和农村电力合作社作为非营利组织，同样不能有效利用产量税收抵免。因此，风能市场日益被少数像 FPL 能源公司、Shell 公司这样有着强大的"税收食欲"的企业所支配。这对于其他国家而言是完全不同的经历，在这些国家里，可再生能源产业是由电力行业的新参与者组建扩大的。

对于美国的风能产业，产量税收抵免福祸并行。这是一个显著的激励，所以产量税收抵免到期和延期的时间已经渐渐主宰着风能项目的规划和融资。产量税收抵免的损失本质上将会减少美国风能市场的规模，它同样也增加了大量的发展成本，这是因为它的无效率以及结束和拓展的反反复复。

7.3.2　产量税收抵免不是市场主宰者

产量税收抵免的作用是显著的，但是就电力法或其他政策而言，诸如后来我们将要谈论的可再生能源投资组合标准，产量税收抵免并非市场主宰者。

证据往往是效果，而不是政策本身。我们可以从税收抵免实施的前五年，即 1994~1998 年，看出这一结论，这五年里仅仅开发了 231MW 的风能资源。我们同样可以看到被美国州法令驾驭的开发比例强大的独立性。例如，在美国 1687MW 的新型风能装机容量中，有超过 1000MW 风电量在一个州成功实现，这是因为这个州实施可再生能源投资组合标准或者部分归因于邻近州里实行了可再生能源投资组合标准。

考虑到以上限制，很显然，值得考虑其他政策来补充或替代产量税收抵免。

7.4　竞争性电力市场上的可再生能源政策

7.4.1　竞争性电力市场背景

早在 20 世纪 90 年代中期，国家决策者在促进可再生能源发展上就不那么情愿，很明显，电力市场正在朝着一个更加具有竞争性的方向发展。作为促进可再生能源发展工具的公用事业监管政策法案却变得不那么实用，电力市场的监管者日益紧张于可再生能源更高预付的成本。

基于此点，美国风能源协会开始寻找一个可以作用于新兴的竞争市场的新的政策途径。从 1993 年开始，美国风能源协会就开始努力明确新政策机制。经过与其他可再生能源倡导者几个月的洽谈之后，美国风能源协会与忧思科学家联盟合作，共同开发出了新政策的基本轮廓——可再生能源投资组合标准。

7.4.2　可再生能源投资组合标准的成分

1995 年 3 月的美国风能源协会内容概要说明书描述了新政策主要成分，如下所示。

● 平等竞争：要求所有竞争者都是平等的。

● 市场导向型：为了确保可再生能源通过最经济的方式获得发展，可再生能源投资组合标准将依赖自由市场被贯彻执行而非税收/补贴方案以及官僚性制度（美国风能源协会，1995）。

● 灵活性：通过在 1990 年对清洁空气法案修正案进行示范，作为鼓励最具成本效益的遵守标准方式，可再生能源投资组合标准引入了可再生能源抵免这一概念。

● 简明：通过限于达标性检测与有利于贸易的最小政府参与事件简单地贯彻执行。

● 补充研究、开发与部署的目标：能够通过使用州政府或联邦政府的研究、开发、利用资金来影响新兴可再生能源技术如市场中光伏、小型风能电站或太阳能装置。

● 稳定持续的可再生能源政策：可再生能源投资组合标准提供了一个长期的、可预测的可再生能源市场，这一市场期望技术成本能够迅速地下降。

7.4.3　各州的关键作用

可再生能源投资组合标准方法已经适用于澳大利亚、英国以及现在的日本。然而，在美国，可再生能源投资组合标准从未在国家范围内运用过。1996 年，它起初被丹·谢弗议员（共和党人，科罗拉多州）的提案纳入联邦重组法律中。那时丹·谢弗就职于众议院能源与电力小组委员会。后来，可再生能源投资组合标准被纳入了克林顿政府的重组意见之中并且于 2002 年和 2004 年在参议院通过了这一法案。然而，国会从未成功地把它纳入联邦法律中。

在美国，可再生能源投资组合标准的伟大成功之处在于它已经达到了国家水平，21 个州（及哥伦比亚地区）已经建立了这一政策。得克萨斯州可能是可再生能源投资组合标准最好的例子，它已经成为各国政策听众的实验场所。

7.5 得克萨斯州的可再生能源投资组合标准 [3]

7.5.1 实 施

尽管可再生能源投资组合标准仅仅是理论上的，实施它并实现可再生能源市场期望的增长效果仍需要注意细节。可再生能源投资组合标准存在的很多实施细节要比得到正确的结果更重要。否则，从可再生能源投资组合标准中获得所期望的经济、环境收益将不会实现。到目前为止，美国最成功的可再生能源投资组合标准已经变成得克萨斯州的可再生能源投资组合标准，而值得思考的是它为什么会如此成功。

表 7-1 得克萨斯州可再生能源投资组合标准的需求

年份 [4]	新型可再生能源所必需的电量（MW）
2003	400
2005	850
2007	1400
2009	2000

资料来源：美国风能源协会。

1999 年，得克萨斯州立法机关批准了作为电力公司重组法规一部分的可再生能源投资组合标准。2009 年 1 月 1 日，得克萨斯州的可再生能源投资组合标准需要 2880MW 的可再生能源，其中的 2000MW 来源于可再生能源项目（如表 7-1 所示）。后来，得克萨斯公共事业委员会能源产量目标变成了能源需求，通过使用 35% 的原始产量因素并依据实际建设的工厂来调整。可再生能源投资组合标准通过之后，在执行条款被确定下来的仅仅 8 个月里，得克萨斯公共事业委员会通过迅速实施可再生能源投资组合标准条款就完成了这一目标。

得克萨斯州可再生能源投资组合标准起作用的因素是什么？

得克萨斯州可再生能源投资组合标准描述了使得它如此有效的许多重要因素。这些因素包括：

● 确定可再生能源投资组合标准需求，并服务于竞争性市场上所有的电力零售商。

● 通过因特网实现一个可行的可再生能源税收抵免贸易系统。

● 迎合可再生能源投资组合标准需求具有灵活性，例如允许高达两年时间的可再生能源税收抵免的银行业务，以及允许电力零售商借用 5% 的可再生能源投资组合标准债务。

● 严格遵守制度，包括对不遵守者的处罚即每千瓦时 5 美分的较轻处罚或 200% 可再生能源税收抵免平均贸易值[5]。

● 对可再生能源技术的谨慎定义。相比之下，其他州如缅因州下了广泛的定义，包括许多非可再生能源技术。实际上，州可再生能源投资组合标准没有对可再生能源市场产生影响。

7.5.2 可再生能源投资组合标准的影响

总的来说，在得克萨斯州，可再生能源投资组合标准代表约 3% 的电力消费。尽管这个数字有点保守，但是组合标准已经在提升得克萨斯州的可再生能源产量方面具有巨大的促进作用。就产量条件而言，在美国，它是气势最汹涌的州可再生能源政策之一。得克萨斯州的大型可再生能源投资组合标准允许风能开发商建立更大的项目并取得规模经济。随着联邦政府产量税收抵免的使用，仅仅在美国北部的南达科他州，高质量的风能资源是第二位的，在得克萨斯州，风力发电项目能够以少于 3 美分/千瓦时的速率输送电力。表 7-2 举例说明了得克萨斯州已经实现了该容量的风电能。

表 7-2　零售供给商的可再生能源投资组合标准义务和风能合同

电力供应商	2003 年可再生能源投资组合标准义务 (MW)	2001 年风能合同 (MW)
得州公用事业公司	170	353
Reliant 公司	140	208
美国电力公司	0	0
安特吉电力公司	0	0
Excel-SPS 公司	40	80
TNP 公司	2	3
安然公司	15	130
其他新参与者	33	?
奥斯林	0	80
LCRA 公司	0	50
圣安东尼奥	0	25
埃尔帕索	0	1
总计	400	930

资料来源：怀泽和兰格尼斯（2001）。

　　得克萨斯在风能装机容量方面的市场活动在美国处于领导地位。得克萨斯电力信用委员会称他们本身拥有容量为 1186MW 的可再生能源，其中有 1139MW 来源于风能（得克萨斯电力信用委员，2004 年），因此到 2005 年，已经实现可再生能源容量可以满足得克萨斯州的可再生能源投资标准组合的需求（怀泽、兰格尼斯，2001 年）。到 2009 年之前，得克萨斯州公用事业委员会相信 2000MW 充足的需求能够很好地得到满足（得克萨斯州公用事业委员，2003 年秋）。2005 年，得克萨斯把他们的可再生能源投资标准组合增加到 5880MW，而到 2025 年的目标为 10880MW。

7.5.3　可再生能源投资标准组合与合同期

　　在得克萨斯州，帮助可再生能源投资标准组合保持很低的成本，有助于电力零售商愿意出于电力和可再生能源税收抵免的缘故，而签订 10~25 年的长期合同。长期合同为可再生能源开发商提供了稳定的收入流并使得融资成为可能。反过来，这允许了电力开发商以平稳的价格获取可再生的电力资源。

7.5.4 可再生能源投资标准组合和输送

尽管成效显著，但是得克萨斯州的可再生能源投资标准组合最近遇到了一些阻碍：这个州的大部分风电容量在人口稀少的西部并且传输系统的规模不足。安装风能系统的速度约一年——已经远远大于电力输电规划的速度，这些输电规划一般需要五到八年的时间安装新型传输系统。结果，得克萨斯州的风电生产成倍地减少，这些减少已经使得 2002 年夏天的可再生能源投资标准组合价格上升。

变得相当迅速的市场监管反应被认为是一个永久的解决方案。得克萨斯电力信用委员近来批准该州西部几项新的主要的输配电改进项目和补充项目，最终将缓解大部分的输配电问题。此外，电力零售商正在寻找得克萨斯州中心以外且不会面临传输问题的地区，但是这些地区也许提供不了高质量的风能源。

7.5.5 可再生能源投资标准组合的确定性

在一些获得很好发展的可再生能源投资标准组合地区，长期合同的不适用性也使得实施新型可再生能源项目变得困难。因为这一因素的存在，或至少有一部分这样的原因，在加州和内华达州内，可再生能源投资标准组合更多的新政策是要求可再生能源生产商签订至少 10 年的长期合同。

7.6 同一时期的欧洲风能源

世界上发展最快的风能市场是欧洲。2004 年年底，欧洲风能总装机容量仅仅为 23GW，85% 的容量在丹麦、德国和西班牙（如表 7-3 所示），快速的增长率致使欧洲风能源协会判断，到 2010 年欧洲能够实现 100GW 的风能资源装机容量（欧洲风能源协会，2002 年）。

表 7-3　欧洲国家风电容量

欧洲风能源市场 （装机容量以 MW 为单位）	2004 年增加量	2004 年年底总计
德国	2037	16629
西班牙	2065	8263
丹麦	9	3117
意大利	221	1125
荷兰	197	1078
英国	240	888
澳大利亚	192	606
葡萄牙	226	522
希腊	90	465
瑞典	43	442
法国	138	386
爱尔兰	148	339
比利时	28	95
芬兰	30	82
卢森堡	14	35
其他	25	133
欧盟总计	5703	34205

资料来源：美国风能源协会和欧洲风能源协会（2006）。

7.6.1　电力法：固定价格方法

在欧洲，风能市场增长的主要驱动力是电力法，被丹麦、德国、意大利和西班牙所采用。电力法与可再生能源投资标准组合不同，可再生能源投资标准组合是通过确定的日期采用固定的发电量方法，而电力法依赖于一个确定价格的方法来促进可再生能源的发展。

德国议会一致同意批准了电力法（在德国作为供电法广为人知）以投资于环境保护、保护传统的能源资源并促进可再生能源资源。德国的电力法于 1991 年生效并需要公共部门以政府规定的价格从独立的能源生产商那里购买可再生能源。可再生能源电力价格强制购回政策与面向德国全体消费者的平均零售电价挂钩。风能和太阳能获得 90% 的平均零售电价。500kW 以下的生物质和水电站能获得 80%，达到 5MW 的小型水电站可以获得 65%（瓦格纳，1999 年）。

然而，在电力市场上，随着几家公司根据他们所处的不利的竞争地位来采取合法措施，而在能源市场中电力法和实施欧盟内部竞争之间的联姻变得很困难。同样，也有公司抱怨：尽管风能源的价格是固定的，但是技术的成本越来越低，这可能会导致以牺牲纳税人的利益为代价来换取超额利润。

7.6.2　重新定义电力法：可再生能源法律

德国以最适宜的方法改变可再生能源法律，特别是适用于风能、太阳能和地热能等设施；5MW 以下的水电、废物气体的填埋、污水或矿井瓦斯设施以及20MW 以下的生物质设施（奈特，2004a）。

作为旧的法律，可再生能源法律需要以具体的价格来购买可再生能源，但这是在所有的电力供应商之间平均分配可再生能源的数量。这避免了对一些公共事业单位不利的竞争条件，而这些公共事业单位拥有高质量的可再生能源资源。

作为参考，德国支付在新型风能项目上的价格是 20 世纪 90 年代中期的一半。在接下来的十年里，它将会下降 36 个百分点（纳特，2004b）。只有出于经济上的原因理性考虑成本时，已修正的法律会继续把作为优先权的风能进行分类，并当连接新型风能源项目成为必需时，电网运营商需要升级到专业性电网。如果他们因为缺少可使用的电网容量而拒绝和风能项目相互联系在一起时，电网运营商就必须在四周内提供相关的文件。以通过德国经济技术管理机构、德国环境与农业管理机构协商所呈交的报告为基础，每两年德国议会就会重新估计可再生能源法律和关税率的潜力。

7.6.3　以丹麦为例

总而言之，丹麦有效的政策使得丹麦在制造业中拥有世界上最大的风力涡轮机。丹麦因政策的助燃而引起风能源的增长和可再生能源法律有着相似的经历。这使得风电生产商获得了 85% 的电力零售税的报偿，及与之相伴的政策如资本补贴、税收激励、低成本的融资和实验开发拨款（怀泽等人，2002 年）。丹麦已经大刀阔斧地对政策进行了变革，但是固定价格的时代已经使得德国的风能产业脱离了实际。

在 2003 年，丹麦从可再生能源中获得 27% 的电力消费量，这超过了 1996 年制定的丹麦 21 世纪的能源规划（丹麦风能源协会，2002 年）。另一项 400MW 的海上风能项目和 350MW 的陆上风能项目有望在接下来的五年里实现（穆勒，2004）。

7.7 影响和总结

近年来，电力法政策已经感受到了政治上的压力，欧盟更加支持以欧洲可再生能源的广泛需求来代替对电力法的依赖。这在欧洲引起了广泛的争议，即固定价格政策（如电力法）能否比固定的质量系统（如可再生能源投资组合标准）更可取。如果设计合理，那么电力法和可再生能源投资组合标准就能成为可再生能源市场的助推器。这两项政策过去都存在着成与败，这很大程度上归结于具体环境下如何设计每一种政策。

电力法与 20 世纪 80 年代加州实施的公用事业监管政策法案存在着相同的特征，即在一段时间内，为每一千瓦时支付固定的市场价格。第 4 号发售暂行标准合同和电力法联合其他激励机制，在促进美国和欧洲的风能产业上各自发挥着重要的作用。在电力法下价格支付最大的差异就是它以零售价格百分比为基础，而在第 4 号发售暂行标准合同下，价格是以州政府和公共部门对未来石油的价格预测为基础的。

电力法能够对可再生能源开发提供强大的动力，同样，对它的管理也相对容易。电力法的关键要素是设定价格，如果价格太低，市场激励就会不足，对可再生能源的开发也会微乎其微。相反，如果价格太高且成本也很高，政治性、公众性的支持可能会走向末路。如果投资者不能确定电力法政策能否继续执行以及执行多久，他们可能需要风险溢价。在为改变政策进行的政治性谈判期间，可再生能源开发也可能停止，在丹麦电力改革谈判期间的确发生过这样的事情。

对某些市场参与者而言，电力法可能会比其他政策所造成的影响更大。比如可再生能源丰富地区的电力成本可能会受到电力法政策在大范围内产生的影响。在德国这已经成为一种问题。德国北部的一些电力公司已经遭受到了电力法政策对成本产生的严重影响，这是因为他们邻近地区有着很好的风能资源。现在德国让其他参与者分担其一部分成本，但这使电力法政策的某一项主要优势即便于管理——不再成为优势。

至少有一些这样的原因，使美国电力法政策的固定价格在政治上是站不住脚的。美国把重点定位在服务于公众需求的市场竞争上。考虑到在较大地区内电力批发价格的不同和可再生能源竞争成本，单一的可再生能源国家价格是不切合实际的。制定地方性或电力公司特定的固定价格会更加有效，但是它的程序繁杂且会出现官僚主义。时光的流逝没有模糊公共部门关于纽约"六美分"法律负面经历的记忆。无论是在风能还是在竞争性技术如燃气生产上，固定价格要保持快速技术变革和平稳的经济增长是困难的。对公用事业监管政策法案的争议一直没有停止过，尽管州政府在 20 年前就贯彻实施了公用事业监管政策法案。像公用事业监管政策法案这样以竞争为基础的政策有着更多的公众和政治上的支持。甚至在风能资源相对贫瘠的州里实施，公用事业监管政策法案有助于使风力发电成本一直保持很低。最后，风能源市场的分享取决于它如何更好地与其他电力资源在经济上进行买卖特权的竞争，可再生能源投资组合标准的政策力度已经能够促使可再生能源很容易地保持低成本。

对于长时间的风能产业来说，设计良好的可再生能源投资组合标准能够提供显著的市场激励，并允许充足和持续的市场增长。尽管可再生能源投资组合标准在概念上很简单，但是为了实现可再生能源投资组合标准所希望的效果，众多的实施细节必须正确地执行。这些细节包括：

● 可再生能源投资组合标准应用在所有的电力零售商中，如果不能在所有的零售商里应用，至少应该是大部分；

● 在可再生能源水平上提供平稳但又能够被超越的增长；

● 清晰的开始与结束日期；

● 明确的资源、有利的地理说明和规章制度；

● 促进遵守规章制度的多种机制；

● 可再生能源抵免贸易系统；

● 强调长期的合同 [6]。

这使得我们得出了关键的结论。很明显，不同的政策途径和方法能够为促进新兴可再生能源技术，如风能源提供便利，欧洲的电力法和可再生能源投资组合标准已经证明了它们的影响力。然而，欧洲风能源市场繁荣的关键是相对稳定且长期的政策，并为至今至少有十年的风能项目提供了卓有成效的激励。相比之下，美国联邦可再生能源政策在过去 20 年里已经让风能产业历经了不稳定的政策时期，年度装机容量图可以证明（见表 7-1）。这种不连续的政策支持为制造业的发展提供了不利的环境。

就对风能产业的冲击而言，美国和欧洲之间的差异是如何产生的呢？也许再也没有比观看世界上最大的风力涡轮机制造商的地位能更好地说明这一点了。在世界上最大的风力涡轮机制造商中，丹麦、德国或比利时占 70%。这两个国家有着最强大和最持久的市场激励。尽管美国风能源市场的地位在世界上居第二位，但是美国只有 10% 的制造商。如果美国希望能够培育数十亿美元规模的工业，就不得不提供更加有效、持续的政策支持而不是像过去那样。

注释

［1］1980 年，议会制定了生物质方面的 10% 的商业投资激励和 2500 万瓦特以下的水电项目 11% 的税收激励，这些政策现在已经废止了。

［2］洛瓦通过了一项法律，这项法律需要它的电力公共部门建立平均105MW 的新型可再生能源生产项目。在经过相当多的法律纠纷和延误之后，在20 世纪 90 年代后期实现 250MW 的风能装机容量，到 2002 年，明尼苏达州400MW 风能和 125MW 的生物质能（明尼苏达州立法规定减少到 110MW）的能源需求，到 2012 年又增加 400MW 的风能项目（后来作为监管解决方案的一部分改变为 2006 年）。

［3］除非特别声明，本章所指的资料来源于怀泽和兰格尼斯（2001 年）。

［4］"年份"指给定年份的 1 月 1 日。

［5］如许多州都已经重新开发他们的电力能源产业，得克萨斯州的州属公共部门和农村电力合作社不是不愿意对零售竞争开放市场，而是他们必须遵从可再生能源投资组合标准。这些存在的事物解释了得克萨斯州约 20% 的电力零售销售额。同样，最近的得克萨斯州公共事业委员会产生了 5%~10% 的可再生能源税收抵免亦字津贴，及 3~6 个月的守约的美好时期（得克萨斯州公共事业委员会，2003b）。

［6］尽管一些州存在发展良好的可再生能源投资组合标准政策，但是不实用

的长期合同已经让新型可再生能源政策的建立变得举步维艰。

参考文献

1. American Wind Energy Association（AWEA）（1995）A Renewables Portfolio Standard, AWEA, Washington, DC.

2. AWEA（2003）Wind Power: US Installed Capacity（Megawatts）1981–2002, www.awea.org/faq/inst cap.html, Accessed March 2005.

3. AWEA（2004）First Quarter Report. Wind Industry Trade Group Sees Little to No Growth in 2004, Following Near Record Expansion in 2003, 12 May, www.awea.org/news/news0405121 qt.html, Accessed March 2005.

4. AWEA and European Wind Energy Association（EWEA）（2004）Global Wind Power Growth Continues to Strengthen, 20 March, www.awea.org/news/news040310glo.html, Accessed March 2005.

5. California Energy Commission（CEC）and California Public Utilities Commission（CPUC）（1988）Final Report to the Legislature on Joint CEC/CPUC Hearings on Excess Electrical Generating Capacity, 150–87–002.

6. Danish Wind Energy Association（2002）Wind Energy News Archives 2002, www.windpower.org/news/archive6.htm.

第❽章　产业视角下的印度可再生能源开发

拉克什·巴克什

8.1　引言：国家迅速的变革

对于一国经济的发展，电力是基础投入的关键。自 1947 年独立以来，印度的电力装机容量已经从 14GW 增长到 100GW，超过 500000 座村庄过上了电气化的日子。然而，与发达国家相比，印度的人均能源消费量相对要少，有一大批村庄仍没有通电。随着超过十亿的不断增长的人口及工业化的继续发展，印度已经并将继续成为世界上最大的新能源市场之一。

8.1.1　印度电力消费者的困境

在探索印度的新型能源资源之前，我们必须花费一定的时间探索今天印度大能源消费的方方面面，而电力供应是一个很好的例子。

今天，如居民照明、农场、商业机构和工业这些电力的终端用户时常会遭受电力的紧缺。电压的不稳定及供给的频繁波动已经增加了消费者的电力困难。隐藏在印度不足、不稳定、不可靠性的电力供给背后的主要原因可以概括如下：

- 电力生产能力弱；
- 无法充分利用现存生产能力；
- 地区之间传输链接不足；
- 不充足和老化的传输与配给网络导致了电力的短缺和局部故障；
- 不对电力开发进行授权；
- 不公平价格结构；
- 农村电气化进程缓慢；
- 终端消费者对电力的无效利用。

结果，无论是电网内部还是外部，今天的消费者求助于独立的备用电力解决方案。这些受限的电力供应方案包括从 250 瓦（居民照明）到数亿瓦（工业用电）的多种容量的柴油发电机组、蓄电池、逆变器和稳压器。所以，尽管有人认为印度是一个不太富裕的、处在工业化进程中的国家，但是它花费在居民和工业部门的备用电力供应方案的钱可能是世界上最多的。这就留下了许多机会空间，特别是对于一直被视为可再生能源关键的价格问题。

8.1.2　印度电力部门的优势与机会

在探索可再生能源之前，特别值得考虑的是印度已经探索出的能源资源。同样，对于探索印度一些正在创造和吸引全球能源参与者开创业务的元素也是值得的：

- 丰富的煤炭储量（足够至少 200 年使用）；
- 巨大（大规模）的水力发电潜力（150000MW）；
- 新型可再生能源的潜力很大一部分包含 22000MW 的等效生物质废弃物，发电或产热方面高水平的太阳辐射水平，45000MW 的可能性风能容量，15000MW 的小型水电站和 2500MW 的废物利用；
- 技术精湛人员规模日益扩大；
- 强大的、全球性相对集权的公共事业部门的出现（NTPC，电网）；
- 合法的私人投资机构；
- 为解决争端而精心设计的机制；
- 达成政治共识的改革；

● 未来世界上最大的电力市场。

8.1.3　迎接挑战：印度电力部门的目标

为了找出现有的缺陷并充分利用以上讨论的资产的优势，大多数评论员认为下面所示的三个目标是印度电力部门满足扩大的人口需求的中期关键性目标：

(1) 到 2012 年满足电力需求；

(2) 以低廉的价格提供可靠且高质量的电力；

(3) 电力的发展能够实现环境的可持续性。

对于发达国家，除了确保能源安全外，二、三两点，价格和环境通常是讨论的重点。印度不同的是无法确保商业性能源的供给。就像上述讨论的一样，许多地方仍然没有通电，即使通电了，质量也不高。所以，第一点以与实现印度商业性能源安全的同等的重要性被考虑。

8.1.4　到目前为止，印度在可再生能源资源开发方面所取得的成果

截至 2002 年 3 月 31 日，可再生能源在整个电力生产中的贡献已经超过 3500MW，这在印度代表着约全部装机容量的 3.3%。考虑到对全部可再生能源的潜力评估值有 100000MW，到目前为止，还有大量的潜在资源仍未开发。非常规能源资源部（MNES）已经制定出了一项综合性的愿景规划，即到 2012 年从可再生能资源那里生产出未开发资源 10% 的电力资源。该评估认为，在接下来的 10 年里印度将需要大约 100000MW 的电力增量，像这样的非传统能源资源部门对印度电网的贡献是巨大的。

8.2　印度可再生能源的三个关键驱动力

印度，和中国一样都具有吸引力，因为他们都是工业大国，并已经拥有相当

规模的基础设施和市场需求，但是同样也是一个为家庭或商业提供服务的社会化的发展中国家，这使得商业性能源能够提供给大多数人变为可能。

在印度，以下关键因素使得广泛使用可再生能源技术成为必需：

● 快速增长的能源需求，电力生产的常规系统无法顺应公平、可持续的新型系统的挑战；

● 使用传统化石燃料发电已经使得当地与全球性的环境恶化；

● 迫切满足广大农村地区及偏远地区中以及接受和未结束能源服务的人们的能源需求。

表 8-1   印度多种新型、可再生能源资源技术的潜力与成果

能源来源/系统	潜力	成果
生物能源	19500MW	381MW
生物质气化炉		51MW
沼气发电厂（数目）	1200 万元	326 万元
改良的燃料炉（数目）	1.2 亿元	3430 万元
太阳能光伏		85MW（包括 30MW 的出口）
太阳热能系统（集热器面积/平方米）	1.4 亿元	60 万元
太阳能		2.0MW
风能	45000MW	1617MW
小型水电站	15000MW	1438MW
能源浪费量	1700MW	22MW

注：取得成果的日期为 2002 年 3 月 31 日。

8.2.1   新型电力需求

根据第 16 次电力供给调查的需求预测，要额外增加 100000MW 以上的发电量以确保 2012 年对电力的需求。发电总量几乎是现有 100000MW 产量的 2 倍，为了实现额外电力生产能力及其传输和配给机制，估计约有 8 万亿卢比（1750 万亿美元）将会投资下去。

这对于可再生能源很重要，迎合能源和电力的额外需求有必要充分利用所有经济上可行的能源资源，并制定出适当的能源战略组合以实现最大优势。本土可再生能源显然有一定的作用。

8.2.2　能源安全

对于任何正在发展中的经济来说，能源安全的关键在于确保经济平稳地发展。而且经济对能源进口的成本也很敏感。印度现在超过100GM的装机容量中，大约包括70%的热能发电、24%的水电、3%非水电的可再生能源和2%的核电。

印度是能源净进口国，特别是石油，占总能源消费的30%，这反过来构成了国家全部进口的20%左右。石油进口当然可能会伴随着消费的增加而增加。

在未来的10~20年里，化石燃料被期望成为促进大多数国家经济发展进程的动力因素。然而，有几种能源方案认为化石燃料有可能在2020~2025年达到它们最大的潜力。尽管有环境上的约束，化石燃料发电的成本将会超过其他能源发电的成本。

到目前为止，像印度这样的国家在21世纪正在创造大量的能源供给，暴露在短期的能源安全下的能源进口及长期的价格期望很早就值得考虑去代替本土的能源资源。可再生能源提供了几种优良的并能够解决能源安全问题的替代品。

8.2.3　环境保护

印度作为世界第二大人口国，人口从1947年的3亿增加到今天的10亿之多。人口的急剧增加和经济发展进程造成了除快速消耗自然资源外的其他问题，如环境的恶化。国内化石燃料不仅有限，而且随着化石燃料的使用，排出的大量碳元素正在引起全球变暖。

国内有关人士认为空气的质量只是等式的一个方面，但在这样一个人口大国中，就温室气体的排放而言，印度能源部门的做法将会在全球产生重大意义。因此，迎合更多环境的呼声和使用危险性较小的技术以应对环境污染的威胁正成为该国的迫切需求。人口的增长和迅速发展的工业化进程在接下来的10~20年里将会导致人均排放量的显著增加。而印度的人均排放量是日本的10倍之多，是美国的20倍，这对环境造成了严重的影响。转向对环境有利的能源资源，并能促进其开发进程而不增加有害物质的排放的解决方案不仅是全球问题，而且是地方与区域性问题。

8.2.4 偏远地区的能源

印度十亿居民中有 70%居住在偏远地区，大约有 18000 座村庄没有通电。这不仅影响到这些人的生活质量，而且还限制了提供给他们一系列的商业活动以及制约了金融安全的水平。

对烹饪燃料的需求同样重要且受到限制。随着人口的增加和地方燃料的有限供给，一个家庭成员可能要走许多公里去收集做饭所需要的燃料。这不仅冲击了福利条件，而且还严重地限制了家庭成员从事经济活动的能力，因此增加了家庭的财政贫困水平。可再生能源资源通常位于偏远地区或者集聚在某一特定区域，因此可再生能源能够提供合适的解决方案来解决一些经济困难。

8.3　印度可再生能源政策的演进

8.3.1　可再生能源政策背景

两个主要的问题已经让印度以正确的视角去审视可再生能源资源，即能源消费和供给差距的日益扩大及使用传统型化石燃料造成污染的排放。因此，在包括印度在内的发展中国家里，可再生能源技术对促进国家社会经济的发展扮演着重要的角色。

在世界上发起将利用可再生能源作为一项重大计划的国家数量很少，但印度是第一个。20 世纪 90 年代的印度政府逐渐认识到可再生能源的重要性，即可再生能源作为分散能源系统的工具能够满足偏远农村地区的电力需求。印度政府已经致力于推出第八个五年规划（1992~1997 年），它包括为电力生产所使用的可再生能源技术。

在过去的 20 年里，印度几项可再生能源技术已经趋于成熟，并迅速促进技术的商品化。把更为重要的技术开发与市场相联系，并通过提供财政、税收激励促进私人企业的投资，印度政府已设法加快发展的步伐。

因此，在向以可持续性能源为基础过渡的过程中不断增加可再生能源的使用的重要性是值得肯定的。然而，必须强调的是在印度需要解决的与可再生能源系统能够承受的问题完全不同。可再生能源不仅增强了能源生产并减少了温室气体排放量，而且有助于在当地环境、造林、旱情控制、能源保护、增加就业、农业增收及生物肥料的生产方面得到改善。因此，决策者认识到为了实现整体的可持续发展，如果能制定出合理的能源结构，那么印度不断增长的能源需求可以通过对可再生能源资源的明智开发得到满足。

8.3.2 可再生能源开发的三个不同阶段

当探索印度历史中的可再生能源开发时，我们能够看到三个不同的阶段：

第一阶段：从 20 世纪 70 年代末到 80 年代初，国家的努力方向直接指向了可再生能源的能力建设和研究开发方面，而且主要在国家级实验室和教育性机构里实施。

第二阶段：从 20 世纪 80 年代初到 80 年代末，见证了主要的扩张活动，即强调大规模的示范和补贴驱动型的延伸活动，主要应用在沼气、改良炉灶和太阳能方面。

第三阶段也是目前阶段：开始于 20 世纪 90 年代初期，重点更多地放在了成熟技术在电力生产上的应用，以风力、小型水电、沼气、热电联产和其他类型的生物质系统为基础，同样还有太阳能和其他形式能源的工业应用。这一阶段同样也存在从补贴驱动型逐渐转向商业驱动型的活动。

8.3.3 体制框架的血统

印度早在 20 世纪 70 年代就认识到了作为持续性能源的基础，使用可再生能源的相关需求会日益增加。印度最大的成功之一是为授权可再生能源生产而建立的政府机构。1981 年，印度政府以额外能源资源委员会（CASE）的名义建立了委员会，以促进在不同部门使用的可再生能源技术的开发。

1982 年，这一进程取得了突破性进展，原因在于印度政府在能源部下设立了一个独立的部门——非常规能源资源开发科，负责促进非常规能源资源的开发。

十年后的 1992 年，非常规能源资源开发科成为一个十分成熟的部门，这时它的名字为非常规能源资源部，其任务是开发所有领域的可再生能源。这使得印度以完全不同的身份成为世界上唯一一个拥有处理新型的、可再生能源资源的专有部门。

这种制度化的步伐有力地促进了政府高层制定政策，同时也促使这些政策的影响无法被夸大。一个国家的发展和工业化的进程如此卓越，并能在国际中脱颖而出，其主要原因可能归结于一系列新型的、先进的技术。

8.4 支持、目标和工具

8.4.1 国家与地方性的资源评估

就如我们看到的其他地区的可再生能源产业发展一样，对于单个公司来说，大规模资源评估成本是极高的，它更适合整个产业共同开发。出于这一原因印度政府对具体的可再生能源制定出了战略性的资源评估方法。例如，非常规能源资源部进行了一项针对遍布所有州和联盟领土的生物质能源评估项目，其目标是为绘制印度的生物质能源图出力。

小型水电是另一个很好的例子。印度第一个 130kW 的小型水电项目于 1897 年在大吉岭山委托建立。小型水电对环境是有利的，易于操作并适合在高峰期支持当地的电网，即在独立的地区应用独立的程序。印度拥有世界上最大的由数千座大坝组成的灌溉渠网，达到 25MW 小型水电项目的全部潜力约有 15000MW。2002 年 3 月 31 日，容量达到 25MW 的约 425 个项目（总容量为 1438MW）已经委托建立。其他容量达到 25MW 的 187 个项目（总容量约为 521MW）正在实施。许多州政府把兴趣放在了在自己的州建立小型水电项目上。非常规能源资源部关键性的介入已经开创了潜在的适合建立小型、迷你型和微型水电项目的地点数据库，这是通过从各种来源包括州政府来收集信息的。非常规能源资源部创立的数据库到现在已经包括了 4096 个地点，其潜在发电量为 10071MW。

8.4.2 目标设置和政策框架

大多数成功的工业发展进程都源于它的目标，印度的可再生能源的发展也不例外。印度政府首次宣布其可再生能源政策草案，其中预计 10% 的新增容量将会在 2012 年通过可再生能源来实现。

可再生能源的角色已经包括目前正在进行的广泛的政策改革，包括：

（1）印度松绑式和私有化的电力部门；

（2）印度政府的联邦内阁批准的新型电力法案；

（3）电力监管机构的结构。

伴随着合适的体制框架和适当的地方政策，到 2012 年，可再生能源的目标市场将会价值 6 千亿卢布（约 130 亿美元）。

8.4.3 目标市场和消费者

考虑到一些可再生能源技术能够促进经济发展和提高农村生活质量，所以就存在着许多有针对性的规划以帮助开发利用与家庭用户相关方面的技术。

例如，非常规能源资源部已经实施了两个计划：国家沼气开发项目（NPBD）和国家改良炉灶规划（使用木材或粪便的固体燃料燃烧炉）（NPIC）分别为家庭型沼气和妇女福利型沼气发电厂的建设提供服务。这些还除去了社会型和基于机构的沼气发电厂。

8.4.4 市场开发和行业发展

印度的可再生能源市场已经超过了 1000 亿卢比（约 22 亿美元），而且以每年 15% 的增长率在增加。印度对可再生能源的利用推动了一个小规模但增长迅速的行业，而中小型企业统治着这一行业。这些公司不仅能发掘有用的人才，而且还能够利用他们迅速进行技术和市场开发。

印度本土可再生能源技术的开发通常遵循一条较为正常的且开创式的途径。

大多数情况下，所有关键领域的可再生能源的技术发展都很平稳。可再生能源产业的产品成本曲线是向下倾斜的，许多选择性的突破促进了成本的大幅下降。然而大多数可再生能源系统和设备继续负担着高额的初始成本，很多人都认为这是可再生能源增长的主要威胁。

现在大多数致力于制造可再生能源产品的制造商都是相对小的公司，他们调动资源以从事技术升级的能力相当有限。技术的变革同样影响着他们为配送其电力而发展广泛的配送网络的能力，就像对其维持适当的售后服务的影响一样。解决这些问题并确保大中型工业化工厂的出现，建立地方性生产设备以制造出可再生能源产品将会是工业健康增长的本质体现。

由于意识到经济的可持续发展对可再生能源的基础性需求，印度政府已经开始着手于推行创新型的金融和财政政策、金融工具开发、体制规划、人力资本开发、信息传播和工业产品方面的项目。

通过印度中央政府和许多州政府的作用，目前的激励政策已经扩展到了可再生能源领域，包括：

● 为示范项目提供政府预算；

● 从印度可再生能源发展局获得长期的软贷款以及其他金融机构为支持私人企业的可再生能源商业性项目开发而提供的贷款；

● 充分利用外部国际双边机构的帮助；

● 通过财政激励、免税、折旧免税额、基础设施和电力银行鼓励私人投资，并确保为电网供电提供有偿服务。

8.4.5　合资企业技术转让法的应用

印度的合资企业在可再生能源产业方面已经取得了显著的成功。大型国际公司与大型的本土公司联合在一起如英国石油公司与塔塔的合作，主持制造了太阳能光伏系统。这一模式提供了迅速的技术转移路径以及对本土人力资源和工业能力的开发。

在印度，合资企业可能不仅建立了生产可再生能源产品的工厂，而且建立了基于可再生能源的发电项目。印度提供了一项自由的外资政策，这一政策允许外国投资并通过了合资企业转移技术。可再生能源领域的投资建议认为在合资企业里最多拥有 74%的外资参股是有资格自动批准的。作为可再生能源领域的权益，100%的外资投资项目是被印度政府——外资投资促进局（FIPB）批准的。外资企业同样可在印度建立了一个联络处。

8.4.6　具体行业和技术上的财政干预

在确定适当的要开发的国家资源或者要应用的技术之后，政府就已决定颁布促进行业发展的具体政策。

州和中央两级的政策包括财政激励、关税的优惠、消费税的豁免、免税以及商业项目的加速折旧等，正鼓励着印度推广以生物质为基础发电。

对于印度的光伏市场，关键驱动力是始于 20 世纪 80 年代政府的长期补贴、税收、财政激励项目。补贴伴随着大多数家庭安装太阳能系统，而贷款和融资计划进一步支持了私营企业的销售。

在印度，应用于建立风力发电工厂的激励包括：

● 用 100%的折旧所得税评估第一年在资本型设备上的投资；
● 免除五年的生产销售收入税；
● 行业地位包括某些国家的资本补贴；
● 电力银行和基础设施；
● 国家电力委员会以合算的价格回购电力；
● 第三方在确定的州直接销售电力。

这些激励伴随着能源需求的急剧增加已经使得私营企业建立风力发电厂的热情空前高涨。

8.4.7　技术开发的速度加快

在过去的 25 年里，印度为了使可再生能源技术能够在不同的经济、社会领域得到应用，对各种可再生能源技术的开发、试用和首次试用做出了巨大的努力。今天，印度有世界上最大的可再生能源技术开发项目，这些项目遍布印度所感兴趣的所有主要的可再生能源资源。

在许多情况下，印度的多种技术已经从国外引进然后在国内使用，如风力涡轮机技术就是来自丹麦和德国。另外，在技术发展的条件下，许多可再生能源技术仍然处于国际化的幼儿期，可能不适用于其他国家，就像它们不适用于印度一样。在任何情况下，最重要的是政府应当以最可行的资源和技术去给予公众优先权并帮助私营企业投资。

这一政策的成功例子就是印度的风能源部门——在印度可再生能源开发计划中是诸多成功故事的一个。印度政府以观点可以创造意识为主导，首先通过非常规能源资源开发科，然后通过非常规型能源资源开发部开始进口完整的风力涡轮机，并安装他们以示范风力发电项目的第一个五年计划（1987~1992年），同时提供操作经验以及建立可行的风力发电的技术经济。另一个目标是研究与风力发电机运行以及他们与电网之间联系相关的多种技术问题。今天这一焦点已经使其成为完全成熟的国内行业，并实现了在世界市场上出售风力涡轮机。

今天的非常规能源资源开发部涉及多种基于可再生能源技术的开发、示范和使用，包括太阳能热、太阳能光伏发电、风力发电、风力型水泵、生物质氧化和热电联产、微小型水电站、太阳能发电、生物质气化炉的使用、沼气、改良的燃料炉（烹调器具）、城市和工业废弃物的回收利用、潮汐发电。非常规能源资源开发部同样也处理其他新兴领域和新技术，如新型化学过程、燃料电池、地面运输的替代燃料和作为能源载体氢气的使用。

8.4.8　国家资助的研发支持

把本土行业推向世界前沿的必备条件是该行业必须拥有科学及学术方面的专长。太阳能光伏发电就是通过持续的创新来定义的高科技行业。印度是现存最大的家用太阳能系统市场之一。在印度，研发已经成为印度太阳能光伏发电项目的主要元素。除此之外，本土制造能力的建立、持续的研发努力已经促进了成本的降低、可靠性的改善以及更先进技术的引进。如以上我们所讨论的一样，印度的光伏发电市场的驱动力是一个长期政府长达20年的补贴、税收和财政激励项目。随着现在已经实现的产量方面的增长，政策应当转向如研发技术这样的支持商业化的、以市场为导向的道路上来。

印度也已经采取措施开发可再生能源技术，如光伏、风能技术已远远落后于居于领导地位的国家，但是对于印度和许多其他的国家的潜力巨大。一个例子就是以太阳能集热器为基础的太阳热发电系统。这一系统已经把其工作的液体温度增加到 300℃以上，这与传统的风力涡轮机并驾齐驱。印度政府、拉贾斯坦邦焦特布尔地区里的玛塔尼雅非常规能源资源开发部现在已经建立了一项 140WM 的一体化太阳能联合循环（ISCC）发电工程。

8.4.9　国家标准及检测

政府的另一关键角色是确保市场保持正常的秩序及确保消费者信心在新产品和技术得到平稳的建立。一个例子就是使用国家标准检查产品和服务的质量。顺便说明一下，为了使太阳能集热设备具有市场导向性，印度的太阳能热水系统和太阳灶在产品创新以及成本的下降方面取得了进展。现在，它们正在印度被考虑完全商业化。为了确保质量和工业标准，现在，产品以印度标准局（BIS）所制定的标准为准。

无独有偶，在风能源领域，为了提高印度的风力涡轮机的制造、安装和运行的性能水平，在风能源技术中心（C–WET），非常规能源资源开发部已经建立了风力涡轮机测试站以聚焦于标准化、测试和认证。在 2000 年 7 月 1 日，印度首相把卡纳塔克州的风力涡轮机测试站变成了致力于为国家服务的机构。测试保证了国家联合部议员（独立负责）为印度的非常规能源资源部展现的第一个 500MW 的风力涡轮机得到测试，这发生在 2001 年 8 月 13 日泰米尔纳德邦州的钦奈地区。

8.4.10　优先的国家投资

正如我们上述讨论的一样，印度可再生能源产业增长的原因之一是印度政府所奉行的有利于投资的政策制度，这一点值得我们更多的关注。

为了充分利用银行贷款，印度储备银行已经把印度的可再生能源企业列入了"优先领域"的位置。这些首创的结果是国际产业合作伙伴关系（IIP）所支持的强大生产基地已经在印度建立起来。

为了加速可再生能源技术和系统的提升，非常规能源开发部建立了金融机构——印度可再生能源开发有限公司——作为 1956 年的公司法案下的一个公共有限公司，建立于 1987 年。印度可再生能源开发有限公司的主要目标是为与新型、可再生能源资源有关的技术和项目提供金融帮助。风能源是可再生能源资源领域最大的受益者之一，它约占印度可再生能源开发有限公司所发放贷款总额的 50%。

8.4.11　一体化的国家、州和地方性决策

州与地方政府的角色是确保始终如一的政策框架，它已经成为印度可再生能源政策重要的成功特征，并值得我们去考虑这种成功是如何实现的。

沟通和内含物是两个重要的方面。例如，非常规能源资源开发部于 1995 年 7 月 1 日制定的指导方针对所有州政府在政策上都有利于可再生能源的电力生产，以一种视角去鼓励非常规能源资源开发部的商业化发展，包括风能源。

对于风能源，有开发潜力的九个州都已宣布具有吸引力的项目以鼓励私人企业利用风力发电。非常规能源资源部也在 1995 年对所有的私人开发商制定了指导方针，以确保开发商合理利用中央及州政府所提供的激励措施和设备，同时也把重点放在风力发电机质量的选择上。在印度，对于州政府和风能源开发商来说，非常规能源资源部的指导方针组成了一个整合的政府和私人部门以利用风能源的方法。

无独有偶，一种一体化的优先方法已经通过私人企业被用在提升商业性的小型水电项目上了。非常规能源资源部所制定的指导方针是让所有州都采用与非常规能源电力行业相关的统一政策。已经有 13 个州宣布他们的政策是鼓励私营企业投资于商业性的小型水电项目。在这些州，为了在接下来的 10 年里建立商业性的项目，发电潜力总计 2000MW 以上的区域已经供私营企业开发。

8.4.12　本土制造与出口

产品的出口与服务能力的提升是对任何商业领域中的领导地位与早期开发的回报。

通过战略性规划和各种项目的实施，非常规能源资源部及它的金融机构——印度可再生能源开发有限公司为国家的非常规能源资源的增长与开发打下了坚实

的基础。稳定的国内市场本身就很重要。然而对于海外市场，同样把这些充分成熟的产业推到了受欢迎的地位。印度产业已经吸收并采用了非常规能源资源不同的学科技术，现在生产产品与系统的能力已经达到了国际上所认知的标准和质量。

顺便举一个具体干预的例子，为了加快风力发电机的本土化，印度政府于1992 年开始在风电发电机上征收关税，但是在零/完全优惠关税下，允许风电发电机制造所需要的具体零部件的进口，同时免除了征收风力发电机的消费税和消费税。明确的目标——及由此产生的结果——已经鼓励了许多国际性的及印度本土的风力涡轮机供应商去建立印度本土的生产设备。

至少有 10 家国内公司正在生产风力发电机及其元件，他们不是合资企业就是国际合作式的持牌经营。他们已经实现了每年 150 亿卢比的营业额。其中的一些公司在市场上的活跃程度超过了印度沿海的企业。现在，单位容量上百万瓦的风力发电机在印度本土生产。甚至风力发电机的关键和高科技复合材料部件转子叶片现在也在印度生产。约 80% 的本土化企业已经实现了以欧洲商业和保证标准进行生产。

其他可再生能源技术领域也发生着同样的进程。例如，在 20 世纪 80 年代末，印度建立了一家主要生产太阳热能的企业，它以加拿大的技术为基础，到今天它已经把其产品出口到西班牙、德国、荷兰、丹麦、希腊、土耳其、塞浦路斯、韩国和非洲。

8.5　国际政策机会

随着"京都议定书"的通过，众多影响能源发展的政策如雨后春笋一般开始涌现。众多首批的政策和机制，在这之中可能也会变成其他类型的，而清洁式发展机制是其中一例。

清洁发展机制是在"京都议定书"的框架下提出来的，被当做一项缓解气候变化和推动向气候友好型的技术转变的具备成本效益的弹性措施。设计清洁发展机制是促进发展中国家实现可持续发展，实现联合国气候变化框架公约（UNFC-CC）的终极目标。

在清洁发展机制下，一个发展中国家和接受项目所产生的单位减排认证的捐赠国在减排项目上彼此合作。与此同时，主办国通过投资于对环境无害的技术如可再生能源技术从项目的贡献中受益，实现经济持续性发展。

为了帮助小型项目克服执行清洁式发展机制所涉及的交易成本，马拉喀什的缔约方会议也同意要求清洁发展机制的管理者对最大容量达到 15MW 的小规模可再生能源项目活动开发出简化的模式和程序。

在"京都议定书"下，清洁发展机制的项目是一项由市场力量所驱动的开发项目，所针对的验证标准也减少了温室气体的排放。项目投资者在认证的单位减排上大胆冒险，这种与认证的单位减排相对应的是温室气体减少的实现。清洁发展机制同样也为发展中国家与工业发达的投资者合作以及开发新产业和技术提供了贸易机会。在清洁发展机制所要求的正在被开发的项目中，这种贸易形式必定会有助于东道国的可持续发展。关于哪些项目会有利于东道国的可持续发展，哪些不利于东道国的可持续发展，由东道国自己决定，这些项目必须在"议定书"所创设的"指定的国家权威"决定批准或者回绝项目的申请。只有清洁发展机制项目能产生实实在在的并可以测量的温室气体的减排，而且温室气体的减少将会被验证、监控和审核，贸易才能注册。

像印度这样的国家，清洁发展机制为发展中国家提供了一个促进可持续发展和直接利用资本流、专门知识和技术的机会。

为了充分利用清洁发展机制的项目，以及预计 2012 年后的类似规划为可再生能源的发展带来的巨大机会，印度政府已经组建了关于可再生能源的气候变化咨询小组。

8.6　印度可再生能源政策的未来方向

印度的国家政策要跟上正在走向成熟的产业，这一点很重要。非常规能源资源部已经为所有部门的全面发展制定了一项全方位的可再生能源政策。政策的目标是总体发展和促进可再生能源技术的开发和应用。具体来说，这些集中在政策主动权上鼓励着私营企业的投资和外商直接投资（FDI）。

可再生能源需求的增加对产业的发展产生了深远的意义，同样也促进了可再生能源领域中的国际产业合作伙伴的增加。通过努力消除加速利用的限制条件和"瓶颈"，以及借助可再生能源技术在整个农村能源、太阳能、电力生产范围内勇敢尝试新的发展方向，为巩固目前可再生能源已取得的成果提供了一个新的推动力。

尽管非常规能源资源部已经支持研发以促进可再生能源领域的技术及人力资源的发展，但是现在的重点却集中在减少成本和提高效率上。这意味着国家研究和教育机构间有越来越多的交流和越来越密切的合作，这种交流和合作都是知识与经验的储备及印度产业所必需的创业技能和市场定位。

8.7 结 论

在印度，各种可再生能源技术的研究、开发、验证及实际贯彻实施已经极大地促进了可再生能源产业整个价值链的发展，因此也促进了本土制造业的发展和产品在国际市场上的出口。

从国家角度来看，可再生能源被看作满足不断增长的能源需求的一种有效选择，如同由人口及它现在的需求和愿望所带来的重要利益而提供持续的国家能源安全的工具。

在本章中我们所识别的一些政策范畴包括：

● 建立强大的政府机构来开发可再生能源行业；

● 引导对产业发展的全面的资源评估；

● 政府通过设定目标把信息传送给私营和公共部门；

● 识别市场和消费者的目标；

● 集中于市场开发和技术开发；

● 利用商业法激励技术的转移；

● 创造具有适当市场动力的财政干预；

● 利用合资企业法增加技术转移；

● 研发支持；

● 标准与检验的贯彻执行；

● 优先的国家投资；

● 一体化的国家、州、地方和国际政策决策；

● 使用贸易规则鼓励本土制造业；

● 引导成熟的市场走向国际竞争的方向。

在回顾印度过去利用可再生能源资源的三十年期间，成败皆有。然而，就实施可再生能源项目，以及很多印度的公司和技术向新型和新兴市场渗透的能力而言，现在的成功是不言自明的。

这一势头在继续着，据评估，在接下来的十年里，印度将会需要约100000MW额外的电力容量，约10%（10000MW）来源于新型、可再生能源资源领域的容量贡献于印度电网。对全球和其本国可再生能源产业来说，印度将继续成为有巨大机会的地方。

第❾章　西班牙可再生能源：成就与发展潜力

杰西·蹯易斯·卡西亚　艾米里欧·迈尼恩戴斯·派瑞斯

9.1　西班牙能源环境

9.1.1　能源依赖性和能源排放

西班牙在各种形式上高度依赖进口能源供应，在所有的基本能源中，有 3/4 的能源都来自进口，然而有效的能源效率计划尚未到位。

西班牙的能源消费在迅速增长，温室气体排放量的增长高于西班牙和欧盟向京都议定书的承诺，其在京都议定书上承诺 2008~2012 年的温室气体排放最高达到 15%，然而，在 2003 年其排放量却猛增到 40%。

9.1.2　交通运输

汽车数量有轻微的增长，约每 1000 名居民中有 500 辆车。然而在公共交通框架中，无论在城市内还是在城市之间，都存在着车辆短缺的问题。国内和国外旅游者也在迅速增长，因而汽车燃油需求在不断增长，其带来的影响是西班牙交通运输温室气体排放量在所有部门中是增长最快的。

9.1.3　电力

对于电力的需求也在急速地增长，从 1990 年的 135TWH 增长到了现在的 250TWH（接近 80% 的增长）。用于国内使用和服务的电力消费也有明显的增加。家用电器对于电力的大量消耗以及人们对于空调需求的不断增长持续推动着能源需求向上增长，尤其是在西班牙的主要城市和旅游地区。这种趋势可以通过 2004 年七八月破纪录的电力需求显现出来，包括马德里在内的某些城市，温度达到了最高。

9.1.4　燃料资源

西班牙是个高度依赖原油的国家，有一半的能源使用与原油有着密切的联系，几乎所有的原油都是进口的。20 世纪 70 年代的石油价格危机对西班牙通货膨胀产生了严重的影响，伴随着巨大的经济影响，通货膨胀率以每年 20% 的速度增长。20 世纪八九十年代，作为一种生产电力的能源，煤的开发应用使经济局面得到了缓解，同时也为诸如水泥产业这样的大型工业提供了燃料。

核能源的使用也被认为是一种解决方案，核电站的建立以及在加利西亚的大西洋海洋盆地经常排放的有毒燃料废气招致了严重的社会反应，建议安装的设施在这里不到 1/4。然而，不可否认的是，西班牙 1/3 的电力几乎都是由核能提供的。

西班牙的电力供应是长远发展规划的核心，这项规划旨在平衡外部供应和内在需求。其目的是为人民消费和商业用途产生尽可能多的电力。有近 1/3 的汽油供应有望取代煤电生产，这也将会对二氧化碳的排放产生影响，尽管其小于可再生能源的等效替代品。

9.2　可再生能源的发展历史

在 20 世纪上半叶，水力发电是西班牙电力规划的基础。尽管投入使用之初水电厂的产能很低，但 20 世纪 40~60 年代，西班牙各地建立了较大型的水利设施。在许多地方，装置安装比例不协调成为利益相关者之间社会冲突的根源，尤其是在加利西亚和亚拉贡。

目前这个国家 15% 的电力生产由水力发电提供，而这受制于每年的降水量。然而，它在装机容量方面扮演着重要的角色，其装机容量为 16GW 或者是总量 58GW 的 1/3。这表明，尽管存在着相对较低的容量因素，但对于需求高峰期其是持续供应的（平均功率输出作为最大额定功率输出的一部分）。

20 世纪 70 年代后期，面临着石油供应危机，西班牙政府参与了国际倡议活动，以促进可再生能源的发展。典型的例子就是阿尔梅利亚太阳站台，它是由西班牙和德国合资建立的。除此之外，西班牙也建立了三个不同的小型太阳热能发电站，而研发工作已经持续了 20 年。

上文所提到的石油危机同样产生了一个新的国家部门，即能源研究中心。其后来成为西班牙能源多样化与节能研究所（IDAE）。正如我们所看到的，它在可再生能源的发展中起着极其重要的作用，尤其是在政策项目上。

直到 20 世纪 90 年代早期，能源发展的焦点仍然是技术创新和基础研究发展。同时，社会对于可再生能源的兴趣也逐渐凸显出来，一些小型的公司成立了，大公司看到了与清洁能源相关联的品牌优势。

与此同时，三个关键压力构建支持可再生能源的推广，包括对外部能源资源依赖的增加、对由新型工业和技术而带来的就业机会的展望、逐渐增长的环境意识。

9.2.1　可再生能源倡议

西班牙出现了两个倡导可再生能源的组织，这两个组织是最具活力和最具话语权的。它们认为可再生能源的发展需要系统性的改变。这两个组织是：独立开发商和公民社会组织。

独立开发商扮演着重要的角色。与传统的社团相比，它们很小，更为不同的是它们想利用可再生能源（主要是小规模的水力和风力）。为了保护和增加它们共同的利益，这些公司成立了"保护伞"组织，在这个组织里，它们可以用同一种声音和内容说话，在很多情况下，这些关于可再生能源的言语都不同于传统组织的高层管理者对其的描述。

我们还需要关注社会大众的重要作用，尤其是环境团体。对于主要的国家性环境组织来说，可再生能源成为处理以能源为基础的污染的替代选择。这些技术允许这些团体用一种全球的、整合的方法和视角来加强对环境资产的保护。更为重要的是，在西班牙，由环境团体和公民社会团体所施以影响的支持和政治压力高于国内产业的发展。

一份关于提升风能利用能力的"1992协定"为我们提供了一个多方利益联盟、用压力来促进西班牙可再生能源发展的例子。在某个时期，官方的IDEA目标是175MW，一个由全国性环境组织（生态学家大自然协会）组成的联盟、两个主要的全国性协会——西班牙劳工联盟和西班牙工人委员会以及当时的国家公有电力公司联合起来要求IDEA目标达到750MW。尽管在当时这个目标是远超过理想目标的，但他们的目的是使西班牙在新的环境领域中进入领先国家行列，同时促进就业、发展国内能源安全。目前，大多数人认为这些目标已经实现，或者至少在不久的将来将要实现。

20世纪90年代可再生工业蓬勃发展，压力型团体的角色有了新的发展，目前他们被赋予了如下的角色：平衡要求增加的可再生能源项目；打破出现的政治、政策、系统僵局；带头进行反击反可再生能源的社会游说。

9.2.2　新激励：王室法令

尽管西班牙在国际上被认为是风能利用的"领头羊"，但早在1993年其风能的产出仅仅是52MW，然而，在接下来的几年里新政策对风能产出产生了戏剧性的影响。1994年实施的法令强制所有的电力公司在为可再生资源所产生的能源定价时要提供一个为期5年的最低价格。

政策改革是在广泛领域下的能源改革以及逐渐过渡到自由市场的大环境下发生的。在 1998 年电力工业自由法案批准的前些天，政府利用一项王室法令巩固了可再生能源工业的地位，这项法令协调了新兴竞争电力市场内的激励制度。更重要的是，1998 年的法案确定了一个目标，这个目标就是到 2010 年西班牙 12% 的能源要来自可再生能源。

9.2.3　支持结构

可再生能源的发展是建立在可再生能源生产的额外津贴费用的基础上的。这种额外津贴费用因可再生能源资源以及技术的不同而多种多样。它由政府每年修正一次，并且每四年要进行一次复审。例如，2002 年的分配是这样的：风力 0.029 欧元（0.039 美元）；小规模的水力 0.031 欧元（0.042 美元）；生物能 0.0279 欧元（0.0376 美元）；太阳能热电 0.1202 [1] 欧元（0.1618 美元）；光伏发电达到 5kW 的 0.3606 欧元（0.4853 美元）；光伏发电超过 5kW 的为 0.1803 欧元（0.2427 美元）。

一项新的王室法令于 2004 年颁布实施，这项法案有两个主要目标。第一个目标是为可再生能源进入自由电力市场创造动机和机制。第二个目标就是为额外津贴费用提供一个长期存在的理由，从而能够保证投资人的信心。

通过将获得更高的额外津贴的限制规模提高到 100kW，加强了对太阳能光伏发电的支持。这使得对太阳能光伏的需求有了更进一步的增长（从每超过一整年安装 4MW 到最近几个月要求达到 40MW，在它的第一年里安装了 10MW）。太阳能热电也将它的额外津贴补贴水平上升到每单位电能价格 0.18 欧元（0.24 美元），这使得新项目变得可行。

尽管实施了新法令，但仍然存在着让人担心的事情。实力较弱的开发商对此法令的反应被忽略了。因此，他们请求在 2004 年大选中组成的政府摒弃那些使小型开发商处于不利地位的条令，并且也要为生物能量发展创造改进的机会。

9.3　西班牙各自治区的角色

西班牙在地理上被划分为不同的区域，这些区域被称为西班牙自治区，每一个自治区都有各自的议会和政府。这些自治区也有促进能源和可再生能源高效利用的办事处。这些自治区办事处中的某些办事处在可再生能源产业的发展上扮演着非常重要的角色。此外，许多不同的城镇和乡村委员会也成立了他们各自的能源办事处，目的是促进本地可再生能源的发展。

在西班牙，区域的失业率高达 10%~20%，对于各个自治区来说，中心问题是创造就业机会。很多自治区政府选择将批准的区域可再生项目发展同投资结合起来，目的是确保资金可以流回到当地。

此外，自治区政府已确定积极的目标以推动活动的持续进行。例如，加利西亚，拥有大西洋海岸线，从 1997 年开始就有一个 2300MW 的风能发电目标——这相当于整个地区 45% 的能源需求量。这也与确保 70% 的投资都在自治区内使用的目标联系起来。结果是创造了超过 5000 个直接和间接的工作岗位和无数的工厂。

自治区政府的另一个中心工作是处理环境问题。纳瓦拉省将环境问题作为刚刚开始的关键参数识别计划的一部分。这阻止了一些冲突的发生，而在其他省份这些冲突阻碍了随后的发展。

自治区当局在某些问题上，例如太阳热能的开发上也扮演着很重要的角色。一个成功的例子就是被巴塞罗那委员会称之为“太阳能法令”的实施。这个章程要求城市中所有新建的和翻新的建筑配备太阳能集热器，这种太阳能集热器至少应能满足热水需求量的 60%。经过太阳能法令一年的有效实施，巴塞罗那太阳能集热器的覆盖区域翻了 4 倍。包括马德里、塞维利亚、格拉纳达、潘普洛纳的一些城市也实施了这样的法令。目前，20% 的居住在市区的西班牙人要求在新房子里安装能产生热水的太阳能，其他的自治区也在考虑这个方法，然而现在衡量这些法令的市场影响力仍为时过早。

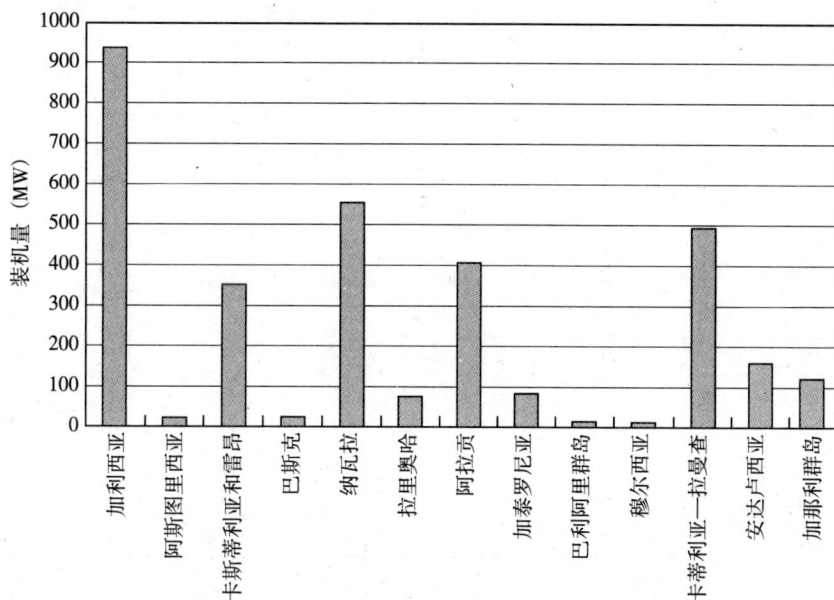

图 9-1 西班牙各自治区可再生能源装机容量

9.4 产出：安装能力和能源生产

很显然，衡量西班牙可再生能源的发展是否成功的一个重要标准就是可再生能源的实际产出量。表 9-1 和图 9-2 展示了西班牙某些可再生能源的发展情况（表 9-1 中没有涉及的太阳能电力的发展将会在后面的技术选择章节中进行说明）。

9.5 某些持续的抵制

到目前为止，我们重点讨论的是西班牙可再生能源发展的成功之处及其演变过程。但是西班牙可持续能源发展并不是一帆风顺的，这绝对值得我们对其所面临的挑战进行一个全面的综述。

表 9-1 1990~2002 年西班牙大陆上各种可再生能源作为电力生产的演变

年　份	风能（GWh）	小型水力（GWh）	生物能（GWh）	太阳能（GWh）
1990	2	977		
1991	3	1647	1	
1992	17	2037	5	
1993	85	2241	14	
1994	73	2491	55	1
1995	160	2240	203	1
1996	304	3589	235	1
1997	595	3451	107	1
1998	1237	3618	165	1
1999	2474	3786	188	1
2000	4462	3914	267	1
2001	6600	4385	628	2
2002	9220	3893	1084	4

资料来源：国家能源委员会。

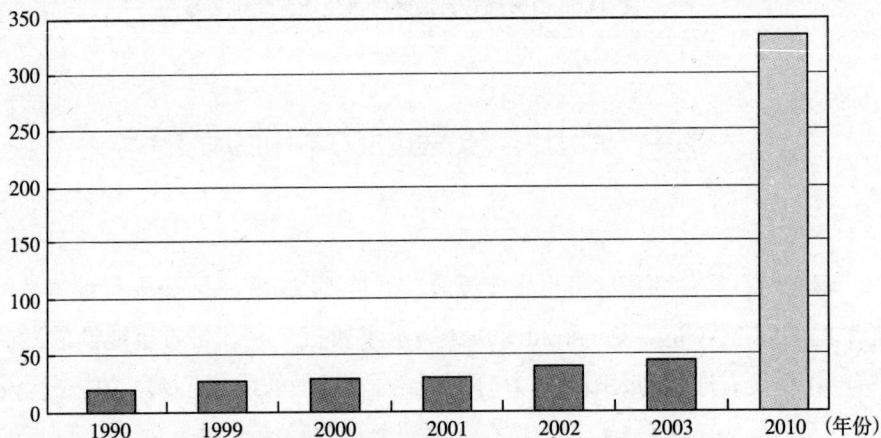

图 9-2　与现存的政府目标相比，太阳热能（低温）需求的演变，以 k Toe 为单位
（百万吨石油当量）

资料来源：IDAE（2004）。

9.5.1　产　业

在早些年间，来自西班牙电力系统的公司也参与到促进可再生能源发展的浪潮中。从 1980 年到 20 世纪 90 年代中期，这些公司用 0.3% 的电力费用投资成立了一个名为"电气工程研究"的项目。欧盟也对这个项目进行了投资。尽管这个

项目最初的定位是成为可再生能源发展主要的国家助推手，然而投资特权却仍然继续分配给传统的电力生产者。这意味着一些主要的可再生能源支持者是存在于能源产业外的第三方参与者。这产生了一个障碍性的、竞争性的动力环境，在这个环境中，电力公司使用输电网络是会被控告有罪的，这种行为是可再生能源发展的一大障碍。

9.5.2　政府

当一项可再生能源技术充分发展到被认为能和传统能源直接竞争时，随之而来的是更多关于政策制定的批评。当前发生的这些批评和风能的利用有关。在一些大型传统公共设施机构的施压下，政府已经对允许发电的风能总量实施了控制，这样的政策制定（包括在能源建设计划中作为最后关头的附属物）对可再生能源长期的国内投资造成了严重的威胁。然而，新当选的政府正在与电力输配送公司进行谈判，目的是使他们同意能使风力发电能力增长到 20000MW 的修正法案（2004 年末的装机容量是 8263MW）。

9.5.3　社会

与其他国家一样，西班牙也出现了一些反对可再生能源项目和技术发展的社会团体。由于对全局缺乏了解，这种现象将会持续。这是因为这些团体是小范围的，或者有时是因为某些团体只关注环境的某个特殊方面，忽视了能源系统更为广泛的意义。无论是什么样的原因，这些团体被认为代表着社会大众，直到主流环境部门保持对可再生能源的高调支持时，它们的使命才得以结束。

9.6　社会接纳问题

9.6.1　制造业和提供就业机会

可再生能源发展之所以被西班牙社会广泛接纳，一个原因就是它们有能力提供就业机会，甚至是在失业很严重的时期和地区。图9-3描述了直接就业和未来的推测。正如图中所描述的，2001年有将近20000个工作岗位，到2010年预计会有将近45000人在这些行业中直接就业。

在这些可再生能源技术中，风能行业创造了西班牙最多的就业机会，大概有10000个岗位。叶片制造企业在七个工厂中提供了1000个直接工作岗位，小型操作和维修企业提供了另外的1000多个工作岗位。海上风力开发的就业潜力将会对经受着产业调整和随之而来的失业的造船业产生一个特殊的反应。

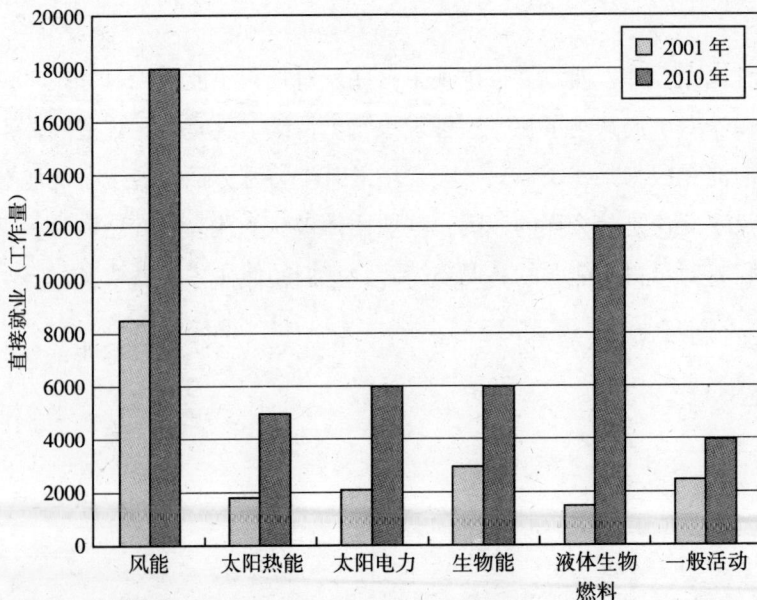

图9-3　西班牙能源部门提供的直接就业的演变

太阳能发电能给西班牙提供将近 4000 人的工作岗位，3/4 的工作岗位在小型操作维修企业中产生。光伏模块制造企业需要 1000 多名员工，15% 的员工接受过高等教育。

生物质能生产企业需要 5000 名全职员工，大部分的劳动是与在农村地区已经做过的农业废弃物收集工作相辅相成的。

9.6.2　财政影响

可再生能源设备的装置是由西班牙各自的地方政府进行管理的。为此，它们有几种管理方案。例如，风能开发商要向土地所有者（无论是私人所有者还是公共所有者）交纳地租，而这项地租占风能开发总价值的 1.5%。

然而，更为重要的是要确保更为广泛的利益主体能从可再生能源发展中获利。这些可以通过缴纳地方税收和上文所提到的提供就业机会体现出来。

9.6.3　环境影响

尽管风能设备对环境的影响并不突出，但风力发电的扩张在西班牙也并未避免事故的发生。

一个具有高知名度的事件是秃鹰死于风力涡轮机的影响，这是由于将风力农场定位在了秃鹰觅食的垃圾场附近。改变垃圾场的位置能解决这个问题。然而，如果这些影响可以一起被消除，那么结果可能会更好，这是因为这些影响将持续很长的时间。其他的影响后果，例如土地侵蚀，问题已经出现但没有引起太大的社会关注。人们认为至关重要的是对人类环境的影响，不仅仅是风能，也包括小型的水力和生物质能。

9.6.4　社会影响

风能开发所带来的一些环境问题虽然得到了处理，但风能开发所带来的美学问题却频繁地出现，那些建在西班牙的山顶上的风力发电机尤其会碰到这个问题。电台中一带而过的评论，例如"我们希望这周行驶时不要有太多的风力涡轮机出现在路上"之类的美学问题可能会变成西班牙未来风力发展的一个至关重要的问题。可再生能源发展发生在不同的地域，包括那些经济活动少的乡村地区。在这些地区可再生能源的发展可以被认为是一个受欢迎的外来投资来源，也可以认为是把这些地区的优势资源销售到海外的利益来源。

西班牙的另一个特征就是它位于地中海地区，这吸引了大量的游客。必须将风力涡轮机对旅游业的影响的担心放到其对为旅游部门所建立的高层建筑物所产生的不间断的和严重的影响的环境中进行分析。然而在实践中，这种抵制活动是由当地社会团体所开展的，这些团体重点关注的是部分公司或宗教政府中所存在的计划和管理不足的问题，而不是风能发展本身。

对于小型的水力发电来说，公众的反应并不是那样鼓舞人心。公共和私人代理机构从 20 世纪初开始就一直在研究废弃水电站的重新利用，并且也在研究能同时提供灌溉和供水服务的新设施。然而，即使早期的某些项目是合理的，例如在比利牛斯山上的项目，但公众似乎仍然对水电发展有着负面联想。

小型水电工厂目前所在的位置在河流和小型坝区的边缘，这些地区是农民、渔民、牧民工作的地方，也是某些人消遣娱乐的地方。很少人准备在这些地区支持长远的影响。

遗憾的是，水力发电的经济效益相当小，它并不被认为是一个能在未来起决定性作用的技术或者行业。2002 年，水力发电的装机容量是 1492MW [2]，少于西班牙在用能源的 2%。然而，计划却是到 2010 年要适度地增长到 2200MW。

9.7　发展空间

尽管在西班牙有观点认为利用奖金方案来投资可再生能源生产是极其有效的，但是风能产业的巨大成功不能使我们忽视其他产业所面临的现实问题。当考虑多种技术时，存在政策弱点的区域可以很快地被识别出来。

9.7.1　整体规划

我们已经看到了各州和国家政府为了帮助可再生能源发展建立了不同类型的组织和代理机构。然而，西班牙政府关于能源发展的政策并非完全奏效。大体上来说，政策的重点是利用传统的方式来生产能源而不是利用可再生能源。

考虑到以下两个规划，能源节约和高效利用规划是附属于 1991~2000 年国家能源计划的，可再生能源发展规划是先于 2002~2011 年能源规划的。其中一个规划促进了可再生能源的发展，然而其他的规划却促进了传统能源作为西班牙能源系统基础的发展。

在以上的能源规划中，可再生能源和传统能源都得到了发展，这类能源规划的差异是令人困惑的。这是真正的长期能源规划而不是短期能源规划。将可再生能源和能源效率整合成为能量系统规划是没有根据的，因为综合资源规划是对所有的能源选择一视同仁。

9.7.2　征税

在定价、获取、投资方面，对燃料征税是占主导地位的决定性因素。以西班牙为代表，汽油价格是每公升 0.90 欧元（1.21 美元），2/3 是税收。与生产一公升生物乙醇需要花费的 0.75 欧元（1.01 美元）相比较，它需要支付给农民的足量的原料费和劳务费已超过欧盟付给空闲土地的费用。

生物燃料被认为是西班牙的优先能源，有建议提出要把未使用的农业用地用来生产生物能源。西班牙可再生能源规划设立了一个到 2010 年石油产量达到 500000 公吨的目标，这大概是西班牙汽车燃料利用的 2%[3]。

这里，中心问题是决定适当的税收水平。西班牙政府最近决定免除液体生物燃料的税费，这促进了为生产生物燃料而新兴的回收植物油产业的发展。然而，对于农民来说，成本上的平衡仍是对经济造成不利的选择。

9.7.3 接入

我们前面提到的通过第三方电网接入的实用控制问题被认为是阻碍发展的潜在障碍，也是因耽搁而使成本增加的一个原因。

相似的问题也发生在生物能源方面。由于如何进行分配的控制权掌握在石油公司手中，因而这些公司采取的允许酒精进入到它们的分配结构中（作为一种添加剂或者较高比例的混合物），并且在加油站使用的措施是可取的。

很多评论员认为为确保生物能在燃料市场上的使用，规范法律义务是很有必要的，或许可以联合多个法规对汽车的效率标准施加影响。

9.7.4 规模和可变性

可再生能源技术的应用使得非标准项目得到了发展。这会出现一个问题，就是简单的奖金价格支持计划没有得到妥善处理。

例如，生物能的能源生产正缓慢地进行。迄今为止，利用污染的橄榄油废物已经建立了三个能源设备（总量几乎达到 50MW），同时也建立了一个由谷物秸秆提供能量的设施（25MW）。然而这个产业不仅达不到能源发展规划所要求的到 2010 年实现 1700MW 的目标，它很有可能只能完成目标的 1/3。

产生这种现象的原因有很多，首先，投资能源设施的费用太高，这不是乡村社区或企业所能承担的。其次，公共事业部门可能会阻止这些项目的进行，因为它们需要花费大量的时间与项目涉及地的农民进行谈判。再次，公共事业公司会被吸引到相对来说经济潜力更好的大项目中去，像废物集中作物，而留下小规模的项目不进行开发实施。最后，当前的固定奖金系统不适合像生物能这样异质性的产业，它的成本是随着不同燃料和技术的变化而变化的。重视技术、经济、环境参量对于未来奖金的多样化（利用它们需要发展的动机来提供多种多样的项目）是很有帮助的。

9.7.5 技术选择

西班牙已成功地从领先国家进行了技术转让，成为有重要影响力的国际参与者。但是有些方面西班牙本该主导的但并未主导。

西班牙太阳能热力发电的发展说明了一个很好的问题，就是在进行资源和技术决策时思维要缜密，不能单凭常识做决定。

正如上文所提到的那样，20 世纪 70 年代末，西班牙建立了技术研发中心——阿尔梅利亚太阳能平台，同时建立了三个不同的小型太阳能发电站，在热动力循环中，利用镜子模块聚集太阳辐射使其达到能充足发电的水平。

最近的资金审批，相当于前面所提到的每千瓦时 0.18 欧元（0.24 美元），这个计划使得建立四个 10MW~50MW 的太阳能热力发电设备成为可能：三个在安达卢西亚，一个在纳瓦拉。它们有镜场、塔场、圆柱抛物面槽式集热器，并且其中一个引用了新的热能循环设计，这个设计是在塔式锅炉里用空气充当媒体液体，以达到高温加热的目的。

然而，不够完美的是这类技术的资金项目在最初并没有涉及其他的可再生能源，并且必须要等四年。虽然有这样的疏忽，但西班牙有密集的太阳能资源和适当的政策框架，使其已经成为这项技术的世界领军国家。在新的王室法令下，利用这项技术使预期产值在 2010 年达到 1000MW 的目标比从前的政府可再生能源发展规划预期产值达到 200MW 的目标更为现实。

9.7.6 研发

能源、环境、技术研究中心是西班牙主要的研究所之一，有 200 人供职于此机构。

研发中心的主要活动包括：风能技术开发，主要研究网上设备和离网装置；从大量原材料中获得液体生物能的新方法；薄膜光板技术和新材料的发展；太阳热能发电研究和示范项目的开展。

然而，在实践中，这项研究和世界产业之间好像存在缺口。西班牙企业继续从国外寻求技术上的支持，而此时西班牙的研究人员却转向欧盟的项目来筹集资金以证明它们可以提供有用的帮助。这反映了西班牙政府和技术中心没有在能源发展方面将企业建设和国家能源研究有效地结合起来。

太阳能源机构的建立向我们说明了这样一个例子，当研究工作与有助于可再生能源发展的国家产业规划紧密结合时，项目总能取得成功。西班牙市场仅使用了欧洲所产模板的1/4，然而这个成功的产业，利用研究和政策一体化使得西班牙95%的太阳能光板模块出口到欧洲的其他国家、拉丁美洲、非洲和亚洲。西班牙现在成为欧洲光板制造的领先国家，并且证实了当正确地做事时，什么都可以实现。

注解

[1] 政府于2002年7月批准了这个价格，直到那时，这项技术的补贴仅有0.03欧元（0.04美元），这延迟了商业的发展。

[2] 这是通过国家能源委员会对特殊政权能源购买的统计量分析得来的。

[3] 2005年西班牙政府批准了一项新的可再生能源规划，将生物能源的目标提升到与石油目标相同，即到2010年达到2200000公吨。

参考文献

1. CNE（2003）Informe sobre las compras de energía a régimen especial. Period：Año 2002，Comision Nacional de Energía.

2. IDAE（2004）Boletín IDAE：Eficiencia Energética y Energías Renovables（No 6），Instituto para la Diversificacion Ahorro de la Energia.

第⑩章 德国支持太阳能光伏发电的历史

斯文·泰思科 沃克·U.霍夫曼

10.1 引 言

与日本和美国一样，德国在推动光伏太阳能发展方面处于世界领先水平。能实现这样的地位离不开德国的政策支持，然而，达到现在这个地位并不是一帆风顺的，我们可以从这条道路上学到很多的经验。

本章概述了从 20 世纪 90 年代早期开始德国太阳能发电发展的四个重要阶段，从开始的千屋顶规划，到随后的非整体局部支持，再到后来的十万屋顶规划。最后，本章描述了可再生能源法规的发展，进而探讨此法规下的完全固定电价计划的内涵。

10.2 1990~1995 年：太阳能千屋顶时代

德国在科学研究和技术创新上有悠久的历史；就这一点来说，能源发展得到了政府财政的大力支持。然而，当人们回顾 1974~1995 年在能源创新研究方面的投入时，可以很明显地想到这样一个假设：核能将成为 21 世纪的新能源。

太阳能光板在近些年经历了爆炸式的增长，然而，核聚变却未能提供任何有利于商业发展的应用方法。因此，这种投资重点似乎预示着能源发展的成功并不是那么顺利。但是，我们也不能忘记即使在 20 世纪 80 年代末，全球仅有 15000 户家庭的屋顶上安装了太阳能设备（弗劳恩霍夫研究所，1997），然而，核能工业在仅仅几十年间已经发展为全球重要的能源产能。

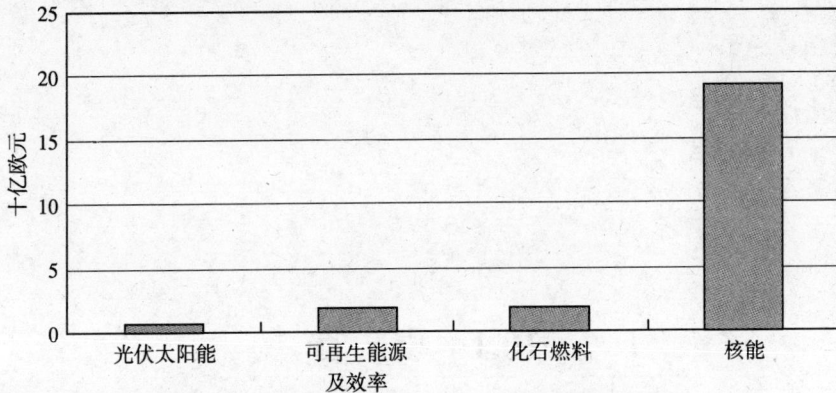

图 10-1　德国研究部门在 1974~1995 年的能源支出

资料来源：弗劳恩霍夫研究所（1997）。

10.2.1　新型推动力

第一个太阳能市场推广计划是德国政府于 1991 年发起的。德国政府的研究机构开始大范围测试其在千屋顶项目中与电网相连接的设备，这个项目是一项用来支持太阳能光伏板生产的联合项目。它的目标是评估目前太阳能光伏板技术的水平，并且从这个水平推断出小产量并网光伏设备所需要的发展。

10.2.2　结构

千屋顶项目中允许太阳能发电机的额定容量的范围是 1~5 千瓦。总补贴额占投资成本的 70%，对具体投资而言其上限设置在每千瓦峰值 27000 马克（kWp，18.061 美元每千瓦峰值）。

各部门可以通过申请实施项目。在千屋顶项目的申请阶段，有将近 60000 个一般申请，经核实，大概有 4000 个实际申请。

10.2.3　各州配置

在千屋顶项目实行初期，每个德国地方政府收到了用于应急的最大安装装置，市州的应急装置是 100 台，其他市的应急装置是 150 台（德国复兴信贷银行，2000）。

千屋顶项目最初是针对西德而设置的，1990 年两德统一后，项目扩展至东德的部分市州，现在有 16 个州实行了此项计划，在这项计划下的最大安装设施数目达到了 2250 台。

当事态开始变得明朗时，梅克伦堡—前波美拉尼亚，萨克森—安哈尔特州和萨尔州不再使用它们的应急设施，而是重新分配了应急设施。巴登符腾堡州，巴伐利亚州和下萨克森州因此增加了设备的数量，没有进一步地重新分配。

在 1995 年末的装置阶段结束时，有总量为 2100 个装置运转着。

10.2.4　成果

10.2.4.1　设备安装

到 1995 年午底，项目最初和逐渐更新的准备安排使得有超过 2100 个电网连接的太阳能光伏发电系统装置在德国的房屋屋顶上进行了安装和实验。尽管与当地激励政策的重叠使得成功达到这些数字的水平有些困难，但作为项目的结果，还是安装了峰容量约为 7.5MW 的太阳能光板系统。

10.2.4.2　概念验证

该项目证明了标准的私人屋顶能很好地适应光能发电的分散生产。并且，在千屋顶项目中所用到的建筑物和屋顶的表层，仍然为太阳能系统能更好地实行架构调整留有了足够的空间。

10.2.4.3　意识

该项目使得公众对于太阳能光板知识的认识有了显著的提高。公众对这项技术的认可度增加，随之而来的是市场也从这个项目中得到了相当多的东西。

10.2.4.4　市场增长

在1997年的太阳能光伏板项目中，安装了大概11.5MWp的太阳能容量。我们可以认为这样的发展得益于千屋顶项目的成功以及其结果所带来的巨大宣传作用。

10.2.4.5　成本降低

千屋顶项目降低了这些设备的特定成本，在千屋顶项目期间，设备的特定成本是每千瓦特24000马克，即16000美元［尽管其范围是在每千瓦特15000马克（100000美元）到36000马克（24000美元）徘徊］。到了1997年，即千屋顶项目结束两年后，与电网连接的太阳能光伏板设备的特定投资成本已经降到了每千瓦特17000马克（11000美元）。

10.2.4.6　系统性能

性能比指的是目标产量和实际产量之间的关系[1]。千屋顶计划中的太阳能光伏板系统的平均性能比大约是65%。然而，有证据证明在房屋屋顶上使用如此小的分散装置，性能比是可以达到80%的。这个数字应该被作为未来装置的一个目标数字。

10.2.4.7　能量产量

在观察期间，一个装置每年的平均能量产量大概是700kWh\MWp。在项目的实施过程中，我们发现，如果选择最适当的组件，产量可以超过800kWh\MWp——将近15%的增长。这表明了小型分散太阳能光板装置的计划和设计是非常重要的。

10.2.4.8　国内电源

千屋顶项目中太阳能发电的平均产出是2.64kWp。总的来看，这个产出平均可以满足参与家庭年电力需求的50%。然而，使安装系统的产量达到5kW是有可能的；此外，消费者行为揭示了能源效率意识的提高。这意味着，原则上，一个与电力相连的太阳能光伏板屋顶装置满足容纳一个或两个家庭一年的总电力需要是有可能的。

10.2.4.9　产业增长

正如上文所提到的，1997年，这个项目控制着年总容量为11.5MW的超过2100个安装系统。因此，千屋顶项目为德国太阳能光伏板产业的建立提供了基础。它见证了一个以家用太阳能设计和安装为专业的新的公司模式的发展。此外，它综合和扩大了现有制造太阳能组件（模块和逆变器）的能力。同时，它也带来了一个新的重点，即承担特定逆变器的设计和操作。

10.2.4.10 发展空间

除了以上提出的技术要点，政策制定的改进方向也变得明确。

第一个问题就是产量最大化。补贴是基于太阳能光伏板系统的容量而制定的。但研究表明平均系统在增加能力的产出方面有相当大的空间。这需要设计更多复杂的、能够清晰地与装置的实际产出相关联的补贴项目。因此，装置的实际操纵者也应该积极地确保在被打断的情况下能使装置继续工作，从而使产量最大化。

第二个问题是摄取的最大化。尽管千屋顶项目有可喜的成果以及公众认同，但由于项目的上限设置，有大约一半的应用程序没有得到批准。因此，有相当一部分的市场需求没有开发——公众对于太阳能光板系统的欲望没有得到满足。

10.2.4.11 连续性

与气候调查委员会的建议相反，1995 年年底，德国政府并没有在千屋顶项目结束时实施一项连续的计划。因此，太阳能光伏板制造业在不错的开局后，于20 世纪 90 年代中期戛然而止。这对能源产业产生了极大的影响。两大太阳能光伏板制造商，西门子太阳能公司（现在的壳牌太阳能公司）以及 DASA/ASE（现在的 RWE 肖特太阳能公司）决定终止在德国生产电池和模块，将生产线搬到美国。

10.3　1995~1999 年：黑暗时代

在千屋顶项目结束后，德国联邦政府果断停止了补贴太阳能光伏板建设的项目，时间长达五年。联邦政府唯一继续的项目是学校的太阳能计划。在这一部分我们将会介绍支持的缺乏所带来的影响。

10.3.1　在混乱中支持

千屋顶项目结束后，仍然保留的项目是由各州所实施的项目，与联邦政府的项目相比，它们设备落后，结果是产业进入了存在着障碍的迷宫。

首先是小型州域预算的资金问题。同时，联邦政府与州政府并没有就长期的计划达成一致，也没有任何直接的和非官僚主义的支持。各个州的支持情况不同，在某些州，甚至常年没有支持。

举一个反面的例子，位于北部的下萨克森州实施了一项补贴项目，但是仅仅持续了几周。这个项目开始于1994年4月，一个月以后被一项持续到11月的预算冻结终止。1995年2月，这个项目彻底废除。在整年中，为了能够得到批准，该项目提交了多达八次申请。

只有北威斯特法伦州在1995~1999年实施了不间断的投资补贴项目。这在阻止德国太阳能市场崩盘方面发挥了重要的作用。

因此，与对未来技术进行有力的支持不同的是，存在着一个没有明确缘由的官僚的混乱方案。

10.3.2　绿色电力

另一个在1995~1999年对太阳能光伏板市场的发展有重要影响的因素是由各种电力供应商所实施的太阳能补贴项目。绿色关税和太阳能折扣政策促使这些电力供应商寻找那些愿意为他们的电能支付更多或者愿意为太阳能装置进行投资的人。

例如，巴伐利亚电力供应公司（现在为德国意昂集团的一部分）在1997年实施了一项名为学校太阳能的项目，随后又实施了一项名为市政府太阳能的项目。学校太阳能计划在德国南部各州的学校中共安装了500多个太阳能系统装置，总产能达到660kWp。

普鲁士电器（现从属于德国意昂集团）在1998年实施了一项类似的项目（太阳能在线），这个项目安装了450个装置，总产量达到了500kWp。最后，北威斯特法伦州的电力供应商德国莱茵集团，实施了一项环境关税政策，允许安装装机容量达到1MWp的太阳能光板设施。

10.3.3　政策组合

混乱的地方和国家补贴政策使对太阳能开发有兴趣的潜在消费者产生了困惑。除了改变馈网电价制度和单一的投资补贴政策，也存在着为太阳能安装提供优惠利率的贷款政策。在某些情况下，可以利用三种途径进行项目申请，这三种途径是：

● 投资补助：可以支付一个装置（每千瓦产出）的固定总额或者支付最大金额的49%。

● 馈入付款：当地政府已经制定了一些称之为太阳能高费用的不同价格标准。这些价格在10~20年的时间里以每千瓦20欧分（25美分）到1欧元（1.34美元）变化。低酬劳政策通常和投资政策以及贷款政策结合起来使用。

● 贷款项目：享有优惠利率的贷款至少是影响广泛的、有效的补贴方法。事实告诉我们，按自己的方式办事基本上不会对太阳能市场的发展带来积极的影响。

尽管地方和国家的补贴政策是混乱的，但太阳能光板仍然有着持续的发展，虽然是低水平的。因而阻止德国太阳能光板市场崩盘以及制造企业移至国外是有可能的。

与电力相关的太阳能光板装置的技术组件也在持续发展，特别是换变器的稳定性得到了显著的改变。安装公司的服务工作也变得越来越专业。

10.3.4　新支持的压力

尽管缺少一个清晰的国家项目，但太阳能光板市场在千屋顶项目结束的两年里有了3倍的增长。这种水平的维持和加强离不开国内社会团体的支持。

在国家项目结束后，德国的绿色和平组织通过采用基础深厚的理论知识和超出其范围的活动提高了公众对太阳能的兴趣[2]。其所产生的影响是出现了大量的太阳能光板项目的申请，这些申请在阻止地方太阳能补贴项目被废除方面发挥了重要作用。

德国绿色和平组织也通过进行委员会调查以提高太阳能开发的支持水平——

调查的目的是赢得技术的政治支持。

在这个时期，支持太阳能计划的地方组织，包括超过 40 个城市的绿色和平组织及当地政府已成功争取到了足够的能支付太阳能装置成本的资金。

同时，德国那些新的光伏板制造商也准备恢复其在德国的生产。它们提出了一个整体概念，即太阳能生产商要有一个担保，以使其能发展电网并足以支付它们的系统成本。这个支持政策是基于电力的实际能源生产量和储藏量而制定的，而不是基于太阳能生产者的生产能力。

表 10-1　1996 年绿色和平组织的民意测试指出的公众赞成购买太阳能系统时电价支出与投资补贴相结合的人数

补贴模式	赞成者所占的比例
投资补贴与馈入付款混合使用	52
成本为每千瓦时 1 美元的馈入付款	39
成本为每千瓦时 50 美分的馈入付款	10
每千瓦每小时 2500~3000 美元的投资补贴	11
税款减免	12
绿色关税	5
无财政补贴	0.5

资料来源：绿色和平组织。

根据该地区的情况，在 20 年的运行时期里，费用在每千瓦时 50 美分到 1 美元徘徊。据估计，在大约 40（最小）个城市和地方政府区域会安装 7MW 的太阳能光板。公众对活动的注意力主要集中在工作创造和太阳能光板的高技术形象上。

10.4　启蒙时代：十万个太阳能屋顶和可再生能源法

项目混乱的黑暗时期为德国各州的数以万计的补贴机制提供了一个巨大的、五年期的磨炼。在 20 世纪 90 年代末，政府的态度发生了改变，这使得一个旨在改变太阳能光板补贴的新开始成为可能。

10.4.1　十万个太阳能屋顶

十万屋顶规划项目在 1999 年 11 月开始实施。这个项目是对千屋顶项目的继续。然而，项目装置要达到 350~400MW，要求大规模的投资补贴，但补贴规模太大了，在政治上不能实现。因此，一个总投资 100%的无利率贷款政策作为折中方案被提了出来。

然而，结果却是令人失望的。等了十年，还没有实现繁荣。

10.4.2　可再生能源法案

与太阳能光伏板不同，20 世纪 90 年代，大多数的风能、生物能以及某些其他的大规模的可再生能源技术在一个完全不同的生产保证支付系统下发展。这使得德国成为风能生产和制造方面的世界领先国家。

复审关于清洁生产的条款时，政策制定者决定将太阳能生产加入到这个文件中。在 2000 年 4 月 1 日生效的可再生能源法案中，为光伏板生产提供了每千瓦时 50 欧分（67 美分）的财政补贴。

10.4.3　鸡尾酒效应

关键的是，可再生能源法允许使用贷款政策的组合项目。十万屋顶规划项目和可再生能源法的合成组合吸引了更多的太阳能光伏板的安装。

此外，除了住户，商业企业也被允许进入到这些项目中。项目组合使得太阳能发电装置在商业上助长自己的权利变得可行，这鼓励了投资团体，激励了消费者。

随之而来的是惊人的补贴申请浪潮，负责当局被淹没在绝望中。项目常常终止，在十万屋顶规划项目下的贷款政策持续地被修改。

不管怎么说，对于太阳能光板项目来说，2001 年是决定性的一年。到 2002 年 4 月 30 日，作为项目的一部分，允许 34000 个设备进行生产，装置总产出达到将近 135MWp。并且这种发展趋势仍在持续，正如图 10-2 所描述的那样。

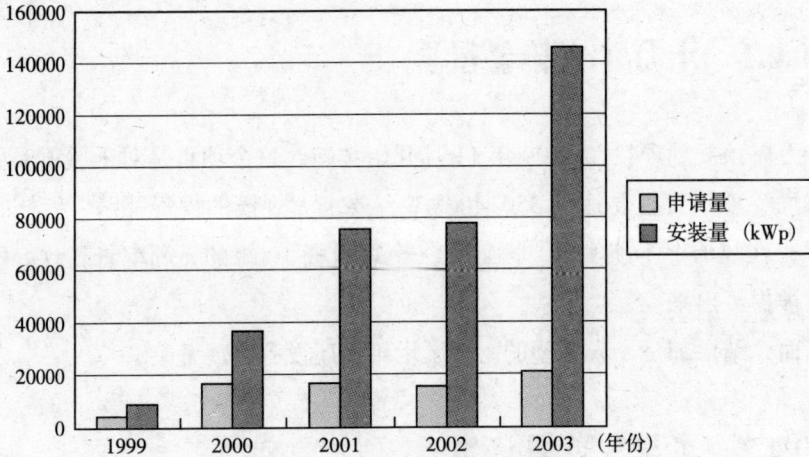

图 10-2　十万屋顶规划安装能力

资料来源：斯文·泰思科和沃克·U.霍夫曼。

在十万屋顶规划项目实施初期，光伏系统的平均峰容量是 2.5kWp，到项目中期，峰产量达到了 5kWp，同时建立了产量达到 100kWp 的更大的光伏系统。这也证实了十万屋顶规划项目与可再生能源法的组合确实能激发商业的原始兴趣。

2003 年 6 月，随着整体既定目标的实现，十万屋顶规划项目圆满结束。政府没有为扩大这个项目提供更多的预算，但可再生能源法仍在继续着。

10.4.4　可再生能源法案接管德国太阳能光板市场

随着十万屋顶规划项目的结束，光伏市场几乎进入了一个旋涡。问题是在可再生能源法案下每千瓦时 49 欧分（67 美分）的电力强制收购价格不足以支持光伏市场容量下降的经济运行。突然的价格支持旋涡之所以没有立即对产业造成严重破坏的唯一原因是仍然有充足的光伏装置能满足 2003 年上半年的需求。

在这个时期，整个可再生能源法案还在评估中，这提供了一个解决问题的机会。然而，由于审查过程将会持续一年，所以太阳能生产的支持者认为光伏系统的电力强制收购价格应该在另外的法律中得到修正。

经过太阳能行业、部分红绿政府、非政府环境组织的共同努力，一项新的电力强制收购价格法案在 2004 年 1 月 1 日生效。新的可再生能源法案保证太阳能能源用于电力生产的基本价格为每千瓦时 45.7 欧分（61.3 美分）。如果安装装置是与楼顶相连或安装在楼顶上，那么对于安装装置容量达到 30kW 的装置来说，费用为每千瓦时 57.4 欧分（77.1 美分）。对于容量超过 30kW 的装置来说，费用为每千瓦时 54.6 欧分（73.5 美分）。对于容量超过 100kW 的装置来说，费用为每千瓦时 54 欧分（72.5 美分）。

为了确保十万屋顶规划项目的顺利实施，安装费也得到了相应的调整。就门面安装装置来说，安装费每千瓦增加了 5 欧分（接近 7 美分）。在以后的 20 年里，太阳能发电的费用将会固定不变。

对于那些没有与楼顶相连或没有安装在楼顶上的安装装置，只需要支付在当地发展计划范围之内的装置费用。这确保了没有在环境敏感地区安装的太阳能光板装置能够通过社区参与在当地居民中并得到最大的认可。

更为重要的是，这个法案在关税支持上提出了一个稳定而又有管理性的价格降低方案。这个方案要求从 2005 年 1 月 1 日开始，新装置以每年 5% 的速度下降。这个影响不会追溯到已经安装的设备，但是在产业中，仅仅只有新设备才能从这项价格降低的方案中获利。

10.4.5　州市移交

随着十万屋顶规划项目的成功进行，各州市开始逐步停止对太阳能发展的地方补贴，它们认为国家项目能提供充足的财政投资。柏林、勃兰登堡门、图林根州，以及北威斯特法伦州仍然在 2001 年为私人太阳能光板安装提供补贴。只有图林根州和北威斯特法伦州在 2002 年继续了州补贴项目。到 2004 年，德国的太阳能光板项目都掌握在联邦政府的手中。

10.4.6　产业积聚

在可再生能源法案的推动下，人们对德国太阳能光伏系统的需求增加的信心持续增强。这反映在建立新制造能力的商业活动中。

德国所有的晶片、电池、模块的生产者都已经实现并且将继续增加生产能力。原料硅的生产计划扩展到三块工业用地上。所有的太阳能光板产品的各个方面，包括晶片、电池、模块的年生产能力要扩大到 100~150MWp，以硅电池为基础的太阳能光板模块的生产能力要超过 150MWp。薄膜模块的生产能力在可预见的未来要达到 95MWp。

10.5　总结：大小、强度和稳定性

最近对十万屋顶规划项目的评估（德国复兴信贷银行，2000）表明，我们从德国过去 20 年可再生能源的发展的教训中学到了很多。一些有意义的总结在下面的内容中得到了陈述。

● 在中期所实行的为能源生产商业导向安装装置提供的馈入付款政策为太阳能光板产业进行安全投资提供了机会，且不依赖于其他补贴项目，保证了 5~10 年的发展。

● 十万屋顶规划项目的太阳能生产者所要达到的最高安装能力 300MWp 给这个产业带来了一个消极的信号，这就要求要建立新的工业生产能力以确保其长期的稳定。

● 在千万屋顶计划结束时，一个没有其他支持政策的太阳能光板补贴的中止，将会给市场的现有安排带来强烈的冲击。它将会导致急性危机，而这个危机将会威胁那些在太阳能光板产业链上存在的小型的和中等规模的商业组织（包括技术工人和经销商）。

● 最后的观察显示，可再生能源法案所提出的能使太阳能生产者进行生产的电力强制收购价格政策，为逐步引入电力连接的光伏系统提供了一个有效的选择。一个计划的年度提供降低的关税、促进了产业降低其价格，同时也为制造商和开发者提供了一个可信赖的计划环境。

德国政府对能源发展的良好决策和强有力的支持对于德国在三大太阳能光伏板制造商中找到属于自己的位置以及在国际竞赛中占有全球太阳能光伏板产品市场份额等方面有着至关重要的作用。但是，取得的成就已经足够创造一个强大的产业，失败不足以毁灭它。在这个过程中，我们还能从这些能获利的方面吸取很多的教训。

注释

[1] 光伏系统的性能比是发电机交流电产量与直流电产量的商。这表示部分产生的电流是可以使用的。一个高效率的太阳能光板系统的性能比可以达到超过 70%。性能比通常又被称为品质因数，一个基于电池的太阳能光伏模板的品质因数可以达到 0.85~0.95，也就是它的性能比为 85%~95%。

[2] 塞勒斯项目，绿色和平组织，1995 年 11 月，"什么导致了太阳能成本的波动?"德国绿色和平组织简报发表。

参考文献

1. Fraunhofer Institut（1997）SolarJobs 2010, report commissioned for Greenpeace Germany, Fraunhofer Institut, Leipzig.

2. KFW（2000）100000 Dächer –Solarstram Programm, Statistische Kennzahlen, Evaluierung, final assessment report of the Thousand Roofs monitoring and evaluation program, Kreditanstalt für Wiederaufbau.

第 11 章　柬埔寨的可持续发展能源政策改革

安德鲁·威廉姆斯

11.1　引　言

目前，柬埔寨的能源利用既不是经济的、社会的，也不是环保的、可持续发展的。大多数的能源消费以薪柴和木炭的形式存在，几乎所有的电力都来源于进口的化石燃料。然而柬埔寨拥有丰富的可持续发展能源，[1] 这些国家提供的官方政府计划难以预测未来十年及以后的能源需求增长。就这一点而言，柬埔寨与许多其他发展中国家相似。

本章的学习目标是介绍柬埔寨可持续能源政策改革的实例研究，从而为与其发展相似的其他发展中国家提供借鉴。本章首先介绍了柬埔寨当前的政治和经济形势等相关背景以及它的能源产业结构。接着对柬埔寨的可持续能源潜力进行了简要的评估，对当前的和正在酝酿中的相关政策进行了描述。最后，本章讨论了公众和组织的政策实施，对于实施的尝试、柬埔寨能源政策的方向、它们所面临的困难，以及成功的经验和失败的教训。

本章通过对柬埔寨能源政策向可持续方向发展的经验描述，总结了一些关键的经验教训。对于发展中国家，特别是亚洲国家来说，如果经济的预期增长不是以巨大的经济、社会、环境为代价的，那么这些经验教训就是至关重要的。

11.2　国家背景

这部分简要介绍了柬埔寨的地理、历史、政治和经济背景。

11.2.1　地理

柬埔寨位于东南亚，面积为 181035 平方公里，东临越南，北接老挝和泰国，西与泰国接壤，南与泰国湾相毗邻（环境部，1994）。柬埔寨面积约是日本的一半、泰国的 1/3，人口接近 1380 万，有超过一半的人在 18 岁以下。[2] 有将近 84% 的人居住在农村，其他的大部分居住在首都金边和其他城镇。

11.2.2　近代史和政治

柬埔寨过去 30 年的历史都伴随着战争和暴力，在这个时期，大部分的基础设施和技术生产力遭到了系统性的破坏。1975 年到 1979 年的红色高棉时期，是见证人类毁灭最糟糕的时期之一，但这个国家的政治和经济仍然得到了恢复（克尔南，1998）。在某些程度上，现在的经济发展没有冲突发生前的 20 世纪 60 年代的好（亨得利，2003）。

柬埔寨是一个君主立宪制国家，2004 年 10 月，诺罗顿·西哈努克退位，他的儿子诺罗顿·西哈莫尼成为这个国家的最高首领。第一个战后民主选举在 1993 年举行，这形成了一个相对和平和稳定的时期。柬埔寨最近的一次民主选举在 2003 年举行，柬埔寨人民政党在选举中获胜。然而，该政党花了超过一年的时间才与其他政党就形成一个新政府达成一致。

11.2.3　经济

柬埔寨属于 20 最贫穷国国家集团，是最不发达国家之一（社会发展理事会，

2002)。有超过 1/3 的人生活在贫困线以下，每天的消费水平是 0.5 美元；在农村地区，贫困比例高达 40%（世界银行，2000）。

柬埔寨的经济依赖于农业，农业生产占 GDP 的 39.6%（国家统计局，2002）。服装制造业和旅游业在国家经济发展中占据越来越重要的地位。然而，这个国家仍然高度地依赖国际救助，国际救助占 GDP 总数的 14%（国家统计局，2002）。外援贡献受到了 2003 年 6 月大选后的 12 月政治僵局的影响，一些捐助者停止贷款和援助活动，这种状况一直持续到政府处于能执行有约束力的贷款协议时（坦·凯特）。

11.3　柬埔寨的能源部门

本部分简要介绍了柬埔寨的能源资源，电力供应安排以及政党机关应为随之而来的政策讨论提供有利的环境。

11.3.1　能源资源

在柬埔寨，除了薪柴，可利用的传统能源很少，当前可开发的更少。木材消费占全国能源消费总量的比例超过 80%（工业、矿业和能源部，1996）。到目前为止，对于大多数人来说，薪柴是主要的可利用能源，对于贫穷地区和农村地区的居民来说，薪柴有着很特别的意义。然而，作为柬埔寨薪柴的主要来源——自然森林，在过去的 20 年里被大面积地砍伐和转让，使得自然森林遭到了严重的退化（全球见证组织，2000）。

这个国家的电力生产几乎全部依赖于进口化石燃料，主要是柴油和重燃油。目前还没有深入的、综合的地质调查数据能用来评估柬埔寨化石燃料沉淀物的范围。在过去的十年里，海上石油和天然气调查一直在进行着，在这个过程中，有成功也有失败。测试演练推测在柬埔寨可能存在着巨大的但目前还未确定的海上天然气区域。邻国泰国已经确定了这个地方存在天然气沉淀物，并且已经进行了商业开发，因此柬埔寨在未来能够实施相似开发的可能性很高。

然而，这需要在基础设施上投入大量的持续资金，确认天然气的国内和国际市场。商业用途的海上天然气提取在未来的五年时间里不会实现。三个石油公司（美国两个，日本一个）已经得到了柬埔寨皇家政府的特许，计划在2003年早期开始大规模的开发，但是这些活动目前的状况还不清楚（卡迈克尔，2003）。

在某些省有煤块沉淀物，也有沥青煤的沉淀物。但是，对于这两种沉淀物，还没有综合的国家调查（新能源与产业技术开发机构，2002）。

11.3.2　电力供应

19世纪末，柬埔寨处于法国的殖民统治下，电力就是在这个时期被引入柬埔寨的。现在，电力是由一些使用不同的系统、标准和质量水平的组织提供的，最大的供应商是政府控制的柬埔寨国营电力公司。这个国家的总装机容量大约是411MW，表11-1和图11-1介绍了其大致分类。柬埔寨每人每年的平均消费量是55kWh，在本地区的最低能源消费量之中。

表11-1　柬埔寨的电力供应

供应商	供应区域	装机容量 [3]	年产出
柬埔寨国营电力公司	金边和11个省级城镇（MINE，2004）[4]	114MW	188.4GWh
独立能源生产者卖给柬埔寨国营电力公司	金边和小村庄（柬埔寨国营电力公司，2003）	59MW	343.7GWh
地方性的电力供应商（工业矿物能源部的地方机构）	两个省级城镇（新能源与产业技术开发机构，2002）	3MW	5.1GWh
实行迷你电力输送的农村电力公司	四个省级城镇和数百个小型城镇和村庄（约600家农村电力企业）（亨得利，2003）	60MW	没有可用数据
充电服务（未实行迷你电网的农村电力公司）	数百个镇的1500个充电服务（农村电力企业）（亨得利，2003）[5]	38MW	没有可用数据
泰国和越南的进口电力服务（22kV线）	11个边境城镇（亨得利，2003）	21MW	没有可用数据
私人备用柴油发电	所有的区域，主要是金边和暹粒省	116MW	175.0GWh（新能源与产业技术开发机构）
总计		411MW	

资料来源：作者根据各种来源汇编。

政府电力系统由 24 个小型的、独立的能源系统组成，在各负荷中心之间没有变速器相连接。这个系统只能供 20% 的人使用，这些人大部分居住在金边。2003 年，位于金边的柬埔寨国营电力的消费需求达到了将近 120MW 的高峰，这是柬埔寨国营电力公司总负荷量的 70% 和这个国家预计供应总量的 29%。所有省级城镇的最大负载大约是 50MW。在 2004 年的干旱季节，金边还出现了危险的能源供应短缺，时间发生在 2~4 月，在这期间，冷负荷达到了最高峰。这导致城市中实行频繁的拉闸限电策略，也要求柬埔寨国营电力公司要与农村地区进行短暂的分离以确保系统的平衡。

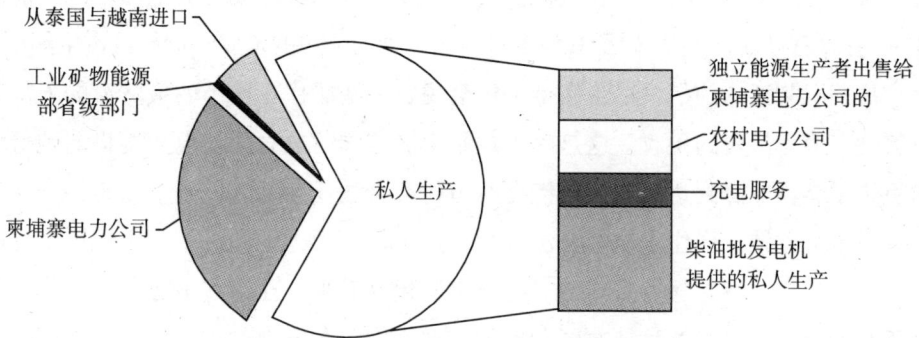

图 11-1 提供发电机装机容量的电力供应商的图表
资料来源：柬埔寨的工业、矿业和能源部。

政府提供的电力成本在每千瓦 0.09 美元至每千瓦 0.53 美元徘徊，这要比一些小型私人供电服务和充电服务的成本高得多（亨得利，2003）。正如图 11-2 所描述的那样，在东盟国家中，柬埔寨的电价是最高的。从图 11-2 我们可以知道，官方政府通过征税来排挤价格较高的小型私人电力供应商。

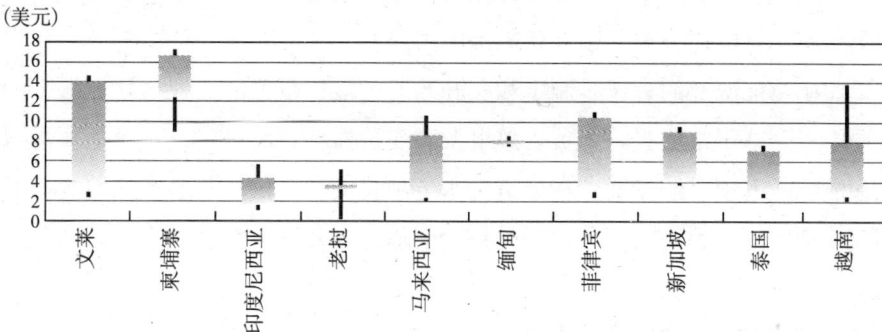

图 11-2 2003 年 9 月，东盟各国电力税
资料来源：东盟能源中心 www.aseanenergy.org。

柬埔寨国营电力公司每千瓦征收 350 里尔的社会税，目的是为那些低收入、低消费的消费者提供可支付的电力。[6] 这个税收自 1995 年以来就没有改变，当时，社会税相当于每千瓦 0.13 美元，由于里尔的贬值，目前的社会税相当于每千瓦 0.09 美元，这和柬埔寨国营电力公司的产品平均预计成本相同。然而，这个税收并没有包括分配和零售成本。由于燃料和设备的采购需用美元支付，所以柬埔寨国营电力公司的成本对汇率波动高度敏感。因此，很明确，社会税被认为是其他消费者的交叉补贴。这种交叉补贴产生了一些不良的影响。首先，柬埔寨的大部分穷人并没有得到援助，因为他们大部分都没有居住在柬埔寨国营电力公司电网覆盖的区域。其次，通过提供低于真实生产和分配成本的电力抑制了能源效率的提高。最后，它阻碍了其他没有获得补助的能源的发展，例如可再生能源。

具有讽刺意味的是，尽管实行了社会税，一些居住在城市的最贫穷的人却支付着这个国家最贵的税收。这是因为控制柬埔寨国营电力公司电力销售的现行法律阻止了零售电源到达那些没有持有所占财产合法任期的人们手中。有很大比例的柬埔寨穷人缺少居住土地的合法权利，这可能是因为他们买不起土地，也可能是因为财产权并没有随着多年冲突的结束而建立起来。在这些情况下，相邻的财产所有者按标准关税从柬埔寨国营电力公司手中购买电力，接着按膨胀速度卖给贫民窟的居民。尽管没有可用数据，但证据表明了这些税收超过了每千瓦 1000 里尔（26 美分），超过了外国人所要支付的官方最高柬埔寨国营电力公司关税。

11.3.3　政府能源体系

在柬埔寨，存在三个与能源直接相关的政府机构：工业矿物能源部、之前提到的柬埔寨国营电力公司，以及柬埔寨电力局。

工业矿物能源部的责任是制定和实施政府的能源政策。工业矿物能源部的能源总局由三个部门组成：一个负责总电源和变速器项目的制定，一个负责可再生能源和能源效率项目的发展，一个负责水电项目的发展。尽管事实上电力只是国家能源使用的一个很小的部分，但是整个能源总局几乎只关注电力能源。工业矿物能源部是柬埔寨国营电力公司的股东，正如上文中所提到的，它同时也控制着一些供应某些省级城镇电力的小型电网。

柬埔寨电力局是柬埔寨的自治政府机构，负责调节柬埔寨电力的生产、分配和供应，这部分将会在本章的"可持续能源的政策环境"中做详细的描述（详见"电力法律"）。

11.3.4　私营部门：独立能源制造商和电力企业

从图 11-1 中我们可以看出，柬埔寨大部分的能源是由私营企业供应的。至少有三个大型独立能源制造商通过中期合同向柬埔寨国营电力公司供应能源。所有的公司都使用柴油和重燃油进行生产，除了一个中国企业——中国电力科技进出口公司，它在 1968 年建立了一个容量为 12MW 的水电站，在战争开始的 1970 年遭到破坏，在 2002 年重新启用。有证据表明这些独立能源制造商经常向柬埔寨国营电力公司提供诸如监控和提高电力质量的额外服务，这主要是因为柬埔寨电力本身缺少一些必要的监控和调整设备网络。亚洲开发银行计划在这个领域实施一个改进柬埔寨国营电力公司生产能力的项目。

估计有 600 个农村电力企业经营着柴油动力的小型电网，向 60000 个顾客提供电力（世界银行，2001）。农村电力企业通常是些小型的、当地控股的企业，它们使用柴油和带有低压分配线的发电机向 30~2000 户居民和公司提供电力服务。农村电力企业所收的平均电费大约是每千瓦 0.53 美元（亨得利，2003）。大约有 1500 个充电企业向居民和小企业提供电力服务，实际收费通常超过每千瓦 1 美元（世界银行，2001）

一些农村电力企业对在它们的企业中使用可再生能源表现了极大的兴趣（柬埔寨，2003）。一大部分农村电力企业（主要来自柬埔寨西北部的省份）于 2004 年 4 月参加了研讨会，主要讨论柬埔寨生物气化技术的潜力。[7] 这次研讨会产生的影响是一家农村电力公司着手试验以补充柴油能源不足的生物气化项目。

政府对农村电力的支持使得农村电力公司在电业发展中处于很重要的地位，这响应了世界银行对更多的私营企业参与到电力发展中的号召。然而，在现实中，公众部门与私人企业在某些领域仍然存在着摩擦，据说政府控制的柬埔寨国营电力公司在农村电力公司的业务范围内成立了运营部门，这极大地威胁了农村电力公司的企业生存。农村电力公司正在向柬埔寨电力局申请长期的许可证，以获得提前制定规划的安全保障信心和长期投资收益。它们认为这将允许它们降低电税。柬埔寨电业局宣称它们愿意考虑某些特殊领域的长期许可证，但不愿意让这样的政策正式化。之所以这样做的原因将会在本章的"可再生能源政策改革的障碍"部分进行详尽的说明（详见"短皮带综合征"）。

11.4　柬埔寨可持续能源的潜力

若要分析柬埔寨可持续能源在能源构成中的地位以及当前能源政策的有效性，了解可持续能源的潜力是很有必要的。然而，柬埔寨并没有官方的、综合的可再生能源综述或者能源效率机会。这给可持续能源的发展带来了极大的障碍，可能会导致在能源政策的制定过程中忽视可再生能源的潜在贡献。

作者对柬埔寨可持续能源发展的潜力进行了初步的案头评估。为了简单起见，这项评估剔除了与运输有关的能源。这些调查结果汇总在表 11-2，为下部分的讨论提供了基础和观点。然而，在使用这些结果时必须要谨慎，因为评估的范围和数据是有限的，所以这些结果都是近似的。

表 11-2　柬埔寨可再生能源生产状态和节约成本的预估

	技术潜力（百万千瓦时/年）	目前安装项目（百万千瓦时/年）	理论保持潜力（百万千瓦时/年）	年度温室气体减少潜力（百万千瓦时/年）
水电发电	37668	55	37613	26228
生物能	18852	0	18852	13146
太阳能	65	1	64	44
风能	3665	0	3665	2556
工业能源效率	547	0	547	381
居民能源效率	6591	29	6562	4576
总计	67388	85	67303	46931

资料来源：威廉姆森等（2004）。

这些结果是基于对一些研究所提供的柬埔寨可再生能源和能源效率机会的估计而得到的。[8] 这个估计并没有考虑发展可再生能源潜力的财务可行性，因为它会随着时间而变化。然而，这个结果确实为更好地了解该国能源需求的可利用潜力提供了有用的基线标准。

潜在的能源生产或节约量（每年 GWh）

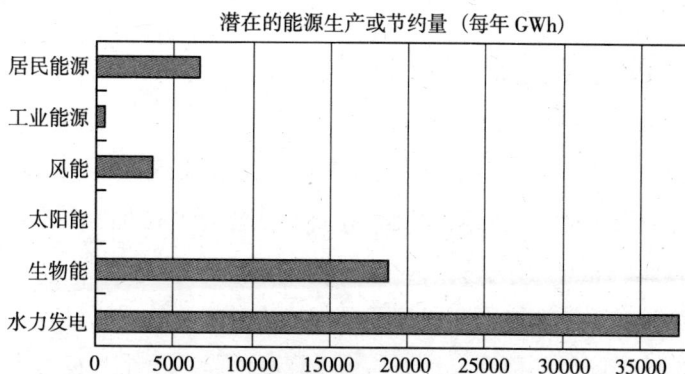

图 11-3　柬埔寨可持续能源潜力预估

资料来源：威廉姆森等（2004）。

　　上述简单的分析对于柬埔寨可持续能源可利用程度提供了一些深刻的见解。分析认为若改进生产和最终使用的效率，将会节约 7000GWh 的能源，主要是木头的使用。这相当于可以向所有的消费者提供超过 13 倍的国营电力公司的电力供应。[9] 分析还估计柬埔寨的可再生能源每年可生产将近 60000GWh 的能源，将近是整个经济体能源消费量的 3 倍。[10] 可再生能源项目在某些细节上已经得到了认同和研究，主要是水力发电项目，每年将会提供 9000GWh 的产出。

　　很明显，探索柬埔寨可再生能源的可利用性是相当有意义的。同时，这对于提高能源效率也是有重大意义的。本章余下的部分将会讨论用于提高这种潜力发展的政策。

11.5　可持续能源的政策景观

　　柬埔寨政府没有采取特殊的政策来提高可再生能源或能源效率的使用率。本节将会研究关于对可持续能源发展支持或缺乏支持的能源政策景观。它包括官方政府政策和一些对政府政策感兴趣的行动者的研究和建议。

11.5.1　国家能源部门的发展政策

柬埔寨政府于 1994 年实施了国家能源部门发展政策，这个政策为法律以及与国家能源部门相关的实用政策的发展提供了一个大致的框架。因此，它是技术中立的，没有详细说明任何特殊的设计方法论。

这项政策是在柬埔寨刚刚完成和平民主统治时起草的，所以有人认为政策将会集中发展那些最廉价的能源，然而，令人惊奇的是，这个政策采取了一个全盘的、长期的策略。

这可以通过以下政策总结进行描述：

● 为柬埔寨家庭提供充足的低成本能源供应。

● 以适当的价格确保一个可靠、稳定的电力供应，鼓励柬埔寨投资行业和经济的发展。

● 鼓励环保的、能被社会接受的能源探索与发展，这些能源将有助于柬埔寨的经济发展。

● 鼓励能源的有效使用，在能源的使用和供应中使环境效应最小化。

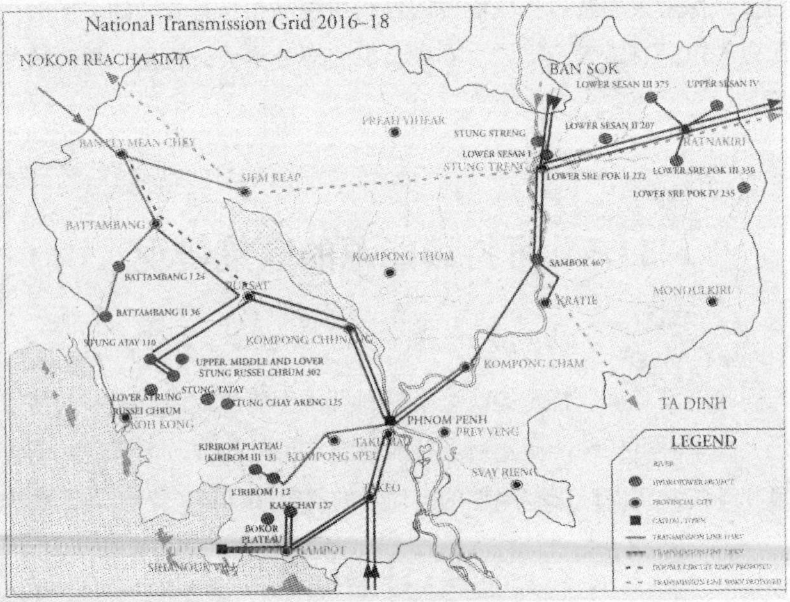

图 11-4　计划中的能源发电与传输系统

资料来源：MIME（2004）。

所以柬埔寨能源政策的制定对于支持可再生能源的发展、增加能源有效利用的机会似乎是相当合适的。这项政策的制定为可持续能源政策的积极发展提供了一个有用的起点。然而，政策本身并不完美，我们将在下一节进行讨论。

11.5.2　能源总体规划

11.5.2.1　世界银行

1998 年，世界银行委托一家咨询公司为柬埔寨开发电力传输总体规划及农村电力化战略。总体规划包括负荷测试、传输发展和能源生产选择。简言之，规划倡导发展遍布全国的高压输电线路，以获得邻国的进口电力，同时也提倡发展一系列的大型水电项目，这些项目涉及许多河流的大坝，包括湄公河及其支流。报告简要地剔除了可再生能源所能带来的潜在贡献，除了水力发电之外，这将会在本章的"柬埔寨的能源政策改革行动者"中进行讨论（World Bank 和 HECEC，1998）。

政府接受了咨询公司的建议，采用了他们的总结报告将其作为柬埔寨 1999~2016 年的能源战略（MINE，2004）。

11.5.2.2　新能源与产业技术开发组织（NEDO）

2001 年日本新能源开发机构进行了一项研究以支持柬埔寨能源总体规划。研究报告包括柬埔寨可再生能源发展潜力评估（NEDO，2002）。NEDO 的研究为政府官方规划提供了可替代选择。对于官方规划，新能源开发机构建议建立一个全国性的电力网络，但是范围仅仅扩展到主要的人口聚居地和工业区。在这些地区之外，NEDO 建议提供一些以可再生能源为基础的迷你电网以满足农村电气化的需求。这个建议的提出是基于对柬埔寨可再生能源潜力所进行的相对精密的分析而得到的。

遗憾的是，完成 NEDO 新的能源总体规划研究是在采用了世界银行所提供的总体规划三年之后了，所以 NEDO 具有建议性的能源总体规划没有对国家的电力传输和农村电气化战略产生任何的影响。

日本国际协力机构向柬埔寨提供了一批工程师，这批工程师要进行为期两年的工作，他们于 2004 年末进入柬埔寨，要进行一项可再生能源总体规划。这项规划的范围，以及与新能源机构研究的不同之处，目前还不清楚。

11.5.3　电力法

2001 年，柬埔寨皇家电力法颁布实施，政府通过这项法案来管理电力产业的运营、提供电力服务的许可活动。包括：

法则：①保护消费者能以合理的价格获得可靠而充足的电力供应的权利。②促进提供电力服务的私有设施的发展。③在能源部门中建立可行的竞争机制。

电力法规定柬埔寨电力局为规划电力服务的自治公共机构。它的职责包括电力服务供给的发布、修正、终止以及许可证的废除或拒绝。电力法还规定柬埔寨电力局要确保提供服务的方式透明公正，以保证公众对相关事宜有所了解。

柬埔寨电力局规定了税率。2004 年，亚洲发展银行资助了一项项目来为柬埔寨的关税设置设立新的规章、指导方针和程序。在本研究的写作期间，这些文件已经形成了初步的草稿并已送到产业研讨会进行了讨论。

为调节关税而提出新的建议措施似乎是一个很好的举措，它实现了整个行业的一致性和公平性，同时也鼓励了投资并保证了关税的长期稳定。然而，这项新举措或许也给可再生能源技术的使用带来了一些新的阻碍。这是因为它建议建立一个关税表，列出各种类型许可证所允许的最大关税。如果许可证与最大关税不一致，那或许它要向柬埔寨电力局提交申请进行特殊的关税审查。

柬埔寨电力局所要遵循的审查程序包括分析农村电力企业商业成本，从提供有效的、可支付的电力服务角度来证明它们是否是合理的。遗憾的是，建议的审查程序并没有要求柬埔寨电力局考虑除关税之外的其他问题。这可能会阻碍可再生能源项目的发展，这些项目通常要求在最初实行高税率，但最终成本竞争力会超过设备的使用寿命。这些项目的额外收益，例如能源安全的改进、关税稳定、污染的减少等不在柬埔寨电力局的关税审查的考虑范围之内。

电力法和关税调整的新建议都没有提及可再生能源或能源效率。理论上，只要政策框架是合适的，就不会阻碍可持续能源的发展。然而，在实践中，若想将它们有效地纳入监管中，仅仅有良好意图的能源政策是不够的。

11.5.4　可再生电力行动计划

世界银行雇用了一名外籍顾问为柬埔寨制订了一项可再生能源行动计划，该计划鼓励了可再生能源的电力生产。2003 年 5 月，文件的首个版本问世，这个版本是在工业矿物能源部的全体同仁以及 150 名产业利益相关者的帮助下完成的，后者更是包括了来自国内外的专家学者，他们用了将近三年的时间进行了一系列的研讨会来讨论该版本的创作（亨得利，2003）。

可再生能源行动计划设定了以下的产业发展目标，并提出了实现这些目标所需要的具体行动及预算方案：

● 来自可再生能源的装机容量达到 6 兆瓦；
● 为 10000 户用户提供电力服务；
● 安装 10000 个太阳能家庭系统；
● 获得以可再生能源为基础的电力产业的利润，建立需求驱动的市场。

可再生能源行动计划建议公共部门和私营部门之间建立合作伙伴关系，以促进可再生资源项目投资的发展，尤其是水力发电项目。私营部门负责开发、支持项目，而政府部门则要确保便利的市场形势。

可再生能源行动计划已经得到了工业矿产能源部的认可，但是该计划并没有被采纳为官方政策。然而，提出基本的五年行动计划汇总版的可再生能源行动计划已经在政府的考虑范围之内。尽管可再生能源行动计划得到了工业矿产能源部的支持，但没有明显的计划得以实施，也没有一个捐赠者愿意拿出 5000 万美元对其进行投资。

11.5.5　可再生能源的国家政策和战略

2003 年，世界银行委托一家国际咨询公司为柬埔寨做了一项项目咨询，目的是为以可再生能源为基础的农村电力部门制定发展战略和政策。这项活动是可再生能源行动计划的后续活动，被认为是农村电力传输项目的重要前导。这个项目将会在世界银行和亚洲发展银行的贷款资金的支持下实施，同时也得到了全球环境基金的支持。这个项目被认为是一项扩展项目，项目活动包括建立一条用于进口电力的越南到金边的输电线，建立农村电气化基金，用来支持农村迷你电网的发展，尤其是基于可再生能源的电力生产。

该政策文件的提出是基于 1994 年的政府能源政策。1994 年的政府政策中持续发展的中心思想在这个政策文件中得到了深化，该政策包括六个特殊的项目目标，以及实现这些目标所需要的指导方针。

战略文件简要描述了完成战略目标所需要的一系列的活动。这些活动包括实施可再生能源行动规划，建立农村电气化基金，鼓励私营部门参与。战略文件的最终目标与可再生能源行动计划的目标相同，在上文中已经阐述。然而，这些战略政策文件并没有被作为官方政策采纳，也没有具体的实施方案。

11.5.6　可持续能源政策景观总结

1994 年起开始实施的柬埔寨国家能源部门发展政策为可持续能源的发展打下了良好的基础。为了确保政府的计划和战略与最初支持可持续能源发展的政策相一致，各部门投入了大量的时间和精力。然而，到目前为止效果并不大，这是因为可持续能源发展在政府的官方政策中并没有占重要的位置。

11.6　柬埔寨能源政策改革参与者

任何一个国家的政策改革举措往往是国内一些不同利益相关者游说的结果。然而，在像柬埔寨这样的发展中国家，政策改革在很大程度上受到诸如外国捐赠者、多边捐助机构等外部利益相关者的影响，本节将研究是谁主宰着柬埔寨主要的能源政策改革、它们所使用的技术，以及它们的效力。

11.6.1　捐赠机构

在柬埔寨，外国捐赠机构是强有力的政策改革参与者。它们通常通过向政府部门提供相关的有助于开发与设计政策方案的资源、专门技术来实现其政策目标。这通常包括外国咨询专家团和一系列的国家会议。这种方法对捐赠产业产生了重大的影响，因为柬埔寨政府部门通常极度缺乏这种资源和专门技术。

一些捐赠者主导的政策举措在上文中已经提及，例如亚洲发展银行的新关税设置章程和新能源开发机构关于能源总体规划的研究。另一个例子是日本国际协力机构投资建立的一个项目，该项目雇用了一批日本工程师花了一年多的时间设计了一套电力技术标准，从理论上来说这些标准将会用来规范柬埔寨的电力生产和分配。然而，在实践中，在柬埔寨实施这样的标准将会受到重重阻碍，目前这些标准不在各部门的责任范围之内。

最后一个例子旨在突出捐赠者主导的政策改革的成效。虽然事实已经证明一些捐赠者所提出的新政策得到了政府的采纳，并富有成效，但是衡量政策改革是否有效的真正标准是其执行力，而这是捐赠者很难影响的。这部分将会在本章结尾"可持续发展能源改革所面临的困境"中进行讨论。

11.6.2　世界银行

在柬埔寨经历冲突和战争的岁月中，世界银行在柬埔寨国家能源部门中或许是最积极的单个参与者。它在推动政府政策的制定和实施方面发挥着重要的作用，因此，它在能源政策的制定和实施中的重要角色将会在这里特别进行介绍。

世界银行参与的 1999~2016 年度的柬埔寨能源战略以及可持续电力行动计划已经在前面的章节里进行了描述。这些都是世界银行参与政策改革活动的很好的例子，通过合理安排和资助所需政策的发展实施，这些活动得以实现。其顾问进行的活动通常独立于政府部门，包括背景研究、利益相关者管理以及政策文件的起草。

这两个例子呈现了不同的政策议程。能源总体规划以及随后进行的研究呈现了一种传统的能源规划思路，这种思路基于大型中央发电资产及国家输电设施。事实上，正如前面所提到的那样，咨询报告排除了可再生能源或能源效率的任何潜在的小型能源，仅仅将重点放在了大型的水电站（World Bank 和 HECEC，1998）。然而，第二个政策即可持续电力行动规划与能源总体规划刚好相反，其主张在对农村地区进行可再生能源供应时要采取一种分散的方式，主要由一群小型的私营企业进行实施管理（亨得利，2003）。

相较于柬埔寨政府工作重点的任何变化，这两项实践的不同方式更多地反映了世界银行的理念的变化。

11.6.3　私营企业的兴趣

一些私营企业和非政府组织在柬埔寨可持续能源政策发展中也发挥着重要的作用。最著名的例子或许就是农村电力企业联盟对许可证以及关税问题所施加的影响。在新关税制定方案的起草过程中，东盟已尽全力建立适合农村电力企业的特殊分类和程序，以区别于诸如新能源开发机构这样的大型的许可证。

这表明农村电力企业的政策制定者对于他们自身问题的意识得到了很大的提高。一年前农村电力企业联盟的建立促成了这个变化，这个联盟提出了他们的问题概况。2003 年，他们向柬埔寨电力局递交了一份对抗性材料，在材料中他们坦诚地描述了农村电力企业所面对的不平等和风险，正如前文中所描述的那样（详见"私人部门：独立电力生产商和农村电力企业"）。

政府和农村电力企业之间的紧张情绪接连发生，但是最终都得到了平息。特别地，农村电力企业联盟是新的关税设定规则下一类正当而重要的许可证持有者，该联盟的行动可能产生了某些影响的征兆。

然而农村电力企业联盟并没有实施任何关于可持续能源的政策，如果农村电力企业开始开发可再生能源项目时，情况或许会有些改变。前面所提到的农村电力企业关于小型生物能气化炉的实验与这很相似。农村电力企业中的某些企业已经对柬埔寨国营电力公司开展电价扣减政策产生了浓厚的兴趣，这个政策将为小型的电网连接生产者提供标准的程序，以向新能源开发机构提供能源。这或许会是一个解决方案，因为它允许农村电力企业在公共电力部门扩展到自己的经营区域时也能维持自己的业务。有证据证明这样的电价扣减政策对于鼓励其他国家可再生能源的发展有很好的效果，因为他们能提高电网连接项目的财务可行性。

柬埔寨一个典型的政策改革失败的例子是追求可再生能源设备进口税的免除。目前的关税是 35% 的进口关税加上 10% 的增值税，它是设备成本加上关税，所以整个税负大概是 48%。主要向柬埔寨进口这种设备的小型私人业务要求政策改变至少持续三年，世界银行支持了他们的这个想法，它督促政府在农村电力基金成立之前重新考虑税收以便阻止它。实际上，农村电力资金仅仅补贴了政府资金支付的进口关税。然而，仍没有迹象表明政府正在很慎重地考虑税收地改变。

11.6.4　政府

柬埔寨政府似乎在积极地参与到可持续能源政策改革中，大多数的政府机构都热衷于与捐赠者进行合作以开发和实施新的能源政策，这已经在上文中提到。

这种支持最早开始于柬埔寨首相洪森先生，他最近成了一个不大可能支持可再生能源发展的倡导者。在为 2003 年的国家选举做准备的政治活动中，他经常出现在媒体面前倡导在学校、宝塔、桥梁（利用太阳能发光）和健康中心安装新型太阳能系统。很显然，这些安装系统是首相自己投资送给民众的礼物。最近他也号召新任政府将部分集体资金投入到农村太阳能安装系统中，以支持农村发展。他认为，如果每一位部长和高级官员每年向学校、宝塔或者医疗中心捐赠一个太阳能安装系统，那么在短期内将会有很大的成效。

如此高水平的支持对于柬埔寨来说是一个好的开始，作为一个受欢迎的例子，这将会被许多发达国家的领导人模仿。然而，柬埔寨和其他地区一样，政治言论与监管活动并不总是一致。

11.6.5　柬埔寨能源改革参与者总结

柬埔寨的经验突出显示了诸如世界银行这样的大型捐赠机构对发展中国家的能源政策的制定和实施所产生的重大影响。这为其提供了优势，即假如这些捐赠者的目标与这个国家利益相关者的目标是一致的，那么相对来说政策改革将会很快实现。然而，同样存在着劣势，即会存在这样的一个风险——没有适当的公共辩论，而将政策强加于国家。这或许意味着政府在对政策的承诺、对其含义的理解，抑或是动用的资源和执行的有效性等方面与捐赠者没有处在同一水平。

世界银行和小型私人利益相关者试图改变可再生能源设备现有进口关税的失败给了我们另外一个重要的启示。这就是，当所需的政策改革威胁到政府的收入和权力来源时，政策改革参与者的技术和资源将会是不相干的。

11.7　可持续能源政策改革的障碍

柬埔寨在使用可持续能源中所遇到的障碍已经得到广泛的承认并且经常被引用。这些障碍同样存在于其他发展中国家之中，甚至发达国家也面临着某些相似的障碍。然而，在柬埔寨可持续能源政策改革的开发和实施中不能被大众认可的障碍通常是些细小、敏感的障碍。本节将会讨论这些障碍。

11.7.1　技术烙印

可再生能源技术被广泛认为是一个不错的创意，但其需要的资金较多，相对于发展中国家，它可能更适合于发达国家。事实上，建议在发展中国家更广泛地使用可再生能源通常也能带来相同的烙印，问题是权衡考虑经济发展与环境可持续之间的关系。坦白地说，这种烙印的共同基础是：来自发达国家的环境学家督促发展中国家不要危害环境，这对于发展中国家来说是不公平的，因为他们正在通过开发他们的自然资源来进行发展。

这种烙印可以通过捐赠国家和代理机构的技术人员来建立或者加强。这是因为对大多数西方国家来说，可再生能源仍然是奢侈品。通常会有许多其他可利用的廉价能源，因此，对可再生能源技术进行投资的唯一理由就是与财政考虑相比，特殊的环境考虑是否有更高的优先权。

然而，这种逻辑并不适合发展中国家，在发展中国家，传统的以化石燃料为基础的电力是相当昂贵的。例如，柬埔寨农村平均税率大约是每千瓦时 0.5 美元，这对于任何一种可再生能源技术来说在财政上都是充足的。我们可以找一个进行对比，例如，在澳大利亚私人开发的商业风电场基本电价大约是每千瓦时 0.05 美元。尽管不考虑其他的一些诸如成本、柬埔寨的项目融资适用性、现有的基础设施及主权、契约责任风险等重要因素，而直接比较价格并不是有效的，但是不等的价格阐明了西方国家对可再生能源技术相对成本的态度并不总是适合发展中国家。然而，这所导致的柬埔寨反对使用清洁能源技术的影响是微妙的，但是它成了发展可持续能源政策有效性的障碍。

11.7.2　数据的缺乏

前面的章节中已经提到，柬埔寨可再生能源资源和能源效率机会方面是缺乏数据的（见"柬埔寨可再生能源发展潜力"）。这种资料真空给项目发展带来了阻碍，但如果有充足的时间和资金保证，这些障碍是可以克服的。然而，若要促进政策的有效发展需要更多的数据而不单单是简单的可再生能源资源的常识。政策制定者需要获得当前精确的电力消费者和供应者的数据资料，还需要获得项目开发、运营、维修的商业成本，以及整体获利能力。这些数据在柬埔寨是不容易获得的。一个原因是相关的体系缺乏充足的资源和技术来获得这些数据。另一个原因是政府与私营企业互不信任，尤其是涉及那些潜在的敏感的商业数据时，这些数据可以用来榨取高税收和高费用，或者帮助竞争者。

11.7.3　短皮带综合征

若政策制定者要使他们的政策有效地实施，必须考虑具体部门执行方法的可用性。如果执行方法在现实中并不是可用的，那么要求在设计政策和章程时采用强有力的执行或许是无用的。由于缺乏资金和技术，柬埔寨大多数的政府机构负责执行政府的法规。在这种环境的影响下，执法人员容易贪污腐败，从而导致工作不能有效地开展。

发行短期许可证对于这个问题的解决很实用，因为它能有效地迫使对许可证定期进行审查和批准。这使得监管人员有更多的机会从许可证费用方面提高收入。然而，它或许也会使执行力更廉价和有效，这是因为与调查和责难一个不合理的许可证相比，它更容易拒绝更新许可证或在重新发行许可证之前改变许可证环境。

监管人员对许可证"短皮带"模式的偏爱，给可持续能源发展政策的有效实施带来了一定的阻力，若要使其有效发展，必须要有长期发展的条件以增强投资者的信心。

11.7.4　寄予厚望

上文所提到的能源总体规划（详见"可持续能源发展的政策景观"）的一个共同特征是：一旦通往泰国和越南的高压输电线建成，柬埔寨当前的能源问题在中期就能得到解决。与这些国家的联系将会使柬埔寨进口一些相对便宜的能源，高压传输线的建立将会使柬埔寨出口由大型水电发电站生产的廉价电源。如果柬埔寨的海上石油和天然气储量得到一定的开采，那么其会为柬埔寨带来一项额外的收入。

这些建议背后的假设是有问题的。柬埔寨已经就进口能源的购买与泰国和越南达成了共识，所以柬埔寨由买者到卖者身份的转变还需要一定的时间。此外，分析者开始提醒柬埔寨要注意由缺乏有效治理而造成的小型发展中经济体的石油和天然气突发流量所带来的灾难性的经济和社会影响。尼泊尔曾经发生过类似的问题：通货膨胀率螺旋上升，腐败成风，民众并没有从化石燃料储备的开发利用中受益。

尽管对这些高期望能否实现存在着很大的争议，但是或许它们对柬埔寨能源政策的发展仅仅起着很微小的作用。简单地说，如果解决能源问题的方法是从邻国进口便宜的能源，出口本国的化石燃料，那么对于政策制定者来说，它们没有动力去开发可持续能源政策。

11.8　结　论

柬埔寨是世界上最贫穷的国家之一，然而它的居民对某些商业能源却支付着最高的价格。运输业和能源生产几乎全部依赖化石燃料，居民仍然依赖薪柴燃料。让人欣慰的是，柬埔寨拥有一些很实用的可再生能源，可再生能源的发展将会帮助柬埔寨消除贫困，改善能源安全和其可持续发展。

柬埔寨可持续能源发展的时机在许多方面都已成熟。其他资源或许成本太高，柬埔寨几乎没有关于这些资源的基础设施建设，因此，分散生产通常被认为是一种很好的选择。但是，在开发有效的能源政策时，要处理相当数量的障碍。

本章介绍了柬埔寨可持续能源发展中的有效能源政策开发过程中所遇到的问题。一些经验教训值得其他发展中国家和在发展中国家工作的西方组织借鉴。

在柬埔寨的例子中，尽管存在着一定的成本，但可持续能源发展政策还是能很容易地获得。这也就是说，政府可以雇佣咨询公司起草相关的能源政策并采用合理的政策。这种方法在其他的发展中国家能否成功我们不能确定。拥有强技术能力和严格政府治理的国家或许会抵制西方捐赠者所提出的影响他们政策的建议。

然而，我们都很清楚，这样的方法并不总能保证实施的政策会达到理想的效果。这需要高层政府部门来支持、提升以及加强新政策的开发和实施。与仅是简单地采用当前的政策相比，要实现这样的委托通常更难、更不可预知。

在像柬埔寨这样的发展中国家规划和实施可持续能源发展政策既有一定的机遇，也面临着许多的挑战。这些挑战并不是来自政府自身的失误，而是来自外部的影响，这意味着它们可以很容易地得到处理。对于发展中国家中那些对开发可持续能源项目感兴趣的团体来说这是一个好消息。

如果我们只能从本章的讨论中提取一个经验教训，那就是像柬埔寨这样的拥有很少资源和很弱技术能力的国家能为积极的改变提供有意义的机遇。这种变化的程度和速度能超过发达国家。就这一点而言，国外的捐赠者可以运用强大的权力来实现政策改革，这种权力要求相关国家承担起使潜在利益最大的责任。

像柬埔寨这样的发展中国家，尤其是亚洲国家，或许代表了未来预测世界能源需求和经济增长的一个非常重要的部分。这将会改善数以百万的生活在贫困中的居民的生活。然而，如果不久的将来，确保某种程度的可持续性的有效能源政策无法建立，那么确保可持续发展的机遇将会丢失。

致 谢

感谢 Bridget McIntosh，Tanak de Lopez，Tin Ponlok，Matthew Coghlan，以及柬埔寨工业、矿业和能源部全体同仁对本章的支持和帮助。

柬埔寨发展研究中心是一个独立的、非政治性的、无党派的、非营利性的研究组织。柬埔寨发展研究中心的活动主要集中在发展的某些领域，这些领域的目标是要改善与柬埔寨皇室发展相关的国家和国际组织所进行的活动。柬埔寨发展研究中心的目标是通过这些严谨的学术探究，无党派的、独立的研究来为可持续发展提供一个更为广泛的公共知识。更多的信息请参考 www.camdev.org。

注释

［1］就本章而言，"可持续能源"在一般意义上的使用，是指可再生能源政策效率的技术、措施及政策。

［2］这些数字是柬埔寨国家人口统计局在 2003 年提供的，这些数字来源于 1998 年的国家人口普查。

［3］这些安装能力数字是对不同资源的估数，时间是从 2001 年到 2004 年。

［4］八个省级乡镇的能源生产和分配系统在一个项目的支持下得到了升级，这个项目是由亚洲发展银行于 2004 年 3 月转给柬埔寨国营电力公司投资建立的。

［5］假设平均发电量为 25 千瓦，预计总装机容量能为 1500 个充电电池提供服务。

［6］在写作时，2004 年 9 月，汇率是 1 美元=3900 里尔。

［7］这个研讨会是由柬埔寨中小企业组织和金边的非政府组织开展的。

［8］使用的主要的报道是：风能真正解决方法，2001；NEDO，2002；Meritec，2003；CFSP，2004。

［9］2002 年的 EDC 的年度报告宣称其当年总产量为 535.703GWh。

［10］MIME 宣称柬埔寨 1995 年的能源平衡，国家总能源消费量是 77720.87TJ，相当于 21589GWh。

参考文献

1. Carmichael, R. (2003) 'A volatile, high octane blend; Oil and gas don't mix well with corruption and weak governance', Phnom Penh Post, 15–28 August, pp.8–10.

2. CFSP (2004)'Legal and sustainable charcoal', paper presented by Cambodia Fuelwood Saving Project to the Improved Cookstove Workshop, Phnom Penh, 25 February.

3. Council for Social Development (2002) National Poverty Reduction Strategy 2003-2005, Council for Social Development, Phnom Penh.

4. Electricité du Cambodge (EDC) (2003) Annual Report 2002, Electricité du Cambodge, Phnom Penh.

5. Global Witness (2000) Chainsaws Speak Louder than Words, Global Witness, London.

6. Hundley, C. (2003) Renewable Electricity Action Plan, World Bank, Washington, DC.

7. Kiernan, B. (1998) The Pol Pot Regime: Race, Power, and Genocide in Cambodia Under the Khmer Rouge, 1975-79, Yale University Press, New Haven, CT.

8. Meritec (2003) 'Pre-investment study of community-scale hydro projects, Cambodia', report by Meritec Ltd for the New Zealand Ministry of Foreign Affairs and Trade, Auckland.

9. Ministry of Environment (MOE) (1994) First State of the Environment Report 1994, Ministry of Environment, Phnom Penh.

10. Ministry of Industry, Mines and Energy (MIME) (1996) Strengthening Energy Policy in the Department of Energy Planning, MIME, Phnom Penh.

11. MIME (1999) Cambodia Power Sector Strategy 1999 to 2016, MIME, Phnom Penh.

12. MIME (2004) Cambodia Energy Sector Strategy -Draft far Comment, MIME, Phnom Penh.

13. National Institute of Statistics (NIS) (2002) Cambodia Statistical Yearbook 2002, Ministry of Planning, Phnom Penh.

14. New Energy and Industrial Development Organisation (NEDO) (2002) Assistance Project far the Establishment of an Energy Master Plan for the Kingdom of Cambodia-Final Report, NEDO, Tokyo.

15. SME Cambodia (2003) Rural and Renewable Electricity Project, SME Cambodia, Phnom Penh.

16. Ten Kate, D. (2004) 'ADB says no to new loans without assembly', Cambodia Daily, 11 February, p.17.

17. True Wind Solutions（2001）Wind Energy Resource Atlas of South East Asia, World Bank, Washington, DC.

18. Williamson, A. Delopez, T. McIntosh, B. and Tin, P. （2004）Sustainable Energy in Cambodia: Status and Assessment of the Potential for Clean Development Mechanism Projects, CRCD and Institute for Global Environmental Strategies （Japan）, Phnom Penh.

19. World Bank（ 2000）Country Assistance Strategy for the Kingdom of Cambodia, World Bank, Washington, DC.

20. World Bank （2001a）Final Report on RE Strategy and Program for the Rural Electrification Strategy and Implementation Program for the World Bank, Meritec Ltd, Phnom Penh.

21. World Bank （2001b） Market Study and Project Pipeline Development for Solar Photovoltaics, Burgeap and Kosan Engineering, Phnom Penh.

22. World Bank and HECEC （1998）Kingdom of Cambodia-Power Transmission Master Plan and Rural Electrification Strategy, World Bank, Phnom Penh.